KB253444

인도의 신화와 종교

인도의 신화와 종교

차례
Contents

들어가면서

　힌두교는 종교일 뿐만 아니라 신화이자 역사이며, 동시에 인류의 거대한 정신적 세계관의 총체적 표본이다. 모든 제반의 문학적 혹은 철학적 주제에 앞서 힌두교는 인류 역사에 있어서 가장 근본적인 인간 삶의 원칙을 보여주면서도, 다른 한편으로는 인간 정신의 다양한 창조적 시각과 상상력을 현대인에게 제시하고 있다. 그리고 이것은 세상에 존재하고 있는 모든 종교적 유형의 가장 깊은 뿌리를 담고 있다. 그렇다면 종교가 탄생되기 이전 인도의 신화는 무엇을 이야기하고 종교의 형성과정과 현실적인 인간의 삶에 어떤 역할을 하고 있는가? 기원전 수천 년경부터 산스크리트어·힌디어·타밀어 등의 수많은 고대 언어를 통하여 인도인들은 현대 사상에 그들 고유의 현실성과 초월적 상상 세계 사이의 조화로운 신비성을 전체 인류 사상에 마련해 주고 있다. 바로 이 조화의 신비성은 인간의 삶의 원칙, 즉 도덕적·윤리적·철학적 교훈의 주제를 내포하고 있다. 결국 그들에게 신들은 전적으로 인간의 모습을 갖추고 있거나 아니면 '반인반신'의 양상을 띠고 있다. 이것은 힌두교가 원시적 인본주의의 결정체임을 의미하는 것이다. 뿐만 아니라 오늘날 사라지고 있는 '공동의 삶'을 위한 가치 있는 사회적·정치적 원칙의 개념은 바로 이 인도 신화와 종교 속에서 생동감 넘치게 살아 있다.

「마하라바타」의 콩트 '날라와 다마얀티'의 내용 속에서 주인공 다마얀티는 헤어진 자신의 연인과 똑같은 얼굴 모습으로 변신하여 나타난 신들 중에서 사랑했던 그 연인을 선택해야만 하는 운명에 처한다. 그녀는 자신의 연인을 찾아내는 방법으로써, 인간은 그림자를 가지고 눈을 깜빡이며 발이 땅에 붙어 있다는 사실을 알아차리고 그를 신들의 계략으로부터 구출한다. 바로 여기에 신과 인간의 차이가 있다. 힌두교는 인간의 모습을 갖춘 신, 그렇지만 인간과는 또 다른 신의 개념을 다루고 있다. 이러한 이중의 신의 개념이 곧 인간 본질의 개념이라 할 수 있다. 결과적으로 인간은 고대에서 비롯하는 신화적 '초월성'과 종교적 '현실'이라는 이중성을 근본적으로 뿌리칠 수는 없다는 사실을 염두에 둘 필요가 있을 것이다.

일반적으로 우리들이 종교로서 이해하고 있는 '힌두교'는 종교의 의미를 넘어서서 신화에서 연루하고 있으며, 더욱이 인도 사상은 인류 공동의 전통 사상으로서 가장 뿌리 깊은 학문으로 머물러 있다. 또한 인도 신화는 인간이 '세상 안'에서 사는 방법과 '세상 밖'에서 사는 방법에 대한 원칙을 제시하고 있다. 이 책에서는 인도 신화를 기초로 발전하고 변화하는 힌두교의 역사적 흐름의 과정을 분석 정리하면서, 현실에 젖어 하루를 바쁘게 살아가는 인간이 꿈꾸는 '초인'의 모습을 다루어본다.

'베다교'란 무엇인가?

    '베다교' 혹은 '베다경'에 바탕을 두고 있는 인도 종교는 모든 종교 역사에 있어서 이미 입증된 사고 유형 중에서 가장 오랜 고대 사상의 뿌리를 재현하고 있다. 즉, 「베다」의 텍스트는 고대 신화를 기초로 하는 최초의 유물로서 인본주의 사상의 유서 깊은 고전서라 여겨지고 있다. 다양한 「베다」의 텍스트는 한편으로 '브라만교'라고 일컬어지고, 다른 한편으로는 '힌두교'라 불리면서 인류 역사 전반에 걸쳐 최초의 원형적인 자연 사상의 총집합체로서 고대인의 삶에 관한 이야기를 들려주고 있다. 이 두 가지 단어의 의미를 보다 상세히 규정해본다면, 먼저 '브라만교'는 고대의 수많은 시대를 거치는 동안 인도 종교 전체를 대변하는 어휘로 통용되었고, 부분적으로나 혹은 전체적으로 '베다교'와 구분되지 않고 사용됐다. 반면 '힌두교'는 '베다경'이 나온 시기부터든지 아니면 베다 이후의 시대부터 나타나든지를 막론하고, 전체적으로는 또 다른 험난한 종교적 진보 과정을 거치면서 서서히 발전하기에 이른다.

아리아족이 약 기원전 2000~1500년에 인도의 북서 지방(펀자브 지방, 인더스 강 상류 연안 지역)으로 침입했을 무렵, 그들이 가져왔던 종교가 바로 '베다교'다. 그 기반에는 인도와 이란, 두 나라 사이의 매개체로서의 어휘 '인도-이란' 종교라는 특성을 가지고 있다. 만약 '조로아스터교'가 개혁되기 이전 이란에서 일어난 사건과 동시에 '베다 시대'의 인도에서 벌어진 사건들이 어떻게 서로 일치하고 있는지를 살펴본다면, 이 두 나라 사이의 종교적 매개체로서의 어휘인 '인도-이란'이란 의미는 쉽게 이해될 수 있다. 이러한 상호관계는 신성의 이중 계급 체계 – '다이바스daivas'와 '아수라asuras' – 의 몇 가지 특수한 단어의 근본적인 개념에 대한 믿음과 연결되어 있다. 여기서 먼저 '다이바스'는 인도에서 '데바Devas'라 불린다. 데바는 불교·힌두교·베다교·브라만교의 모든 제신의 신성에 붙여진 일반적인 이름을 의미한다. '데바들'은 '하늘(복수로서 하나의 하늘이 아닌 다수의 하늘)'의 거주자들이다. 그들은 브라마, 비쉬누, 시바와 같이 '위대한 신성(Mahâdeva)'과는 반대로 결코 창조적 힘을 소유하지 않으며 그렇다고 전지전능하지도 않다. 그들은 우주의 힘, 가끔씩은 본성의 힘과 인간의 열정(혹은 인간의 미덕)으로서만 상징화된다. 신화 이론으로서 그들은 3,300

만의 수로 압축되었고 우주론에서는 33의 수('세 가지 세상'이 각각 11의 수를 가지는)로 압축되었다. 그들은 '트라이야스트림샤Trayastrimśha('33가지의 하늘', 즉 「베다」에 나타나는 33명의 데바—8명의 바수, 11명의 루드라, 12명의 아딧티야 그리고 2명의 아쉬빈—의 천상 거주지)'의 그룹으로 형성되면서 '메루Meru 산'(신화에서 나타나는 신성들이 거주하는 신비의 산) 위에 사는 것으로 여겨졌다. 사람들은 신성의 세상에 속해 있는 모든 존재자를 데바라 불렀다. 이 어휘는 산스크리트어의 수많은 단어들을 파생시킨다. 광범위한 의미에서 이것은 물질적이거나 혹은 정신적인 어떤 힘이 부여된 모든 사람(왕이나 혹은 브라흐만 등)을 존중하기 위한 명칭이 된다. '데바'는 왕족의 수많은 이름에 붙여져 남성적 본성을 갖추고 있는 반면, '데비Devî'는 여성적 본성을 갖추고 있다. 그들은 영생하는 자들로 여겨져 항상 성인의 나이(16세)로 등장한다. 그리고 신화 텍스트 속에서의 '데바'는 '수라Sura'와 일맥상통한다.

그리고 아수라는 조로아스터교의 '아후라Ahura'처럼 '숭고한 정신'을 묘사하는 고대 베다의 어휘 '신성한 자'를 뜻한다. 이 명사는 '인드라' '아그니' 혹은 '바루나'와 같은 베다의 여러 신성에게 붙여졌다. 이후 본질적인 그 의미에서 점차 벗어나면서 더 이상 '아수asu'에서 유래한 것으로 여겨지지 않는 '비非-신神'을 의미하는 '수라'에 산스크리트어의 부정 접두사 'a'가 덧붙여져 구성된 단어로 알려졌다. 이처럼 아수라는 물질적 의미로 상징화되면서 데바에 반대되고 '반反-신神'과 동의어가 되었다. '생명의 숨결(프라자파티Prajâpati)'에서 탄생한 아수라는 '숭고한 정령'으로서보다 오히려 평범한 '존재자'로서의 의미에 가까워졌다. 또한 그들을 '데티아Daitya'—'카시야파Kaśhyapa'와 '디티Diti(대지)'의 아들—라 지칭하면서 베다 신성의 만형으로 간주하였다. 전통에 따르면 그들은 신성의 건축가 '마야Maya'에 의해 건축된 천상의 궁전과 쇠로 만들어진 하늘의 요새에서 살았던 것으로 전해진다. 거기에서 그들은 데바와의 전쟁을 치른다. 모든 존재자의 계급화가 이뤄지면서 그들은 여덟 번째 계급을 차지하게 되고 다시 수호신(Daitya), 거인(Dânava), 야만인(Dâsyû), 별의 성령(Kalañjaka), 학살자(Khalin), 뱀(Nâga), 불굴의 무기로 무장한 전사(Nivâtak-avacha), 식인 귀신(Piśhacha) 등 여러 카테고리로 나뉘었다. 나아가 그들은 파괴의 신 '시바'의 하인과 숭배자로서 인정됐다. 전통 신화 속에서는 영생의 음식을 만들기 위해 '우주의 대양'을 쥐어짜는 과정에서 데바의 적으로서 싸움을 벌이기도 했다.

마침내 신성의 이중 계급체계는 '불의 제식' '동물의 제물 바치기' '소마Soma1)의 제물 바치기' 등에 대한 믿음과 연결되었다. 그렇지만 단지 하나의 역사적 과정에 불과했던 이러한 '인도-이란'이란 종교적 특성을 넘어서 '인도-유럽'이라는 또 다른 종교적 구도가 가능해진다. 그리스를 포함한 유럽 일부 지역과 인도 사이의 여러 역사적 사건을 거치면서 발전된 인도-유럽 종교는 자연주의, 제식, 나아가 사회적 측면을 한꺼번에 뒤섞어버린 여러 신앙 형태의 망網으로 구성되어 있다. 그리고 또 다른 측면에서 그러한 신앙은 각각의 역할에 따라 나누어졌으며, 이것은 종교적·성직상·법률상의 하나의 독창적 기능, 세속적인 힘을 재현하는 하나의 기능, 그리고 경제적 형태의 또 다른 하나의 기능 등으로 분리되기에 이른다.

이와 같이 베다의 종교는 인도-이란 혹은 인도-유럽이라는 이중의 계승 과정을 거치면서 어느 정도 불확실한 기준 안에서만 설명되고 있었다. 그러나 일반적으로 고대인의 사고 유형은 토착의 원형 요소들과 접촉하면서, 아니면 내부의 급속한 진보를 거치면서 그 자체 안에서 풍요로워지거나 변화되기도 했다는 사실을 인정해야만 할 것이다. 왜냐하면 인도에서의 그러한 사고 유형들은 '원시 힌두교'라고 부를 수 있을 만큼 토착적인 또 다른 요소의 종교적 특성을 흡수했기 때문이다. 그러나 너무나 많은 역사적 자료들이 사라졌기 때문에 그러한 종교적 특성에 관한 근거나 혹은 증거를 완벽하게 밝혀내기는 이미 불가능해진 지 오래다. 어쨌든 베다교를 통해서유물과 증거를 정확하게 파악할 수 있는 기회만이 남아 있을 뿐이다.

베다교의 텍스트

베다교의 유물로는 다양한 시대에 걸친 암시적인 자료로서 전해오는 텍스트만이 남아 있을 뿐이다. 비록 현재까지 보존되고 있는 텍스트는 원래 존재했던 텍스트에 비하면 그 양이

미흡하지만 베다교의 핵심적인 광범위하고 중요한 전체적 구도의 형성을 읽기에는 충분하다. 현재의 텍스트는 문학의 형태로서 전통적으로 '분파' 혹은 '분야'라고 일컫는 학파들에 의하여 전수되어 왔다. 이 학파들은 먼저 예식을 책임진 제식 집행자의 네 가지 역할의 임무에 따라 '4'라는 숫자의 네 가지 종류로 분리되었다. 더욱이 종교를 실행하는 활동 영역을 보다 진보적으로 발전시켜 온 특수교육에 의해 또다시 그 학파들은 다른 분파로 세분화되면서 인도 전역으로 확산되어 갔다. 이처럼 수많은 분파의 확산은 나름대로 가능해졌지만 그러나 최초의 핵심 학파들과 그것의 부차적인 분파들은 지금까지 단 한 번도 동시에 전체적으로 알려지지는 못했다. 마찬가지로 하나의 같은 분파 속에 포함되어 있는 텍스트라고 할지라도 전체적으로나 혹은 본래 상태 그대로 완벽하게 전해지지는 못했던 것 또한 사실이다.

가장 중요한 텍스트 그리고 가장 오래된 텍스트는 일상적으로 말하는 '네 가지 베다'를 이루고 있는 네 개의 '모음집'(삼히타Samhitâ)이다. '베다Veda'라는 단어는 '지혜' 혹은 '앎'을 의미한다. 또한 광범위한 의미로서 이 단어는 네 개의 모음집의 한 가지 흐름의 근거를 마련케 해주고 차후에 나타나는 다른 글들의 전체 혹은 부분적인 '핵심어'로서 인식됐다.

베다의 텍스트는 다음과 같은 네 가지로 이루어져 있다.

1) 『리그베다Rig-Veda』 혹은 '시구의 절로 이루어진 베다'는

인도 문학에서 가장 오래된 문헌이다. 『리그베다』는 수많은 신들을 찬양하기 위해 약 1,000개의 송가로 이루어져 있으며 옛 사제의 혈통을 이어받은 후손들이 보존했던 작품을 모으면서 정리한 일종의 문집으로 볼 수 있다. 이러한 송가들 중 대부분은 '소마'를 제물로 바치는 예식과 다소 직접적인 연관 관계를 가지고 있지만 그것과는 전혀 관계가 없기도 하다.

2) 『야주르베다Yajur-Veda』 혹은 '주문 서식書式으로 이루어진 베다'는 많은 교정을 거쳐 우리에게 전해졌다. 어떤 부분은 우주의 구성 요소들에 대한 종교 의식의 내용을 내포하면서 산문으로 구성된 일종의 주석의 성격을 보여주는 주문 서식으로 이루어졌다. 일반적으로 이것을 '부정확한 야주르베다'라고 부른다. 다른 어떤 부분은 단지 주문 서식의 표현만을 보여주는데 이것은 '정확한 야주르베다'라고 한다.

3) 『사마베다Sâma-Veda』 혹은 '멜로디로 이루어진 베다'는 『리그베다』처럼 시구로 구성된 수많은 절의 모음집이다. 『사마베다』의 절들은 전체적으로 거의 『리그베다』로부터 빌려온 것이다. 그러나 그것은 송가로 부르기 위해 다시 정리됐고 음악의 기호법 혹은 악보를 포함하고 있다.

4) 『아타르바베다Atharva-Veda』 역시 마찬가지로 『리그베다』와 유사한 모음집이다. 그러나 그 성격에 있어서는 마술적인 부분과 사변적인 부분을 담고 있다. 전통적으로 베다 텍스트에 있어서 종종 처음 '세 가지 베다' 혹은 '삼중의 학문'에 관하여 아주 빈번하게 언급되고 있다. 왜냐하면 전통적으로 사

람들은 이상 '세 가지 베다'의 고유성을 내포하고 그것의 특수성을 의미하는 숭고한 존엄성을 갖춘 '신비한 세계'로서『아타르바베다』에 대하여 암암리에 고려하고 있기 때문이다.

연대기상의 순서에 따르면 그 다음에는 제식이나 혹은 동시에 거기에 수반되는 서식을 설명하는 '산문으로 구성된 주석서'로서『브라마나Brâhmanas』[2], 즉 '브라만brahman[3]에 관한 해설'을 들 수 있다. 바로 이 브라흐마에 관한 해설서들은 다른 베다들과 함께 연관되어 존재하고 있으며 그리고 마찬가지로『아타르바베다』를 제외한 모든 베다들 중에서 두 개 혹은 두 개 이상이 존재하고 있다.

베다 문학에 관한 이러한 두 가지의 최초 단편집은 흔히 '쉬루티Shruti(계시啓示)'라고 부르는 어떤 측면을 형성하고 있다. 달리 언급하자면 이러한 단편집은 특권 받은 몇몇 인간들에게서만이 가능했던 '투시력'에 의한 일종의 의사소통의 효과로서 나타나게 된 '신성한 근원 혹은 뿌리'로 불리면서 통용되기에 이르렀다. 쉬루티는 특정한 지역권을 넘어서서 언급하기에 적합한『아란야카Âranyakas』― 혹은 '숲의 개론서', 그리고『브라마나』에 관한 꾸밈없는 보충서로서 보다 더 간편한 텍스트들을 담고 있으며, 또한 사변에 관한 요점을 다루는『우파니샤드』― 혹은 '근접서'를 포함하고 있다. 베다교에 관한 다른 자료들은『스므리티Smriti』(기억 속에 남은 전통)에 속해 있다. 이러한 자료들은 먼저『수트라Sûtras』(격언)들인데, 말하자면 이것은 예식에 대하여 수련생들이 암기하기 위한 목적에서 아주 압축된 한 가지 문체로 저술된 텍스트를 의미하고 있다. 그 자료들은 다양한 다른 '분파'들에 있어서는 '가정'의 제식에 대한 질서를 위해, 혹은 성찬 예식의 질서를 위해 방대하게 편찬되었다. 또 다른 자료는 성직상의 규정에 기초하는 뿌리로부터 조금씩 나타나는 형법과 민법의 초안을 묘사하면서 보다 일반적인 가르침들을 꾸준히 요약정리하고 있다.

문학서는 한편으로 격언의 문체로, 한편으로는 산문으로, 아니면 가끔씩은 시구로 쓰인 텍스트들의 총서로 완성된다. 이러한 텍스트들은 하나의 완벽한 제식가가 되기 위해 알아두어야만 하는 필수 항목, 말하자면 시학·음성학·천문학 등의 개론서, 다양한 목록과 방법적인 목차 등등을 보완하고 있다.

그 텍스트는 전체적으로 산스크리트어4)로 저술되었지만 특히 더욱 중요한 것은 이미 사라진 수많은 특수한 사항을 내포하는 고대 산스크리트어로 저술되었다는 점이다. 송가와 주문의 '서식('만트라'의 명목으로 포함시키는 것)'은 일반적으로 이후에 나타나는 산문에 비하여 훨씬 더 명확한 고어법으로 적혀 있다. 특히 '만트라Mantra'는 하나의 물질적 형태하에서 이것이 상기시키는 신성의 의미가 간결하게 표현되기도 하고, 힌두교적이거나 혹은 불교적인 성스러운 서식을 의미하기도 한다. 이것은 하나의 마술적 성격을 가지고 있으면서 이것이 표현하거나 상징하는 신성을 물질화하도록 만드는 힘을 보여주기도 한다. 만트라는 대부분의 경우 성스러운 음절 '옴Om'에 근원을 두고 있다. 바로 이 음절의 각각의 신성과 겉모습은 특이한 여러 종류의 만트라를 가지면서도 실제로 이 서식의 수는 무한하다. 일반적으로 시바신의 만트라는 다섯 가지의 음절을, 비쉬누의 만트라는 여덟 가지 음절, 수리야의 만트라는 열두 가지 음절을 가지고 있다. 그러나 이것이 절대적인 규칙은 아니다.

하나의 만트라는 가끔 정확한 의미 없이 다소 긴 하나의 문장이 될 수도 있고, 하나의 단어로 축약될 수도 있다. 가장 많이 알려진 만트라와 가장 많이 사용되는 만트라 중 한 가지(특히 탄트라 불교 혹은 라마교에 있어서)는 '아바로키테시바라 Avalokiteśhvara'의 만트라인 '옴 마니 파드메 훔Om mani padme hûm (오! 당신, 연꽃 속에 보석이여!)'이다. 마찬가지로 종종 사용된 또 다른 하나의 만트라는 크리쉬나신에게 바쳐진 'Hare, Hare, Krishna'이다. 만트라의 한결같은 반복은 우리들이 사용하는 '지루하게 늘어놓는 말의 표현'과 일치하고, 보다 많은 기도의 가치(반복의 마술적 힘)를 부여한다. 이러한 만트라의 반복은 묵주의 도움으로 종종 발음하는 자의 자동주입 방식을 가능케 한다. 이 반복은 '자빠japa'로 불린다.

어쨌든 전체적으로 송가와 주문에 관한 '서식' 내면의 상세한 연대기를 설정하는 것은 쉽지 않다. 절대적 의미의 연대기 또한 정확하게 밝히기엔 거의 불가능한 실정이다. 『리그베다』의 저작 기간은 가정하여 기원전 10세기 혹은 12세기경으로 추측할 수 있다. 베다의 마지막 텍스트, 즉 베다의 '부록'과 방대한 『우파니샤드』 텍스트는 6세기 혹은 5세기에 저작된 것

임에 틀림없다고 한다. 그렇다면 이러한 텍스트에 대한 준비는 훨씬 더 이전으로 거슬러 올라간다. 그러나 핵심 텍스트에서 벗어난 베다 개론서들은 보다 후에 편찬되었다. 더욱이 텍스트의 전달과 저작 방법까지도 말로 이루어졌거나 아니면 적어도 부수적인 명목을 위해서만이 단지 글로 남아 있을 뿐이다. 오늘날까지도 여전히 인도 전역에서 존속하고 있는 베다 낭송자들은 놀랄 만한 정확성을 갖추고 베다 텍스트의 광범위한 부분을 말로써 보전하고 있다.

베다교의 신앙과 신화

베다교는 먼저 특이하게 발전한 한 가지의 신화로부터 이루어져 있다. 『리그베다』가 핵심적으로 묘사하고 있듯 베다교의 신들은 그들 자의적으로 인간의 일에 개입하고 있는 활동적인 존재자들이다. 인간의 헌신적인 봉헌으로 혜택을 받고 적절한 방법으로 간청을 받은 신들은 그 간청에 도움을 베푼다. 그렇지 않으면 그들 또한 위험에 처하기도 한다. 가끔씩 그들 중에서 많은 신들은 자연적으로 양면성을 가지고 있기도 하다. 일반적으로는 고대부터 지상의 신들, 중간 공간(대기)의 신들, 천상의 신들로 나누어 33명의 신을 열거하고 있다. 신을 구분하기 위한 보다 적절한 나눔은 신들의 기능(역할)에 따른 나눔이다(최고 권력의 신, 전쟁의 신, '경제적' 역할(농업·목축·장인)의 수호자 등). 그러나 이것은 역사의 실제성이든 허구성이든, 그 사건의 작은 한 부분만 적용하여 거기에 가담하고 있는 신들을 언급하고 있을 뿐이다.

실제로 신들이 특권을 행사하는 측면은 아주 다양하게 나타나고 있다. 송사문이 요구하는 사항의 내용을 기록하고 있는 서식집은 그러한 특권을 다양화하는 데 도움을 주었다. 신들은 그들의 특권이 정해지는 순간 다른 신들에게 귀속되기도 하면서 그들 역할의 전체 혹은 부분에 대해 찬양하는 또 다른 신성의 위치를 차지하게 되었다. 그래서 베다교에 기초하는 신화는 최초의 신들이 간직하고 있는 고유의 독창적인 역할을 분석하기 위한 접근으로는 이해할 수 없는 복잡하게 뒤섞여 버린 내용이 되어 버렸다.

만신전萬神殿의 배경에는 로마 신화에서 주피터와 대등한 하느님 아버지 디야우쉬 피타르Dyaush Pitar가 있다. 그렇지만 그는 부름을 받은 여신 '대지'나 혹은 부부를 뜻하는 '하늘-대지'처럼 아주 창백한 모습을 하고 있다. 보다 가까이에서, 그러나 꾸준히 뒤에 처져 있으면서도 그는 자신의 끈으로 죄인들을 결박하는 염탐꾼으로서, 우주적 그리고 도덕적 법칙의 유지자로서 최고의 신 '바루나Varuna'의 근엄한 모습을 나타내고 있다. 동시에 그는 거의 파괴적이고 무시무시한 옆모습을 간직하고 있기도 하다. 일반적으로 사람들은 그에게 법률의 위엄과 계약의 신 '미트라Mitra'라는 또 다른 하나의 주권자의 의미를 부여하고 있다. 바루나와 미트라는 아디티야Âditya[5], 즉 어떤 의미에 있어서 '여신-어머니' 상의 애매모호한 형태를 내포하고 있는 아디티Aditi의 후계자로서 일곱 혹은 여덟 명의 개체들 중에서 최고의 존재자로 여겨진다.

최상의 역할은 인드라Indra신에게 있었다. 인드라는 베다 시대와 브라흐마 만신전의 중심 신들 중에서 유일한 신의 명목으로 힘·용기·권력 등을 상징한다. 그는 데바들의 우두머리이자 전쟁의 신이다. 그는 '스바르가Svarga'(여기에서의 수도는 'Amarâvatî'이다)라 불리는 천국 속에서 메루산 꼭대기에 거주한다. 마찬가지로 그는 '우쉬사이스라바스Uchchaisravas'라는 말이 끄는, 날아다니는 마차인 '비마나Vimâna'의 안에 머물고 있다. 그의 마술적인 활은 무지개이며 그를 지탱시키는 동물은 코끼리 '아이라바타Airâvata'이다. 그는 자신이 '비'라는 매개물을 통하여 지상으로 하강하는 우주적 생명의 근원을 재현하고 있다. 그리고 그의 힘은 모든 존재자들의 종자(혹은 정액)의 본질 속에 내재하고 있다.

전체적으로 인드라의 경이로운 공적은 끊임없이 후세에 설명되었고 오늘날도 여전히 설명되고 있다. 그는 동맹 관계에 있는 왕자들로부터 도움을 받아 인간의 적이나 혹은 악마의 무리를 정복하였다. 보다 자연적인 소재의 기반 위에서 그는 물을 막고 있는 용龍을 죽이는 데 사용한 번개를 가지고 있고 새벽 여명의 포로를 인도하는 태양을 정복하는 역할 등의 이야기를 전해주고 있다. 어떤 사람들은 아리아족의 전형적인 신들의 모습을 인드라신에게서 찾았을 만큼 인드라신에 관한 근원은 신비적인 상태로 남아 있다.

인드라신의 동맹군 속에는 구름을 타고 다니는 젊은 청년 들의 무리 '마루트Marut'들이 포함되어 있다. 그들은 천둥과 비를 만들어 낸다. 또한 그들을 루드라Rudra의 여러 아들을 의미하는 '루드라스Rudras'라고도 부른다. 이러한 주제는 베다교의 가장 이상야릇한 내용 중의 하나로 비춰지고 있다. 루드라는 본질적으로 가공할 만한 신으로 여겨졌기 때문에 가끔씩 그를 '시바'(자비로운 자)라고 부르기도 한다. 다른 한편으로는 그가 병을 고치는 사람이라는 것도 사실이다. 그래서 인간이 그에게 간청하는 소망은 이러한 그의 이중적 성격에 의지하려는 의도하에서 아주 특이한 다른 하나의 본성을 상징적으로 만들어 내고 있다. 인드라의 동맹군으로서의 또 다른 인물은 아스빈Açvins 혹은 나사티아Nâsatyas 부부이다. 그들은 자신들의 여정 길을 여명과 석양으로 보여주며 마차를 타고 하늘을 배회하고 있다. 또한 그들은 그리스 신화에서 디오스쿠로이, 즉 제우스와 레다의 쌍둥이 아들 카스토르와 폴루데우케스와 일치하고 있다.

'달'이 직접적인 숭배의 대상이 되었는지를 정확하게 알 수는 없다. 그러나 태양에 관한 상징적 표현은 결과적으로는 중요한 의미를 가지고 있다. 왜냐하면 이러한 표현은 태양을 의미하는 수리야Sûrya와 선동자를 의미하는 사비타르Savitar의 모습을 통하여 나타나고 있기 때문이다. '태양'의 이미지에 대한 모든 원시적 의미를 대변하는 수리야는 여러 자연신들 중에서 가장 핵심적인 역할로 부상되어 있다. 인도의 삼위일체 비쉬누 또한 단지 세 번의 발걸음만으로 우주를 관통하는 신으로서 다른 신화들에서와 마찬가지로 일종의 태양 신화를 재현하고 있다. 태양의 여명은 은총의 신 '우샤스Ushas'라는 이름으로 명백히 신성화되었고, 바람은 바유Vâyu 신으로, 천둥 뇌우는 파르자니야Parjanya 신으로 각각 신성화되었다.

바로 이전의 존재자들과는 근본적으로 구분되지는 않지만 또 다른 하나의 새로운 존재자들의 그룹은 그들과 근접해 있으면서도, 특히 인간의 눈에 보이는 구체적인 자연의 대상물들 속에서 그 근원적인 출발점을 찾아볼 수 있다. 바로 소마 Soma(달의 이름 중의 하나)는 같은 명사로서 '액체'를 의인화하여 표현하는 것이 그 실례에 속한다. 아그니Agni는 무엇보다 먼저 인간들에 의하여 밝혀진 불로서 그리고 태양의 불, 구름의 불이며, 물과 나무·숲 등에 숨어 있는 불이기도 하다. 소마와 아그니는 지나치게 과장된 인물들이 되었다. 바로 여기서 다양한 인물들의 개념은 과장된 허구적 혹은 상징적 인물들과 연결되어 있다.

두 번째 계열에는 동물과 인간을 인도하는 신인 '푸샨Pûshan'이 있다. 또한 브리하스파티Brihaspati는 '형식의 주인'이며 트바시타르Tvashtar와 세 명의 리부스Ribhus는 장인의 신들이다. 그렇지만 그들의 역할은 별로 전문화되지는 못하였다. 그리고 개인은 일시적으로 존재하거나 혹은 신성의 계열에 들어서지 못하는 나무들이나 일반 사물들의 명칭과 일치하고 있다. 더욱이 여기서는 여성적 성향의 의미는 찾아볼 수 없다. 왜냐하면 신성한 아내의 개념은 믿음을 얻지 못했기 때문이다. 그리고 악마는 인간의 적으로서 사람들의 기억 속에 묻혀버린 채 들끓고 있지만 그러나 인간을 위한 핵심적인 역할의 악마 개념은 존재하지 않는다. 가장 중요한 악마는 인드라신의 적인 브리트라Vritra인데 그는 '저항'의 의미로서만 의인화되고 있다. 게다가 익명의 단체들과 부부들 또한 빈번하게 신성화되어 나타난다. 먼저 최고의 신으로서의 '아수라'는 신들(데바)에 대한 예식을 강화함으로써 후세에 나타나는 『리그베다』에서는 악마의 요소를 가진 존재자로서의 방향을 찾아가고 있다. 나아가 고대 전반에 걸쳐 조상으로서의 가장 소중한 역할을 떠맡은 제물을 바치는 사람들 또한 여기저기서 신성의 계열로 부상하기도 한다.

결국 자연적인 요소로서 실제 존재하는 존재자거나, 아니면 실재하지 않고 상상에 의하여 허구적으로 만들어진 존재자, 혹은 이와는 전혀 무관하게 신의 역할을 넘어서기도 하고 혹은 신들에게서부터 이탈되기도 하면서 추상적인 위대한 힘을 소유하고 있는 존재자들이 있다. 그들은 때로는 '반신-반인'으로서, 때로는 '반신-반수'로서, 우주의 '질서'와 제식 혹은 동시에 도덕적인 질서를 의미하는 '리타rita'를 책임지고 있다는 점에서 그 핵심적인 중요성은 인간들이 살아가는 삶의 방식에 활기를 불어넣는 것이었다.

철학적 사변과 종교

　『리그베다』와 특히 그 모음집 속에 들어 있는 송가들 중 가장 최근에 알려진 것들에서는 세상의 근원에 바탕을 두고 있고 사물의 다양성에 관하여 고찰하고 있으면서도 중성적이고 유일한 원칙에 관계하고 있는 사변들이 나타나고 있음을 찾아볼 수 있다. 가장 신랄한 형태의 '브라만brahman'(중성의 명칭)이라 불리는 신성한 서식은 하나의 아주 중대한 원칙으로서 찬양받는 경향이 있었다. 바로 이 원칙은 신화적이고 제식적인 모든 우연성에서부터 벗어나 『브라마나』 텍스트들에서부터 우주적 영혼과 절대성에 관한 개념을 제시하고 있다.

　이러한 사변들의 유형은 『우파니샤드』 텍스트들 속에서 그 명성을 찾을 수 있다. 『우파니샤드』 텍스트는 그만큼 보다 고전 시대의 신화적 생성의 사고를 파멸시키지 않고 대우주와 소우주 사이의 일치성과 동등성의 틀 속에서 점차적으로 신과 인간, 우주적 질서와 인간의 질서 사이의 사고를 억지로 압축시켜 연결짓는 것을 시도하고 있다. 동등성 혹은 일치성에 관한 탐구는 이미 『리그베다』의 사고에 바탕을 두고 있었지만 베다의 시기에는 철학적 체계성이나 귀결성이 존재하지 않았고, 보다 이후에 이러한 동등성에 관한 도달점이 나타났다. 즉, 그 도달점이란 개인의 영혼(아트만)은 현실적 본질에 있어서 우주적 영혼(브라만)과 일치하고 있다는 것을 인식하는 것이다. 이것은 "네가 바로 그것이다(tat tvam asi)"－즉, 개인으로

서의 너는 우주적 원칙인 그것과 흡사하다—라는 터무니없는
방정식이 나타내고 있는 것이 바로 그것이다. 이것이 바로 '해
방 혹은 해탈'로 이끌어가는 진리로서 '진리들 중의 진리'를
의미한다. 그래서 결국 송가는 '해방'의 개념을 무시하게 되었
다. 왜냐하면 신을 찬양하는 송가는 종교적 발전에 기초함으
로써 '해방' 혹은 '해탈'을 위한 인간의 노력은 신을 향한 복
종이 아닌 도전으로 여겨지기 때문이었다.

그 결과 송가를 기반으로 한걸음 더 나아가『브라마나』텍
스트는 인간이 신이 되려고 하듯이 '다시 죽지 않기를' 바라
는 이치에 접근하였고, 그 텍스트들은 인간의 과거 업적을 찬
양했던 반면『우파니샤드』텍스트는 지식을 찬양함으로써 종
교는 인식을 향하여 나아가고 있다. 그러나 신화와 제식의 특
징적 요소는 아주 명확하게 이후 오랫동안 존속하였고, 그리
고 결정적으로는『우파니샤드』텍스트에 의하여 발단이 되었
던 반성(혹은 고찰)의 독창적 감동은 다소 난해하고 한정된 범
주의 특성으로 변화되었다.

제식의 근원

우리가『리그베다』를 통하여 신화를, 특히『우파니샤드』를
통하여 철학적 사변을 알고 있다 해도, 이들 텍스트가 예식에
관한 특징을 그다지 많이 갖춘 것은 아니다. 여기서 하나의 예
를 통해 세밀히 예식을 묘사하고 있는『브라흐마나』텍스트

들과 『수트라Sutra』 텍스트들을 참조해 볼 필요가 있다. 『수트라』는 불교 철학에서와 같이 인도 철학에서 하나의 사고, 하나의 학설, 혹은 하나의 학문의 흐름을 설명하는 경구들이나 텍스트들을 나타내는 산스크리트어의 단어로서 '흐름'을 의미한다. 인도 철학에서 『수트라』 텍스트들은 스므리티Smriti에 속하는 것으로서 간주되었으며 『쉬라우타-수트라Shrauta-sutra』 『그리히야-수트라Grihya-sutra』 『술바-수트라Shulva-sutra』 『다르마-수트라Dharma-sutra』 등을 내포하고 있다. 『수트라』들에 관한 책은 신성의 속성으로서 사용되어 '푸쉬타카Pushtaka'란 명칭을 가지고 있다.

이처럼 시대의 변천에 따라 적절하게 발전되어 왔던 종교적 실행 방법의 몇 가지 형태들이 베다 시대의 초창기에 존재하지 않았다고는 결코 말할 수 없다. 그렇지만 그러한 종교적 실천 방식을 일반적인 문구로 재현하는 것 또한 그렇게 불가능하지는 않았을 것이다.

가장 중요한 종교적 실행 방식으로서 베다의 예식은 '제물 바치기'에 근거를 두고 있다. 신성을 위한 성대한 찬양으로서의 제물 바치기는 다소 장엄한 의례의 형식으로 실행되는데, 의례의 절정에 이르러서는 불에 의해 마련된 제물들을 바쳤다. 그 목적은 신성의 세계와 의사소통을 하는 데 있으며 일반적인, 혹은 특수한 몇 가지 특권을 획득하기 위하여 신으로부터 도움을 확인받는 데 있다.

월력의 날짜에 따르면서도 원칙적인 봉헌을 위한 표현 방식을 인정하지 않는 '정해진 제물 바치기'가 존재하고 있는 것 또한 사실이다. 그렇지만 이러한 제물 바치기(아니면 제물 바치기에 있어서 이러저러한 다른 각각의 해당 부분)는 한 가지 봉헌을 위한 또 다른 겉치레 형식을 쉽게 받아들이기도 한다. 신들에게 기도하는 방식은 그것에 어울리는 행위들과 작업들을 수반하면서 주문을 위한 '서식書式'을 표현한다는 점에서 제물 바치기 영역 속에 포함되었다. 기도는 독립적인 표현을 갖지 않는다. 제물은 한편으로 가장 빈번하게 농산물의 경작과 재배에 의한 생산물로 이루어지고 있으며 — 벼 혹은 다른 식물들의 씨앗, 우유, 그리타ghrita(녹은 버터) — , 또 다른 한편으로 동물을 이용한 제물(일상적으로 숫염소)인 고기 덩어리로 마련된다. 이러한 제물은 부분적으로 불에 던져졌으며, 부분적으로는 제식 집행자들과 그들의 협력을 확인받은 자, 그리고 자신에게 이익이 되도록 행동하게 하는 성직자와는 무관한 '제물을 바치는 사람'에 의하여 소비되었다. 가장 중요한 예식들 중에서 우위를 차지하는 예식에 포함되는 제물은 극히 신비한 성격을 보여주기도 하는데, 일종의 자극(열광케 하는)시키는 성분을 가진 식물 '소마soma'의 제물 바치기가 그것이다. 그리고 이 예식은 아주 복잡한 활동 방식으로 소마를 압착하여 다른 물체를 만드는 작업이기도 하다.

제물의 매개물은 불이다. 불의 '설정'은 그 자체로서 하나의 독자적인 예식을 만들어 내고 있다. 일상적으로 제물 바치기는 '제단'의 역할을 하는 작은 동굴의 주변에 나열되어 세

가지 불의 도움을 받아 이루어진다.

성직과 무관한 한 세속인은 자신의 부인과 함께 제물 바치기에 참여하여 몇 가지 주문 서식들을 낭송한다. 그러나 그의 본질적인 역할은 다양한 제식 집행자들에게 배당된—막대한 규모에 도달할 수 있는—사례금을 분할해 주는 것이다. 이러한 제식 집행자들은 하나의 실수나 혹은 우연한 사고가 발생하는 즉시 그것을 지적하며 침묵으로 감독하는 브라만에 의하여 통제를 받게 된다. 호타르hotar[6]는 제물들을 쏟아 붓고 『리그베다』 속에서 나타나는 연속적인 글을 낭송한다. 우드가타르udgâtar[7]는 『사마베다』에서 빌려온 문구들을 노래한다. 그리고 아드바리유adhvaryu[8]는 『야주르베다』에 맞추어 제물 바치기와 동등한 형식적 구조를 구성하고 있는 수많은 낭송과 행위를 주도면밀하게 검토한다. 전체적으로 포함된 보조자는 열여섯 혹은 열일곱 명의 성직자들로 이루어진다.

제물을 바치기 위한 장소는 각각의 새로운 예식을 위해 신성화된 하나의 열린 공간의 영역이다. 특이한 이미지 형태 외에 더 이상 실제 사원은 그곳에 존재하지 않는다. 제식의 도구들 중에는 극히 한정된 역할을 떠맡고 있는 숟가락과 그릇이 있고 불 위에는 벽돌 '조각'이 놓여 있다. 그 조각들 위로는 밀가루 반죽을 늘어놓는다.

아주 짧은 시간에 이루어지는 성대한 제사는 '아그니 호트라Agnihotra'[9], 즉 '불에 의한 봉헌'으로 알려져 있다. 이것은 아그니Agni에게 바치는 간단한 우유 봉헌식으로 세속인과 육체적 활동을 수행하는 승려에 의하여 아침과 저녁에 실행된다. 아그니는 브라만 신화 속에서 남서 지역을 다스리면서 사람들이 제물을 바치는 불의 신을 의미한다. 그는 인간 존재자들의 기도와 욕망을 다른 신성에게 알려주는 브라만적 제식의 상징이다. 일반적으로 그를 턱수염이 있는 세 개의 머리를 가진 남자로 표현하고 있다. 그리고 가끔 숫양에 올라타서 한 손에 묵주를 들고 다른 한 손에는 항아리를 들고 있다.「마하라바타」내용 중에서 그는 칸다바 숲에서 불을 지르는 크리쉬나를 돕는다. 그리고 『베다』의 주요 신 중 하나로서 특히 수많은 송가들이 그에게 바쳐진다. 아그니는 하늘에서는 태양, 공중에서는 번개, 땅에서는 불 등 각기 다른 세 가지의 형상을 하고 있다. 또 인간의 수호자로서 그는 아주 특별하게 결혼 예식 중에 간청을 받는 한편, 다른 고전 신화들 속에서는 가끔 여자로 나타나기도 한다.

달이 새로이 떠오를 때와 만월(보름)일 때 행하는 아그니를 위한 제물 바치기는 더욱 복잡하고 성대하게 이루어진다. 그 행사는 원칙적으로 모든 다른 봉헌들에 사용되는 그리고 두 사람의 제식 집행자들을 요구하는 식물 제물에 의한 봉헌의 형식이다. 4개월 분기의 제사들은 계절의 변화에 따라 서민적인 특색으로 점철된 세 개의 계열(부수적으로 네 번째 계열을 가지면서)로 나뉜다. 제물 바치기의 도표에 음력 보름마다 표시되어 있는 기도와 속죄를 위한 대다수의 제사들이 있고 첫 수확물에 대한 감사를 드리는 하나의 제사가 있다.

한 마리 숫양을 질식시켜 제물로 바치는 행사는 과거의 제물 바치기 형식에서 영감을 받아 이루어진다. 그리고 이것은 독립적인 상태로서든지, 아니면 소마의 제물 바치기의 전체적인 부분으로서 나타난다. 소마의 제물 바치기는 모든 행사들 중에서 가장 성대한 행사이다. 즉, 그 기초 형식 '아그니쉬토마Agnishtoma'는 장구한 예비 행위(세속인과 아낙네의 봉헌, 소마 구하기, 화로와 제단의 설치) 이후에 아침, 정오, 저녁 등 일련의 세 번에 걸친 압착하기 행사이다. 독립적으로 이루어지는 이 예식은 연속해서 이어지던 노래와 낭송이 중간 중간 멈춰지는 방식으로 봉헌행사가 진행되며 제식 집행자 모두가 그 예식에 참여한다. 구체적으로 이것은 또한 소마의 베다적 제물 바치기를 의미한다. 이것은 근본적으로 소마를 압착하는 행위들로 이루어지며 봄에 실행된다. 제식은 신주를 동반하며 제물 바치기의 영역과 제식 집행자들을 선택함으로써, 그리고 삼일 동안의 헌정들(소마의 구입, 제단과 화로 그리고 필수적인 도구들의 설립, 제식 집행자들의 행렬, 한 마리 숫양의 제물 바치기, 성수 긷기 등등)로써 이루어진다. 아그니신과 인드라신이 하나의 큰 위치를 차지하고 있는 이 거대한 제물 바치기 과정에 있어서 다른 베다의 신성들 또한 마찬가지로 비를 가져오고 자연의 쇄신을 용이하게 하기 위해 결합한다. '봄'의 이 제물 바치기의 행위는 만물의 번영을 보장하기 위한 근본적인 행사이다. 이러한 예식에 앞서 프라바르기야Pravargya의 제식이 이루어졌다. 아그니쉬토마의 하나의 간단한 부분은 프라바르기야인데 이것은 성스러운 그릇 속에 데워진 따뜻한 우유를 아쉬빈Açvin[10) 신에게 바치는 행위이다. 이틀째부터 12일째까지의 기간 동안에는 보다 진일보한 예식들이 존재하고, 마찬가지로 한 해 전체에 걸쳐, 이론적으로는 12년에 걸쳐 펼쳐지는 행사 '기간其間'들이 존재한다. '암소들의 행군'으로 불리는 그 '위대한 계율'은 1년 동안에 걸쳐 지속적으로 이루어지며 동지冬至의 축제가 된다.

결과적으로 아주 세밀하게 구별되지는 않지만─소마의 제물 바치기 또한 마찬가지이다─왕의 인생에 관한 사건들에 보답하는 축제일들이 나타나기도 한다. 이것이 바로 서민의 대표자들과 제식 집행자에 의하여 선발된 새로운 당선자의 관수 예식으로서 '라자수리아Râjasûrya', 즉 '왕의 봉헌'이다. '바자페아Vâjapeya', 즉 '힘을 주는 음료수'라는 말은 전쟁에서 승리한 왕자에 대한 종교적인 축제를 의미하는 것인데 이것은 17개의 마차를 이끄는 말들의 경주 시합을 포함하고 있다. 그리고 '아쉬바메다Açvamedha' '말의 제물 바치기'는 모든 행사들 중 가장 성대하게 이루어지며 이것을 위한 예비 행사들은 1년 혹은 2년의 기간에 걸쳐 진행된다.

고귀한 음료수인 소마의 명칭에서 빌려온 '소마 제식'의 측면에서 보면 이 음료수는 하나의 특수한 제식을 위하여 제물 바치기로 사용되는데, 이것은 예의에 벗어나는 알코올 성분이 중요한 가치물로 존재해 왔고 그 역할을 다하고 있음을 의미한다. 끝으로 몇 가지 예식들에서는 하나의 상징적 공간을 거대

하게 펼쳐 보이고 힘의 능력을 과시하기 위해서 벽돌로 만들어
진 기념비적인 건축물을 세우는 봉헌식이 마련되기도 했다.

힌두교와 신화의 문학적 발전

초창기 힌두교의 중요성과 신성함을 분석함에 있어서 『베다』 - 즉, 일반적으로 그것을 '말의 형태를 갖춘 절대적인 것'으로 부르듯이 - 에 견줄 수 있는 텍스트가 우리에게는 없다. 후기 베다적인 인도의 가장 오랜 자료(힌두교를 떠나, 그리고 결과적으로 우리의 주제를 벗어난 불교와 자이나교의 종규에 관한 개론서를 제외하고)는 위대한 서사시 「푸라나Purânas」 텍스트들이다. 이것은 『베다』의 '가장 현대에 가까운 자료에 사용된 언어'보다 훨씬 더 현대적인 언어로 쓰인 산스크리트어 텍스트들로, 인도 북쪽 지역에서 산스크리트어로 구성된 18개의 전통 고전 텍스트를 의미한다. 이 텍스트들은 세상의 창조, 신비적 지배자들의 계보, 신화, 전설, 카스트 등과 같이 매우 다양한 주제들을 다루고 있으며 전통적으로 지식인들이 하부 카스트 계급에 속하는 사람들을 위해 썼다. 실제로 다양한 연대와 출처를 가지고 있는 이 텍스트들은 대부분이 4~14세기 사이에 저작된 것들이다.

그 출발점으로는 40만 개의 절(쉬로카śhloka)로 구성된 최초의 『푸라나』가 있다(지금은 사라지고 없음). 그리고 이 텍스트들은 저작되었던 그 당시의 인도인들이 가졌던 모든 전통과 지식들이 방대하게 섞여진 혼합물이라고 여겨지고 있다. 그러나 그 시기에는 영웅적 인물과 신성, 아니면 성지와 관계하고 있는 전설들이 지배적이다. 힌두교의 다양한 종파들은 이미 일찌감치 그 중심 역할을 잃어버렸으며 선택된 그들의 신성들만을 강조하였고 급기야는 전통적인 18개의 『푸라나』들 중 몇 가지가 간혹 특이한 『푸라나』들로 대체되면서 그 종파들이 권장하는 제식을 소유하게 되었다. 이러한 18개의 '장대한 『푸라나』(Mah âpurâna)들은 세 가지의 큰 그룹—Satya, Tamas, Râjas—으로 나뉘었다. 그 외에도 어떤 몇 가지의 종파에 속하는 여러 가지 특이한 『푸라나』들처럼 '우파푸라나Upapûrâna'라 일컫는 다른 부차적인 『푸라나』들이 존재한다. 그러나 이러한 텍스트는 종교적인 텍스트가 아니고, 종교적인 요소가 거기에서 하나의 괄목할 만한 위치를 차지하는 것도 아니다. 결과적으로 이것은 적어도 명목상으로 힌두교 믿음을 위해서 계속 기본적인 도움이 되는 『베다』이다. 철학적 사변은 특성화된 방법으로서 오랫동안 지속적으로 『우파니샤드』 텍스트에 근거를 두고 있다. 그러나 단지 『브라마나』와 『수트라』 텍스트는 기술적 텍스트의 계열로 취급되었으며 스콜라 학파와 같은 가르침의 방법으로 활용되었다.

다른 측면에서 보면 새로운 텍스트들은 베다적인 텍스트의 구조를 따르면서 나타나고 다른 한편으로는 그 구조에서 조금씩 멀어지는 방식으로부터 나타나고 있다.

베다 형식의 텍스트

a) '후가-베다'의 『우파니샤드』 텍스트는 현대 말엽에 이르기까지 연속적으로 생겨난다. 이러한 텍스트는 비쉬누교도, 시바교도, 탄트라교도들로부터 파생된다. 그러나 어떤 텍스트는 다양한 여러 전통적 철학 체계와 특별한 관계를 유지하고 있다. 이미 베다 시대의 몇 가지 『우파니샤드』 텍스트들은 개인적인 하나의 주신主神을 향한 믿음, 신비 사상에 대한 찬양 등 새로운 가치를 마련해 주었다. 그 텍스트들 중 하나를 '힌두교의 초기 입문서'로서 '쉬베타쉬바타라Çvetâçvatara'라고 지칭할 수 있었던 것과 같은 것이다.

이것은 숭고한 개인적 신성을 설명하고 있는 베다적 『우파니샤드』(어느 현인의 이름으로서 흰색 말의 화신에 관한)를 의미한다. 이 텍스트는 '라마누자Râmânuja'와 '샨카라샤리아Shankar-âchârya' 등과 같은 수많은 철학가들에 의하여 해석되었다. 이것은 『야주르베다』의 『우파니샤드』 14권의 제목이기도 하다.

여기서 '루드라Rudra'는 브라만에 일치되면서 우주의 진행에 관한 원인과 숭고한 신성이라 여겨졌다.

b) 종교 그리고 시민의 '법'과 상호연관 관계가 있는 베다적『수트라』텍스트는 '스므리티Smriti', 즉 일반적으로 '기억 속에 남아 있는 전통'이라고 일컫는 실체를 이루면서 하나의 광범위한 문학 발전에 활기를 불어넣었다. '다르마-사스트라 Dharma-çâstra'(법에 관한 가르침)라는 일반적인 명칭을 내포하는 이러한 문학은 적어도 세속적 가치, 세속 법의 요소, 집행과 통치의 문제 등을 점차 조금씩 충족시키면서 종교심에 젖어 머물러 있다. 이처럼 정확한 연대를 확정할 수 없는『마누 법전』의 이름하에 알려진 친숙한 텍스트는 인도의 사회와 계급, 그리고 카스트에 관하여 거의 완벽한 하나의 구도를 보여주고 있다. 그러나 이 텍스트는 가정적인 옛날 관례에 상응하는 종교 규칙들 역시 포함하고 있다. 또한 인간의 행위·운명·영혼·해방 등에 관한 하나의 학설을 규정하기 위하여 우주진화론 방식의 논제를 서두로 제시하고 있다. 이것과 유사한 다른 개론서들 또한 지속적으로 더욱 세속화되어 남아 있지만 여기서 종교적 역사의 흔적은 수많은 상세한 내용을 암시하고 있다.

서사시 텍스트

일명 '위대한 서사시'는 인도 북부 지방의 여러 소국가들에 소속된 혈통들과 서사 시인들의 사회 속에서 기원전 2세기부터(어떤 에피소드들에 따르면 더 일찍부터) 점차 조금씩 발전한다. 이러한 장편의 긴 이야기들은 서서히 늘어나고 변형되어 두 가지 방대한 서사시의 탄생에 이르게 된다. 이 두 가지 서사시는 「마하바라타Mahâ-Bhârata」, 즉 '바라타 가정의 위대한 전쟁'과 「라마야나Râmâyana」, '라마의 공적'이다. 작품은 4세기 혹은 5세기 동안에 걸쳐 완성될 수 있었다. 이 두 작품의 내용은 신성이 개입하는 전체 구도 내면에 특권을 부여받은 왕족의 인물들에 집중되어 있다.

「마하라바타」는 판다바Pândava 가족의 다섯 형제들에 대한 모험담을 이야기하고 있다. 그리고 이 작품은 그들의 사촌들에 대한 증오를 중심 주제로 다루고 있는데 그들은 그 사촌들에 대항하여 왕국을 요구한다. 암암리에 벌어지는 사촌들 사이의 전투는 엄청난 파멸로 끝을 맺는다. 전쟁이 벌어지는 동안 대부분의 대장들은 죽어 간다. 다섯 형제들과 그들의 공동 부인 드라우파디Draupaî는 살아남지만 얼마 후 초자연적 파멸에 의하여 세상을 떠나게 된다. 「마하라바타」보다 더 짧고 간결한 두 번째 서사시 「라마야나」는 영웅 라마Rama의 일대기를 서술하고 있다. 라마는 라바나Ravana라는 악마에 의해 납치된 부인 시타Sîtâ를 찾기 위해 숲 속으로 떠나고 마침내 기나긴 전쟁을 치른 후에 그녀를 되찾는다. 그렇지만 서사시들의 '불행한 결말'이라는 특징에 따라 그녀 또한 숲 속을 방황하여 결국은 초자연적 파멸에 의하여 죽음을 맞게 된다.

여러 가지 관점에서 보면 이상의 두 서사시는 공통적으로 종교 텍스트에 속한다. 두 작품에서 나타나는 풍부한 경이적인 장면들과 신화적 색채만이 이유는 아니다. 또한 크리쉬나Krishna[11]나 라마 같은 영웅들의 신격화 때문도 아니다. 이들 두 작품은 힌두교적 윤리와 관념을 발전시켜 나가며 카스트의 의무와 브라만의 특권 등에 대한 개념도 발전시켜 나가는, 거의 영속적인 철학적 혹은 문학적 담론이기 때문이다. 이따금 그러한 점에 있어서 「마하바라타」 속에서의 적어도 문학적 서술은 힌두교적 '다르마dharma', 즉 '법'에 관한 하나의 단순한 조명을 보여주는 데 머물러 있다. 이것은 물론 「마하바라타」가 힌두교의 총체적 내용을 내포하는 전체 개론서로 간주되었다는 사실을 의미한다. 이러한 측면에서 비교하면 오히려 「라마야나」는 이미 오래 전에 더욱 세속화되었음을 알 수 있다.

어쨌든 「마하바라타」에서부터 파생된 '다르마'는 인도 철학에서 '법'을 의미한다. 이것은 일반적인 법을 뜻하며 또한 변화 없이 고정적인 사물, 사물들과 사회 그리고 인간들의 질서를 지배하고 있는 자연 현상과 규칙 전체를 뜻한다. 이것은 개인의 윤리적 품행이기도 하다. 이 품행은 개인의 탄생을 조건 짓기도 하고 개인의 모든 행동을 포함한다. '다르마'는 불교 철학에서도 같은 뜻을 내포하고 있으며 불교의 세 가지 '보물' 중의 한 가지로, 그리고 신자의 세 가지 '은신처'들 중의 한 가지로 간주되었다. 이때 다르마는 신자의 사회적 의무이다. 이것은 최후의 유일한 현실성, 미덕, 존재하는 모든 것의 자연적 질서, '마나스Manas'(사고를 형성하는 방법) 속에 숨겨진 모든 지각과 같은 부처의 학설 등을 재현하고 있다.

　결국 최초의 대서사시 「마하바라타」는 『바가바드-기타Bhagavad -Gîtâ』, '성인의 노래'라는 일종의 교리(혹은 복음서)의 존엄성을 미화하는 한 가지 에피소드를 담고 있다. 그 내용은 엄청난 전쟁에 앞서 아르주나Arjuna(다섯 형제들 중의 하나)의 말몰이꾼 역할을 하는 '반신-반인'의 영웅 크리쉬나가 자신의 동반자에게 '처신하는 방법'을 일깨워 주는 철학적 담론으로 구성되어 있다. 크리쉬나는 외로이 명상하면서 모든 일에 일체 무관심한 것이 가장 값어치 있는 삶의 방식임을 아르주나에게 설명하고 있다. 그는 행위들의 수호자이며 보증인인 최고의 절대 존재자를 향하여, 그 절대자에게 도달하기 위하여 제시되는 방법들을 향하여 점차 자신의 생각을 이끌어간다. 그래서 아르주나의 말몰이꾼은 아르주나가 막연하게 찾았던 최고의 절대자가 됨으로써, 거창한 신의 현현顯現에 의하여 그의 사실적 본성 안에서 드러나고 있다. 더욱 괄목할 만한 사실은 수많은 종파들에 의하여 추앙받고, 끊임없이 이야기되고, 설명되거나 혹은 해석된 이 인생철학의 담론을 내포하는 텍스트는 그 명성에 있어서 최고의 고전서로 인정받고 있다는 것이다.

『푸라나』와 『탄트라』

　『푸라나Purânas』 텍스트, 즉 '고전서'는 종교 개론서로서 언

급하는 것보다 오히려 더 문학적인 친근감이 있는 듯하다. 왜
냐하면 이 텍스트들은 장황한 방법으로 관행과 제식에 관한
가르침, 축제와 순례에 관한 설명, 신화의 요소들을 표현하고
있기 때문이다. 『푸라나』에서는 악마들에 대항하는 위대한 여
신의 싸움, 시바신의 품위 있는 혹은 고행하는 전쟁 모험, 크
리쉬나의 전기 등을 찾아볼 수 있다. 그 주제들은 독특하고 매
우 다양하지만 여기에서 한층 더 관심을 끄는 것은 인도의 역
사를 설명하려는 의도를 보여주는 텍스트들이다. 이 텍스트들
은 왕조들의 이야기를 서술하기를 원하거나 아니면 적어도 왕
가의 계보들을 서술하기를 원한다. 또한 신화의 시대를 가장
깊게 심화시키면서 우주 발생론과 신통 계보학을 통하여 인간
역사의 기반을 옹호하기를 원한다.

핵심 주제를 벗어나 첨가된 보조 문구들로 가득한 이 텍스
트들은 조금씩 모든 근원에 관해 문제를 제기하는 요소들로
채워졌다. 몇 가지 어떤 텍스트들은 하나의 특이한 종파의 요
구에 따라 구상되었으며 그리고 18권에 해당하는 주요 『푸라
나』 텍스트들은 전통에 따라 비쉬누, 시바, 브라흐마 『푸라나』
텍스트(비쉬누, 시바, 브라흐마 신들에게 바쳐진) 등으로 분류되
었다. 그중에서 가장 오래된 것은 아니지만 가장 유명한 텍스
트는 『바가바타-푸라나Bhâgavata-Purâna』이다. 이것은 봉헌을
주문하는 동기들을 강조하면서 '영웅-신' 크리쉬나의 삶을 묘
사하고 있다. 이것은 후에 크리쉬나 종파들의 비웃음거리용
텍스트가 된다.

『푸라나』 텍스트의 문학성은 전체적으로 기원후 최초 몇 세기부터 12세기까지, 그리고 아마도 그 넘어서까지 확장되고 인정될 수 있었다. 부차적이거나 혹은 덜 중요한『푸라나』들은 송가들, 미사여구식 늘어놓기, 성지들의 '찬양' 등을 담고 있다. 이러한 문학적 형태에 전설적이고 철학적인 시를 강요하면서『요가-바시쉬타Yoga-vâsishtha』(10세기?)를 첨가할 수 있었고, 푸라나적 장르와『스므리티Smriti』사이에 혼용된 광범위한 모음집으로 헤마드리Hemâdri의『차트루바르가친타마니Caturvargacitâmani』(13세기)를 첨가할 수 있었다.

종파들이나 혹은 종파들의 그룹들에 다시 보다 더 많이 얽어맬 수 있는 것들은 가끔씩『탄트라Tantras』, 즉 '책들'이란 총체적인 이름으로 불리는『푸라나』텍스트들과 유사한 개론서들이다. 더욱이 보다 빈번하게 사람들은 이러한 '책들' 중에서『삼히타Samhitâs』, 즉 '모음집들'이라고 언급된 비쉬누 개론서, 시바 개론서 혹은『아가마스Âgamas』, 즉 '전통들', 그리고 독창적『탄트라』텍스트 등을 구분하고 있다. 이러한 것들은 상황에 따라 탄트라교를 지칭하는 종교적 측면을 참조하고 있으며 그리고 유사성이 없는 '샤크타çâkta' 종파들과는 관계가 없다.『탄트라』텍스트들은 거의 오늘날까지도 만들어지고 있다. 결과적으로『탄트라』텍스트(어휘의 넓은 의미에서)는 힌두교(현대에 실행되었듯이)의 진정한 문학적 기반들이다. 여기에서는 상세한 제식에 대한 묘사(상징주의와 숭배의 제식), 학설과 윤리의 요소, 육체적 개인성(요가)을 재구성하기에 적합한 방법 등을 발견할 수 있다.

그 밖의 산스크리트어 텍스트

여기서 열거하려는 텍스트의 나머지 부분은 특별한 종파에서 나타난다. 그리고 앞으로 암시하려고 하는 텍스트의 나머지 부분은 정확하게 문학적 장르들과 깊이 있는 지식 작품들에 다양하게 포함되어 있다. 또한 검증해 볼 필요가 있는 또 다른 텍스트들의 틀 속에 포함되어 있다.

a) 먼저 문학이라 부를 수 있는 텍스트를 콩트, 소설, 서정시와 학술시, 연극 등으로 재현하고 있는 산스크리트어 텍스트들이 있다. 만약 콩트(불교와 자이나교 전통과는 다른 텍스트들로서)들이 단지 막연하게 종교 작품들이라면, 반면 수많은 또 다른 콩트들은 드라마 작품으로 여겨질 수 있고, 더 많은 콩트들은 경건한 영감을 떠올리는 시로서 여겨질 수 있을 것이다. 나아가 많은 텍스트들은 종교와 관계를 맺고 있는 철학적 학설을 통속화시키고 있다. 게다가 다른 텍스트들은 이러저러한 신성의 영광을 위해 직접 바쳐진 송가들이기도 하다. 이와 같이 비쉬누, 시바, 여신에게 바치는 서정적 시 구절, 태양신에게 바치는 서정 단시, '은총의 파도' 혹은 '행복의 파도', '평온의 유혹' 등으로 제목이 붙은 많은 작품을 찾아볼 수 있다. 『지식의 달 돋이』(11세기) 같은 드라마 작품은 우의적 형식하에서 다른 종파들과 이교들에 대한 비쉬누적 『베단

타Vedânta』12)의 승리를 묘사하고 있다. 또한 이것은 계몽의 성향을 가지고 있다. 일반적으로 사람들이 '위대한 시들' 혹은 서정적 서사시들을 지칭하는 대부분의 고대 서정적 작품들은 원래 절반은 종교적인 줄거리를 담고 있다. 왜냐하면 이러한 작품들은 그 주제를 '서사시'에서 그리고『푸라나』텍스트들에서 빌려오기 때문이고, 또한 힌두교적 '다르마'를 찬양하면서 제사 혹은 숭배의 현상들과 신화 그리고 경건한 전설들에 접근하고 있기 때문이다. 이러한 관점에서 칼리다사Kâlidâsa를 위대한 종교 작가로서 5세기(이것은 논쟁의 대상이 되는 연대기이다)의 위대한 드라마 시인 그리고 서정 시인으로서 고려할 수 있다. 이러한 사실은 사회 질서, 윤리, 귀족적 역할 등이 하나의 동등한 현실성의 측면들이기 때문이다. 만약 하나의 동등한 원칙을 원한다면, 그 원칙은 종교를 포함하고 있기 때문이다.

b) 특이한 작품들과 예외로 기록될 가치가 있는 작품, 아니면 평범한 서정성을 가진 작품의 기법이지만 내용을 갖춘 작품 등은 가장 화려한 봉헌의 표현으로서 그리고 동시에 호색적인 오락물로서 설명되는 애매모호한 시들이다. 즉, 이것은 몇몇 시대부터 지배해 왔던 몇 가지 경건주의자들의 영향의 결과이다. 이 작품들 중에서 가장 잘 알려진 작품은『기타고빈다Gîtagovinda』혹은 '목자의 노래'(12세기)이다. 이것은 일종의 세련된 전원시인데 구약에서의 '아가雅歌'의 방법으로 격렬한 사실주의의 어휘들로 구성된 크리쉬나Krishna신과 젊은 여

인 라다Rhâdâ 사이의 육체적 사랑을 묘사하고 있다.

c) 이어서 철학적 문학이 있다. 철학과 종교 사이에 우리들이 설정하기에 익숙한 경계는 결코 존재하지 않는다. 부적절하게 철학적 체계를 지칭하는 것과 '견해'(다르사나darçana)를 의미하는 것, 말하자면 하나의 동등한 초감각적 현실성을 향한 또 다른 접근 방법은 모두가 다양한 측도에 따라 '해탈'(해방)로의 입문을 주제로 갖추고 있다. 구체적으로 '다르사나'는 '입증' 혹은 '관점'을 의미하기도 한다. 이 명사를 통하여 일반적으로 인도 철학의 여섯 가지 체계인 '미맘사' '니아야' '바이세시카' '산키야' '요가' '베단타' 등을 설명하고 있다. '시각'의 의미 속에서 다르사나는 하나의 무대에 참여하는데 (이러한 시각은 관중에게 등장인물이나 무대에 부여된 일부분의 덕성을 가져다준다는 믿음으로) 혹은 성스러운 인물, 신성의 표상, 중요한 인간을 아는 데 목적을 두는 실천 행위이기도 하다. 인도에서 널리 알려진 이 실천적 행위는 종종 억압받고 있는 많은 대중에게 하나의 중요한 등장인물에 대한 새로운 시각을 가지게 한다. 자유로운 사변으로부터의 그러한 접근은 우스꽝스런 이론이 되었으며 유신론의 흐름 속으로 몰고 갔다.

이 '견해'들 중에서 가장 중요한 것은 '미맘사Mîmâmsâ'[13]이다. 이것은 베다의 제식에 관한 하나의 '고찰'이 되었으며, 처음부터 『우파니샤드』 텍스트에 관하여 본체론(존재학)과 신비 사상을 발전시키려고 추구해 왔던 두 번째 '견해'인 '베단타'

혹은 『베다』의 종결'과 거의 동등하게 신학적 문제를 소중하게 다루게 되었다. 다른 한편으로 『베단타』는 적어도 12세기부터 큰 부분에 있어서 몇 가지 종파들에 의하여 수용되었으며 신에게의 신뢰, 은총, '사랑-신앙'의 가치들을 보여주기 위해 개작되었다. 『베단타』와 정반대인 『산키야Sânkhya』는 물질과 정신의 근본적 이원론을 내세우기 때문에, 요가가 '견해'(다르사나)로 구성될 때 그랬던 것처럼, 이것 또한 유신론적 성향을 가지게 되었다. 『산키야』는 가장 오랜 인도 철학의 여섯 가지 정통적인 체계들 중의 한 가지로서 '수'를 의미한다. 이것은 본질적으로 행동의 포기 방법으로서 그리고 지식의 획득 방법으로서 (영혼으로부터의 해방을 의미하는) 구제에 적용된 한 가지 사고법이다. 이러한 사고 체계를 묘사하고 있는 주요 저서로 400년경에 '아쉬바라크리쉬나'가 쓴 『산키야카리카』가 있다. 협소한 내용의 폭에도 불구하고 이 작품은 산스크리트어로 쓰인 일종의 문학 작품으로 여겨졌다. 산키야의 체계는 우주가 수동적인 것으로서의 영혼과 역동적인 것으로 지각할 수 있는 우주의 두 가지로 구성되었다는 것을 가르치고 있다. 이것은 현상계를 만들어 내는 두 가지 원칙의 결합이다. 이 체계 속에서는 숭고한 신성도, 숭고한 영혼도 존재하지 않는다. 이것은 또한 가끔씩 무신론을 만들어 내기도 했다.

그 결과 요가는 『산키야』에서 빌려 온 사변에 완전히 다른 하나의 본성─초인간적 힘과 상태에 도달하기 위한 정신 생리학의 기술─에 관한 실질적 탐구를 덧붙이고 있다. 몇 가지 관점에서 보면 요가는 오히려 하나의 종교라기보다는 마술이지만 그렇다고 그것이 탄트리즘(밀교)과 일반적인 힌두교의 흐름 속에서 완전히 벗어난 것은 아니었다. 마지막 두 개의 ‘다르사나’를 의미하는 『니아야Nyâyâ』와 『바이세시카Vaiçeṣika』에 대하여 언급하자면, 이것은 과학적 분석과 설명의 개론서들이다. 전자는 지식의 이론과 형식적 논리학을 다루고 있으며, 후자는 ‘범주’와 원소의 이론을 다루고 있다. 이 두 개론서는 모두 종교적 형태의 매력에 이끌리고 있었다. 예를 들어 『니아야』 학파에 의하여 수립된 논리학은 신의 존재를 설명하기 위해 이용되었다. 먼저 『니아야』는 철학 체계보다는 종교 체계의 논리에 보다 가까운 다르사나들 중 하나로서의 방법을 의미한다. 이것은 지식의 대상에 관한 이론을 가르치고 있다. 이 사고 체계는 오늘날 여전히 논리적 가치를 위해 분석되고 있지만 많은 부분에서 힘을 상실하였다. 이 체계에 따르면 다음과 같은 추론을 이끌어낼 수 있다.

1. 명제: 산은 불타고 있다.
2. 원인: 산은 연기에 떠 있기 때문이다.
3. 실례: 불타고 있는 모든 것은 연기를 만들어 낸다.
4. 적용: 이것이 바로 이 경우이다.
5. 결과: 고로 산은 불타고 있다.

또한 『바이세시카』는 여섯 가지 다르사나들 중의 하나로서 본성에 관하여 세밀하게 연구하고 묘사하였다. 이것은 하나의 신성과 단자를 내포하는 이원론의 철학이다.

결과적으로 연금술처럼 반半 과학적 훈련은 신비적 사고에 의해 이해되었다는 점과 천문학은 오랫동안 점성술 등과 동등하게 여겨졌다는 점을 염두에 둘 필요가 있을 것이다.

산스크리트어 외의 언어 텍스트 근원

산스크리트어로부터 유래한 언어(가끔 '신-인도언어', '현대 인도-아리안 언어'라고 부르듯이)인 벵갈어, 마라트어, 힌두스탄어, 다른 한편으로 드라비다 언어(다양한 측도에 따라 완전히 산스크리트어로부터 영향을 받았음에도 불구하고 근원에 있어서 산스크리트어와는 다른 인도 남부의 언어)는 마찬가지로 광범위한 종교 문학의 근원이 되었다. 이러한 언어의 문학은 종종 신앙에 관하여 전혀 새로운 측면에 대하여 강조하고 있다. 그 측면은 다소 산스크리트어 문학에 의하여 잘못 입증되었다. 이와 같이 인도 남부에서 신화의 몇몇 집행 실천가들은 적어도 명칭에 있어서 북부에서 존재하는 것과는 차이를 보이고 있다. 북부 지역에서 토속 언어의 활용은 항상 종교적 전통과는 무관한 고전 문학 속에서 관심을 끌 수 없었던 서민적 개념, 순수한 봉헌의 사실, 신도들의 종교 실행 방법 등의 침투를 초래하였다.

드라비다 언어의 문학

타밀어(마드라스의 북부에서부터 반도의 최남단에 이르는 지역에서 사용된)는 하나의 체계를 갖춘 문학을 표현하면서 고유의 작품들을 간직하고 있다. 이 문학의 발단(7세기 이전)은 대부분의 다른 문학적 영역 속에서 비춰지는 것과는 반대로 순수하게 세속적이다. 즉, 지방의 제사들과 같은 브라만적 관습이 여기저기서 언급되었지만, 그러나 '산감Sangam(타밀어로 구성된 가장 오랜 텍스트들을 간직하고 있는 '학술 단체')'의 모든 사이클 속에는 종교적 영감을 입증하는 하나의 소외된 시 작품 「무루가Muruga의 인도자」만이 있다. 이 시는 무서운 여신의 아들이자 남부 지역의 스칸다Skanda인 무루가의 찬가이다. '산감' 이후의 텍스트들은 자이나교와 불교의 주제들이 명백히 힌두교적인 사실들과 중복되는 일종의 혼합물임을 보여준다. 7세기에 와서야 비로소 대부분이 시를 통하여 이름들을 남겼던 63명의 성인 단체는 일반적으로 일종의 '시바교적 깨어남'이라고 지칭됐던 한 단체에 참여하고 있다. 그들 중에서 가장 위대한 성인은 '마니카 바사가르Mânikka Vâçagar'이다. 그의 서정 단시들은 감탄스런 서정적 영감에 의해 알려졌다. 11세기부터 그는 시바교적 『푸라나』 텍스트를 저작한다. 마찬가지로 비쉬누교의 움직임은 '타밀어의 베다'라는 방대한 송가 모음집을 저작한 일련의 12현인 알바르Âlvârs가족으로부터 출발한다. 그리고 9세기에는 나말바르Nammâlvâr가 중요한 역할을 한다. 그들의 수많은 작품은 오늘날까지도 전해지고 있다. 그중에는 산스크리트어 작품의 개작, 특히 서정시의 개작이 가장 큰 위치를 차지하고 있다.

칸나라Kannara(미조르Mysore 지역과 그 북서 지역)에서의 문학은 보다 더 최근에 가깝다. 전체적으로 이 문학은 '링가야트Lingâyats'의 종파에 관한 텍스트들이다. 적어도 12세기부터 논란이 된 작품으로서 서정적·전설적 텍스트, 또한 14세기부터 비쉬누교 텍스트 등을 발견할 수 있는데 그것들은 17세기에 명성을 얻는다.

텔루구Telegu(마드라스 북부와 북동 지역에서부터 오릿사Orissâ에 이르기까지)에서의 종교 작품들은 11세기부터 넘쳐 나지만 그것들은 특히 서사시와 『푸라나』 텍스트의 개작 작품들이다. 베마나Vemana(15세기?)에 와서야 외부적 실행 방법 없이 하나의 종교를 움직이게 하는 독립적 영감, 특히 서민적 영감이 나타나는 것을 알 수 있다.

'인도-아리아' 문학

북부 지역의 가장 오랜 종교 텍스트들은, 13세기 말 '즈나네시바르Jnâneçvar' 혹은 '즈나노바Jnânobââ'라는 위대한 명성하에, 그리고 그가 설명한 『바가바드-기타』의 시 주석에 의하여 알려졌고 마라트(데칸Dekkan의 서부 지역) 언어로 구성된 텍스트들인 것 같다. 게다가 15세기(?)의 남데브Nâmdev와 특히 17

세기의 투카람Tukârâm은 수많은 시들을 창작한 작가로서 그들의 시는 서민적 수준에서 경건한 사랑에 대한 정확한 음조를 보여주고 있다. 현대에서는 티라크Tilak에 의해 적힌 『바가바드-기타』에 관한 개론서가 알려지고 있다.

이후 벵골 문학의 발단으로서 크리쉬나교적 영감을 가진 텍스트가 있다. 이 텍스트는 지식 혹은 반半 지식적 성향의 작품으로서 크리쉬나 신에 관한 '시 구절'과 감동을 불러일으키는 노래 작가인 14세기의 찬디다스Candidâs의 이름을 가진 작가들에 의하여 저작되었다. 또한 동시대에 그들보다 더 치장된 문체의, 그렇지만 그들과 유사한 영감을 가진 발라드(음악성을 갖춘 단시)의 작가 비디야파티Vidyâpati에 의하여 적혔다. 다른 한편으로는 서민 문학 특히 시바교의 문학이 발전하며 그리고 18세기에는 「바라타찬드라Bharatacandra」와 「람프라사드 센Râmprasad Sen」 등과 같은 샤크타스çâktas의 작품들이 있다. 오늘날 인도 정신의 본보기인 타고르Tagore는 종교적 색채가 단순히 인간적인 것을 요구하는 방식의 작품하에서 존속 가능케 한다는 점을 보여주고 있다.

힌두스탄어로 쓰인 '성스러운 시(聖詩)'는 15세기 이전에는 전혀 발견되지 않지만 카비르Kabîr(1440~1518)에게서부터 작품의 수가 확대되어 나간다. 그는 베나레스Benares의 직조공으로서 신비적(경우에 따라서 회교도적 신비) 사회 영향, 다른 한편으로는 강렬하지만 약간은 짧은 서정주의를 통한 사회적 영향 등을 소개하고 있다. 16세기에는 툴시다스Tulsidâs가 이름을 떨친다. 그의 주요 업적은 최고의 신으로서 라마Rama의 주장과 라마에게 주어진 열정적 봉헌에 대한 학설을 시적으로 발전시키면서 「라마야나Râmâyana」에 대한 자유로운 개작을 저술하였다. 그의 작품은 놀라운 성공을 거두었으니 수백만의 인도인들 중 비천한 자들(계급상의 천한 신분에 속하는)에게는 믿음을 주는 동시에 엘리트에게는 정신적 욕구를 충족시켜 주는 성경과 같은 역할을 했다.

고고학적 근원

원시 힌두교의 논쟁거리가 되는 흔적을 지닌 모핸-조 다로Mohan-jo Daro라고 언급된 유사 이전의 문명과 유물이나 혹은 조각의 명확한 흔적을 전혀 제공하지 못하는 베다 시대는 넘어가기로 하자. 먼저 우리들이 기원전후(예수 탄생의 전후)에 발견할 수 있는 것은 바로 기둥(일반적으로 새겨진 조각) 혹은 원주이다. 그 기둥의 최고 윗부분은 가끔 천상의 신비적 영물인 '가루다Garuda'14)와 같은 신성스러운 새 그림에 의해 장식되어 있다. 그러나 가장 중요한 유물은 오랜 기간에 걸쳐 힌두교의 소재지에서 발견되는 도구를 새로이 활용할 수 있었던 불교 유물이다. 라마의 전설 같은 몇 가지 주제는 경우에 따라 '바루트Bharhut'에서도 나타난다. 바루트는 마디야 프라데쉬Madhya Pradesh의 지형을 의미한다. 1873년에 춘닝감Cunningham은 벽돌과 돌로 만들어진 스투파stûpa(부처의 죽음을 기념하는 유물)의 유적을 들추어냈다. 이것은 2m 이상의 난간으로 에워싸여 있었으며 입구는 거대한 주랑으로 장식되었다. 이 스투파는 아소카 시대에 건립되었고 아그니미트라Agnimitra의 섭정 하에 확장되었다. 그 지름은 19m에 이르렀다. 난간과 주랑의 조각풍은 기원전 150~100년 사이의 산시Sânchî의 두 번째 스투파와 흡사하다. 난간의 구성 부분들은 고전 예술풍의 돌출부로 장식되었는데, 그 섬세함과 사실성은 매우 탁월하다. 주랑의 조각은 삼중의 육체로 춤을 추는 관능적 자태를 보이며 인도 고전풍의 구조적 특성을 보여준다. 여기에는 부처와 동등한 인물은 없었지만 발자국 흔적, 빈 왕좌, 파라솔 등이 표현되었다.

그리고 브라만 예술은 4세기 이전의 성역으로 정돈된 동굴 속에서─우다야지리Udayagiri[15)에서처럼─는 그리고 꽉 들어찬 몇 개의 사원들 속에서는 전혀 발전을 이루지 못하고 있었다. 7세기에 이르러 전체적으로 유물의 중요한 일부분이 발견됐고, 갠지스강의 하류로 내려오면서 마발리푸람Mâvalipuram(마드라스 지방에 속함)에서 하나의 돌로 건축된 사원이 나타났다. 봄베이 시방에서는 엘레판타Elephantâ(트리무르티trimûrti)의 지하 사원을 발견할 수 있다. 봄베이만에 위치하는 엘레판타는 '동굴의 성역'으로 불리는 섬으로, 이곳은 인도에서 동굴들로 이루어진 가장 큰 사원들 중 하나이다. 이 성지의 입구에는 5m 높이의 두 수호신 조각상들이 세워져 있으며 안쪽에서는 세 가지 형태를 이루는 시바신과 그 외의 수많은 조각품을 발견할 수 있다. 여기서 트리무르티는 '세 가지 형태'를 의미하거나 혹은 신화적 근원에서는 인도의 세 주신(브라마, 비쉬누, 시바)을 의미한다. 엘레판타 동굴에서의 '트리무르티'는 초월적 힘을 보여주는 1)시바 신의 얼굴, 2)바이라바Bhairava(우주를 보호하기 위하여 시바 신에게 나타나는 공포스러운 형태)의 무서운 모습, 3)창조의 힘 '샤크티'(우주적 에너지)의 모습 등을 의미하는 것이 분명하다. 그리고 보다 더 남쪽으로 열려 있는 눈부신 공간 속에서는 카이라사Kailâsa[16)의 사원이 있는 엘로라Ellorâ(8세기)[17)] 동굴을 발견할 수 있다.

성지 유물, 감추어진 큰 방, 내부 통로 등을 포함하는 '성역-사원'은 기원후 초기 무렵 인도 남부 지역 탄조르Tanjore에서 나타난다. 동시대 오릿사Orissâ에는 부바네시바라Bhuvaneçvara[18)]가 있다. 이후 남부 지역에서는 치담바람Cidambaram, 마두라Madura, 쉬리란감Çrîrangam 등의 유물 전체를 통하여 유물 예술이 발전했음을 알 수 있다. 이곳의 돌은 문자가 조각된 채 그대로 부식되었다. 그리고 벽화는 엘로라 동굴 이후부터 그 가치가 인정되었다. 비쉬누교 만큼이나 시바교의 초상학 역시 다양한 형태들을 갖추게 되었다. 문학 작품에 비중을 두는 종규만큼 엄격한 하나의 종규로부터 영감을 받으면서 각각의 신에게 어울리는 모습들은 그 자태와 거기에 마련된 장식품들에 의하여 기록되어 있다. 화려한 여러 조각상의 명성은 12세기부터 14세기에 이르기까지의 '춤추는 시바 신'의 형상들에서 더욱 인정받고 있다.

그러나 예술에 관한 주제들은 학파의 체계화나 혹은 실질적인 제식 행사들과 필연적으로 일치하지는 않는다. 이와 같이 불교와 자이나교의 조각처럼 건축은 볼륨을 통하여 많은 변화를 거치면서 현실적 중요성을 뛰어넘고 있다. 반면에 이후 조형 예술 속에서 나타난 힌두교는 문학 속에서 보다 더 신속하고 더 명확한 퇴폐성을 또한 받아들이고 있다.

또한 크메르 지방에서의 힌두교 조각들, 하리하라Harihara(하나의 같은 상징으로 결합된 시바와 비쉬누 부부), 10세기 이전에 앙코르 바트Angkor Vat에서 서사적 내용을 담고 있는 부조 등이 여전히 존속해 있다.

신화와 종교적 신앙

힌두교는 하나의 전체로서 아니면 여러 종파로 분리되는 단편적 요소들의 병행 같은 두 가지 방법으로 나뉘어 연구될 수 있다. 이 두 가지 방법은 여러 가지 학술적 차원에서 충분히 설득력을 갖추고 있다. 그렇지만 그 종파들은 공동의 기반 위에 나타나면서 이 두 가지 방법 상호 간에 중복되어 혼합된 것이 확실하며 더욱이 그들의 출현은 다소간 때늦게 이루어지는 것이 분명하다. 그 결과 무엇보다 먼저 근본적으로는 하나의 총체로 형성되어 왔던 힌두교 자체에 대하여 설명할 필요가 있다.

힌두교란 무엇인가? 이것은 먼저 존재에 대한 '비-종교적' 형태 전체를 종교로부터 부정적으로 고립시키면서 규정할 수 있는 공동 소유 형태의 종교는 아니다. 몇 가지 관점에서 보면 힌두교는 철학적 사변으로부터 분리될 수 없다. 그리고 다른 관점에서 본다면 사회의 삶으로부터 분리될 수도 없다. 사회적 삶은 삶의 형식 혹은 '아시라마스âçramas'처럼 카스트와 사회계급의 틀 안에서 이해된다. 즉, 이것은 사회적 의무가 설정하는 나눔의 기능에 따라 종교적 본질 그 자체가 의미하는 도덕적 강요의 색채를 가지고 있다. '다르마'라는 중요한 어휘는 명백히 존재자들과 사물들의 '매체 수단'이다. 이것은 가장 광범위한 의미에서 '법'을 의미하며, 동시에 규범적 교육을 통한 사실들을 주관하는 질서를 의미한다. 그러나 보다 더 전문적으로는 도덕적 법, 종교적 효율성을 의미한다. 또한 이것은 우리들의 종교 언어를 표현하는 유일한 어휘일 뿐만 아니라, 그 언어의 뜻을 벗어나게 하고 동시에 그것을 되찾게 해주는 어휘이다. 인도인들은 힌두교의 신봉자였고 신봉자가 된다기보다는 오히려 힌두교적 삶 속에 젖어 있다. 왜냐하면 힌두교 신봉자가 되는 조건은 인도적 삶의 일반적 틀에 종속되어 있기 때문이다. 그러나 물론 그렇다고 해서 고대에 '다르마'는 전쟁에 의한 정복이나 혹은 평화적 방법으로 전수 받지 못한 수많은 주민들 사이에 전파되어 있었다는 것을 인정하지 않는 것은 아니다. 그러나 인도의 가장 큰 영역을 차지했던 거대한 하나의 제국이 힌두교의 전파를 위해 행사했던 정치적 역할을 달리 어떻게 설명할 수 있겠는가?

하나의 제국이 차지하는 정치적 역량을 떠나 힌두교는 다

양한 공헌들로 이루어졌다. 즉, 명백히 베다적 이바지는『베
다』텍스트에 대한 사변과 믿음의 직접적인 전달로부터 비롯
한다. 그러나『베다』에 존재하는, 그리고 고전 인도 사상에서
찾아볼 수 있는 모든 학문적 혹은 종교적 사항은 필연적 유산
으로서만 물려진 것은 아니다. 상대적으로 차후의 텍스트들
속에서 입증된 힌두교는 베다 시대 혹은 그 이전부터 원시적
형태하에서 존재해 왔음을 인정할 필요가 있다. 인더스 강 유
역의 알려지지 않은 문명, 즉 기원전 2500~2000년으로 거슬
러 올라가는 문명인 '모핸-조 다로'와 하랍파 속에서 시바 신
의 원형, 링가linga 혹은 팔루스phallus(남근)의 재현, 요가 수행
을 나타내는 암시 등과 같은 힌두교적 제식의 흔적들을 발견
할 수 있음이 일반적으로 믿어져 왔다. 이러한 모든 것은 확실
한 근원적인 근거를 가지고 있지는 않다. 그러나 반대로 고대
의 제식을 통하여 알려지고 인도의 가장 큰 지역 아니면 전역
속으로 확산된 수많은 베다 수행법, 게다가 개인적이고 마술
적인 제사의 수행법 등은 '전-고전적' 힌두교의 수행법과 여
러 가지 측면에서 상호일치하고 있다.

전통 사상과 힌두교

근원에서부터, 그리고 그보다 훨씬 더 이전부터 인도 대륙
을 관통하여 확산되었던 힌두교는 베다 문화와 가끔 드라비
다, '비非 아리안' 주민 사이의 접촉에 힘입은 토착적인 이바

지로부터 물들었거나 아니면 문제시되는 다른 어떤 방법에 젖어 있었다. 결과적으로 '사이비-힌두교'의 특징은 인도 외의 다른 지역에서 찾아볼 수 있듯이 다소 원시적인 종교적 풍속이었음을 보여주고 있다. 그 이유는 지방색의 모든 제식들, 즉 마을의 신성들, 순수 상징의 표식들, 애니미즘 성향의 유물들 등을 통하여 그것을 관찰할 수 있기 때문이다. 이러한 많은 특징들은 다른 특수한 요소들을 약간 더 배척하면서 베다와 더 이상 아무런 연관을 갖지 않는 초보적인 수많은 제식들을 힌두교를 통해서만 이해할 수 있도록 함으로써 점차 일상적인 제식 속으로 유입되었다. 종교의 힘이라는 것은 그것을 만들어 내고 파생시킨 자료들보다도 그것이 재현하는 창조 작업, 그리고 그것이 형성하는 새로운 질서 체계가 훨씬 더 중요하다는 사실을 기억하고 보여주는 것이다. 이란에서나 근동 아시아, 혹은 아시아 남동 지역에서 입증된 형태들의 창조 작업 결과에 따른 모든 유추, 나아가 이미 확산된 샤머니즘 성격의 잠재적 존재에도 불구하고, 힌두교는 오래전부터 독창적으로 이루어졌나는 것을 인정해야만 한다. 처음부터 타고난 이러한 영향들에 덧붙여 새로이 탄생하는 문명과의 접촉을 거치면서 다른 요소들이 첨가될 수 있었다. 고대 신앙에 관해 그리스가 무엇이든 인도에 제공했다는 것은 별로 사실인 것 같지는 않다. 그러나 『베다』 속에 불투명하게 남아 있는 이미지들의 제식은 그리스의 실례를 통하여 자극 받을 수 있었다는 것을 아무런 증거도 없이 일반적으로 전제하였다. 한편 '삼사라samsâ ra'의 이론과 피타고라스 학설 사이에 존재하는 다소 피상적인 유사성들은 빌려왔다기보다는 오히려 상충(혹은 근원적)적 요소의 결과이다. 아마도 이란은 인도 북부 지역에서 몇 세기에 걸쳐 '태양' 숭배 사상(더욱이 태양 숭배 사상의 경향들은 『베다』속에서 나타나고 있다)과 몇 가지 조로아스터교의 영향들을 전파시키는 데 기여했다. 그러나 미트라―『베다』는 공동적인 유사 이전의 근원이 아니면 이란과 아무런 관계가 없다― 의 제식은 '후기 베다적'인 인도 사상의 확장으로부터 단지 혜택을 받았다는 것을 염두에 둘 필요가 있다. 어쨌든 미트라는 태양의 형태, 아마도 이란의 신성(Mithra)의 베다적 형태로서 베다의 신성인 '친구'를 의미한다. 바루나신이 밤을 지배하는 반면에 미트라신은 낮을 지배한다. 미트라는 또한 바루나의 형제이기도 하다. 그는 생명의 숨결의 영감이자 열두 아디티아 중의 하나이다. 그는 인간들 사이의 친분과 연대성을 재현하고 있으며 계약과 화합을 다스린다. 이 이름은 주로 벵골 지방에서 브라만들의 공동의 성이 되었다.

그리고 '쿠샤나Kushâna(1~2세기)' 같은 타지방의 주권자들은, 화폐를 통하여 판단하면, 이란(승려들의 사제품을 통하여)의 아마도 바빌론의 신앙들을 소개했던 것 같다. 원래 쿠샤나는 1세기경에 간다라와 트란속시안(박트리안)에 정착했던 '예지 Yuezhi'(중국어) 민족에 속하는 이름의 씨족에 의해 세워진 왕국이다. 이 왕국은 인도 북서부의 정복에 나섰다. 이 왕국의 주권자들은 위대한 정복자들이자 통치자들이었다. 그들은 카피쉬(베그람)에 많은 도시들을 세웠다. 거기서 그들은 여름과 겨울을 보냈다. 게다가 갠지스강의 중간 계곡을 정복하였을 때는 마투라에서 지냈다. 2세기 부순Wusun족들의 이동에 따라 중앙아시아 영토에서 밀려나 그들은 박트리안의 씨트(샤카)족들을 정벌하였으며 갠지스 강의 카불 계곡으로 퍼져 나갔다. 그들이 발행한 동전과 그들이 남긴 유물에 따라 그들의 주권자를 구분할 수 있다. 쿠샤나의 양식은 1~4세기 마투라 지방에서 발전하여, 그리고 간다라의 '그리스-불교적' 성격을 가진 불교 양식과 굽타 시대의 명백히 인도적인 양식들을 탄생시키면서 다양한 조각들의 형태에 의해 드러나게 되었다.

이어서 이슬람교에서 지속적으로 나타나는 특징을 살펴보면서 인도 사상이 그들로부터 영향 받았는지를 확신하기 위해서는 12세기까지 내려올 필요가 있다. 인도 사상이 이슬람교와 오랫동안 접촉했던 것은 명백한 사실이다. 게다가 힌두교 역시 일반적으로 이 시기부터 이슬람교 규율의 의미를 내포하는 단어로부터 영감을 받았던 것과 마찬가지로 한편으로 전문가들은 순수하게 힌두교 근원에 대한 극심한 변화, 즉 다양한 이미지의 소멸, 종교로부터 변화된 요소와 몇 가지 신비적 실행 방법의 요구 사항 등을 관찰하고 있다. 힌두교와 이슬람교 사이의 접근에 대하여 언급하는 작가들, 그리고 힌두교의 경건주의와 '수피sûfî'의 신비 사상을 정당한 것으로서 비교하는 현대 작가들은 만약 이슬람교의 접근이 없었다면 힌두교와 관련 있는 여러 사건들이 달리 일어나지 않았다는 것을 자의적으로 이해하게 만들었다. 구체적으로 수피는 베다교와 약간 유사한 신비적 이슬람 학설이다. 이 학설은 신의 단일성, 유일 신과 피조물 사이의 비-구분, 종교와 제식에 관한 무관심, 선 과 악의 본성적 단일성(신의 본성에 관한 두 가지 측면), 신의 자의성에 관한 인간의 의존성, 육체 속으로 영혼의 감금, 영혼 의 화신에 대한 믿음, 단지 신으로부터만 유래할 수 있는 은 총, 명상의 중요성 등을 강조하고 있다. 시인들은 다양한 수피 종파들로부터 영감을 받았으며 또 다른 새로운 창조 작업을 시도하였다.

이러한 논증은 반박하기 어렵다. 그렇지만 아마도 카비르 (15~16세기의 시인)의 경우를 제외하고, 아니면 카비르를 통하 여, 그리고 보다 현대적이며 몇 가지 뒤섞인 종파들에게 있어 서의 힌두교 운동의 독창적 힘과 내부적 논리와는 다르게 설 명될 수 있고 설명되어야만 하는 인도 사상의 발전은 전혀 존 재하지 않는다. 무시해도 좋은 것들과 아주 희귀한 것들은 이 슬람교에서 빌려온 것이라고 명확히 설명하고 있는 힌두교 텍 스트들이 있다. 이러한 영향을 전적으로 가장 잘 설명하는 것 이 바로 이러저러한 종파 속에서의 힌두교적 규율과 카스트를 강화하고 발전시켜 나가는 데 나타나는 반작용(반발)이 바로 그 텍스트의 내용이다.

기독교의 영향을 보면 그 영향은 아주 최근에, 그리고 아주 한정된 집단들에 미치고 있다. 고대에 예수의 탄생과 크리쉬 나 신의 유년기 사이에 알 수 있다고 일반적으로 믿었던 기독교와 힌두교 사이의 관계를 유추하는 것은 허망한 일일 뿐이다. 그 이유는 정확한 역사적 자료에 의한 근거를 발견할 수 없기 때문이다. 나라야나Nârâyana—『마하바라타』의 에피소드—를 숭배하는 백인들이 살았던 멀리 떨어진 섬 '쉬베타드비파Çvetadvîpa'의 신화에 관하여 소위 기독교적 근원을 언급하는 것 또한 의미가 없다. 전통적으로 '나라야나'는 '물위에서 죽어 가는 자' '인간의 주거지' '신성의 영웅'으로 알려진다. 이것은 여러 가지 화신을 재현하고 있는 비쉬누 신의 명칭들 중의 하나이기도 하다. 그는 또한 다르마신과 그의 부인 아힘사 사이에서 태어났으며, 비쉬누에 동화된 물의 고전적 신성을 의미한다. 그의 엉덩이로부터 천상의 여인인 우르바시가 태어난다. 일반적으로 그녀는 모든 여성 중에서 가장 아름다운 인물로 언급되고 있다.

전설에 따르면 사도 성 토마스가 인도에 복음을 전파하려고 시도하였을 때, 그가 찾아갔던 '스키토-파르트 곤도파레스' 왕의 시대에 기독교는 과연 인도 세계의 변방을 자극하였을까? 결과적으로 '말라바르'에 '네스토리우스'파의 공동체가 존재하였지만, 4세기 이전의 그것에 대하여는 전혀 알 수 없는 일이다. 마침내 1600년 예수파들의 도착은 전통적인 '네스토리우스'파의 공동체 활동에 종지부를 찍게 했다.

불교와 자이나교[19)]의 관계

불교와 자이나교(jinisme)는 발생 근원에 있어서 힌두교 공동체 내부에서의 개혁적인 종파들과 직접적인 연관이 있다. 그러나 기원전 6세기에 탄생되었던 이 두 종교는 단번에 반-브라만적 성향으로 나아갔다. 바로 그러한 성향은 그들이 전적으로 새로운 형태의 사변을 서서히 창시하면서 『베다』의 권위를 무시했던 경향을 의미한다. 일반적으로 힌두교의 관점에서 보면 그들을 '이단자'로 간주할 권리를 가지고 있다. 자이나교는 폭넓게 확산되지는 않았다. 이것은 특히 12세기경에 시바교와 비쉬누교 운동의 부활을 보여준 극심한 박해가 있던 무렵에 확고한 영역을 다졌고 점차 그 영역은 지속적으로 유지되어 왔다. 힌두교가 자이나교에 끼친 영향은 무시해도 좋을 듯하다. 불교에 대하여 언급하자면, 이 사고 형태는 인도 대륙 전역에서 아주 일찍부터 쇠퇴하기 시작했다. 그리고 특이한 상황을 제외하고(예를 들면, 수도원 질서의 수립, 가끔씩은 '아힘사ahimsâ' 혹은 비폭력 이론의 명성) 힌두교 사회에 대한 불교의 활동은 쉽게 평가할 수 없다. 보다 더 사실적인 것은 철학적 사변에 관한 활동이다. 전통적으로 양쪽 모두의 입장이 절대적으로 아무런 상관이 없는 상태로 머물러 있었지만 점차 '중세' 시대의 『우파니샤드』(마이트리-우파니샤드Maitri Upanishad처럼) 이론 속으로 새로운 가치 있는 이론이 난입해 들어왔다. 보다 최근에는 힌두교와 불교의 형이상학자들 혹은 논리학자들 사이에서

오랫동안 복잡한 논쟁이 지속되어왔고, 또한 논쟁을 줄이기
위해 그 학설들을 보다 명확하게 정립하려는 상호간의 접촉
등이 7~9세기까지 이어지고 있다. 몇몇 작가들은 가우다파다
Gaudapâda에서부터 샨카라Çankara에 이르기까지(7~9세기) 『베
단타』의 최초 분석가들의 노력이 불교를 흡수하고, 힌두교 학
파의 이론에 적합한 내용을 불교에 부여하려고 했다는 사실을
인정하고 있다. 더욱이 자이나교와 불교의 사변에 관한 근원
을 힌두교에서 찾으려고 한다면 그것은 6세기 이전의 인도 신
화의 수많은 텍스트에서 그 해답을 충분히 구할 수 있을 것이
다. 그래서 브라만교의 역할과 그것의 근원인 신화와의 관계
이해가 필수적 이해사항으로 남아 있다.

힌두교 영향의 불교와 자이나교

만약 힌두교가 주변의 다른 사고로부터 영향을 받지 않았
다면 오히려 반대로 그것은 다른 사고들에 영향력을 행사했을
것이다. 그러나 힌두교가 다른 종교의 사고들과 장기간에 걸
쳐 비교되고 희석되면서 상호 영향관계의 여부를 판단하기가
더욱 힘들어졌다. 일반적으로 힌두교의 사고의 지속적인 혼합
과정을 인정하지 않는다면 원시불교와 자이나교는 이해되지
않았을 것이다. 일찍이 하나의 힌두교를 위한 교화 작용에 의
하여 이미 감춰졌던 일종의 추상적 믿음은 각 종교의 설립자
에게 더 많은 믿음을 부여하게 했다. 그 결과 특히 석가의 '베

단타주의’에 대한 학습은 별로 신중하지 않게 언급됐다. 즉, 이러한 사실은 오히려 학자들이 서민 종교의 형태로서 신성과 신령에 대한 믿음 등에 관하여 더 많이 언급하였음을 입증하고 있다. 이러한 결과는 하나의 영향을 분석하기보다는 종교적 전수에 더 한층 큰 비중을 두고 있었음을 보여주는 것이기도 하다. 이후 인도 안에서 그리고 특히 인도 바깥에서 불교의 진보와 ‘후기 규범적’인 자이나교의 진보는 주변 힌두교로부터 빌려온 실행방법, 상상세계, 사변 등에 의하여 나타나고 있다. ‘불교-탄트라교’가 ‘힌두교-탄트라교’에 접목되었듯이(시바교의 영향하에서) 힌두교에 근원을 두고 있는 여러 종교 학설들은 광활한 아시아 영역 속으로 확산되었다.

‘신-플라톤’주의와 특히 플로티누스에 관한 인도적 영감(보다 정확하게 언급하자면, 『우파니샤드』의 영감)은 불명확하다. 나아가 신비적 방법으로서 만큼이나 기본적 기술로서 도교와 중국적 사고에 끼친 요가의 영향 또한 명확하게 설명할 수 없다. 알렉산더 대왕 이전부터 고전의 세계는 인도 사상에 관하여 연구된 정확한 소재의 내용들을 갖추고 있었다는 것은 오늘날도 여전히 입증되고 있다. 메가스테네스Mégasthène(기원전 3세기)[20]의 여행 보고서는 종교의 근원에 대한 분석을 위해 아주 중요한 자료들을 상세하게 담고 있다. 그리고 기원후 3세기에 ‘성 힙폴루토스’[21]는 브라만들의 학설을 정확하게 설명하고 있는 것 또한 잘 알 수 있다. 이슬람교에 대한 힌두교의 영향은 명확하다. 즉, 독단적, 신비적, 그리고 서술적 문학

은 이란어와 같이 '우르두Urdû'[22] 언어로 적혀진 증거들이 남
아 있다. 인도의 수많은 텍스트들은 적어도 14세기부터 이란
어와 우르두어로 번역되었고 부분적으로는 힌두교화된 여러
가지 이슬람교 종파들이 존재하고 있었다.

결국 서양의 문학 연구에 있어서는 전통의 힌두교 사상에
서양의 사고가 결합되어 '신 힌두교'가 탄생되기에 이르렀고
서구인들은 힌두교의 미사여구를 문학작품으로 재미있게 꾸
며내면서 다양한 변화를 거쳐 대중의 폭넓은 층으로 확산시켰
다. 오늘날 힌두교의 명성을 고려하지 않고서도 18~19세기의
낭만주의 시대부터 몇몇 서양 작가들과 사상가들에 의하여 일
반적 주제(윤회 사상, 성인, 은둔자, 신화, 우주 생태론, 범신론,
불교의 '염세주의')는 폭넓게 서양세계로 전파되어 나갔다.

다양한 주변 신성들

베다 시대에서와 마찬가지로 만신전은 폭이 넓고 아주 불
균등하게 조직되어 있었다. 또한 인위적 연결고리들이 그들의
관계들 중에서 두 가지 혹은 여러 가지로 복잡하게 이어져 있
었다면, 오히려 각각의 신성의 모습은 거의 독립적으로 출현
한다. 만약 '위대한 서사시', 즉 「마하바라타」와 같은 고전의
신화를 고려한다면 8명의 위대한 신들을 별도의 신으로 여겼
다. 이 신들은 대수롭지 않게 여겨져 『마누법전』『푸라나』 등
다른 텍스트 등에서 나타나고 있는 8명의 '세상의 수호자'들

을 의미한다. 이것은 바로 동방의 네 명의 보호자 신들의 양분을 의미한다. 즉, 수리아Sûrya(태양), 찬드라Candra(달, 남성 신), 바유Vâyu(바람), 아그니Agni(불), 야마Yama(죽음의 신이며 지옥의 지배자) ― 일반적으로 이것을 칼라Kâla(시간) 혹은 다르마(법)라고 부른다 ― 바루나Varuna(물의 지배자), 인드라Indra(비의 신, 번개의 운반자, 마술사), 쿠베라Kubera(풍요의 신)등이다. 그들은 모두 베다의 내용에 근거를 두고 있지만 그러나 점점 약화되고 변형된 채 또 다른 역할을 떠맡게 된다. 일련의 최초 두 신의 경우에 있어서 명확했던 자연주의적 신성의 특징은 심각하게도 낙후되어 있다. 일반적으로 하늘과 대지, 다섯 개의 별자리, 다섯 개의 별에 대한 몇 가지 숭배를 통하여 자연주의적 신성의 특징을 이해할 수 있다. 마찬가지로 주술(혹은 주문) 속에서 달을 삼키는 '악마―소멸(월식)'을 의미하는 라후Râhu의 교묘한 술책에 대한 숭배에 있어서도 또한 자연과 본성의 특성을 지각할 수 있다.

베다 시대의 또 다른 신들은 우리들이 이후에 다루게 될 다른 신들의 무리를 설사 고려하지 않더라도 미트라Mitra, 아쉬빈Açvins 신, 마루트Maruts[23] 등이 있다. 결과적으로 새로운 신화는 끊임없이 또 다른 형상과 주제를 개입시켰다. 그것은 특이한 대체 요소 혹은 소재를 보여주기도 하지만 그러나 드물게는 그것을 삭제하기도 했다. 고대 신화의 모든 소재는 거의 베다 시대에서 찾아볼 수 있다. 그리고 예를 들면, '인드라'와 악마 '비트라' 사이의 불화의 내용은 비트라가 하나의 경건한 브라만으로 변신되면서 지속되고 있다.

신성들에 대한 개혁의 운동은 자연적으로 나타난다. 즉 '인드라'에 의하여 선동을 받아 일상적으로 이야기되는 사랑의 신 '카마Kâma'는 시바 신의 사랑의 열정을 일깨우려고 노력하였다. 시바는 카마의 금욕 행위 때문에 자신이 혼란에 빠졌던 사실에 분노하여 그의 '세 번째 눈'을 없애 버렸다. 사랑의 또 다른 형태는 크리쉬나의 아들 프라디윰나Pradyumna다. 그는 부분적으로 카나와 혼동된다. 스칸다Skanda – 소년 '쿠마라Kumâra' 혹은 '카르티케야Kârttikeya'로 불리며, 그는 유모로서 황소좌의 여섯 별Krittikâs 혹은 '쁠레이야드Pléiade'24)를 소유했던 자이다 – 는 전쟁의 신이다. 그에 관한 전설은 노골적인 수많은 특성의 상징적 표현만큼이나 아주 다양하게 남아 있다. 시바의 아들은 공포스러운 여신의 아들 '무루가Muruga'라 일컫는 '붉은 자Çeyyava'의 드라비드족의 명칭하에서, '수브라마냐Subrahmanya'25)의 '인도 아리안' 명칭하에서, 브라만의 보호자로서, 그는 남부 지방에서 중요한 역할을 행사하고 있다. 가네사Ganeça는 시바 신을 시중드는 신성의 무리(혹은 '가나스ganas'라고 칭함)의 대장으로서 여전히 서민의 신앙심 속에서 다채롭게 나타나고 있다. 드라비드 지방에서는 그를 '필라이야르Pillaiyar'라고 부른다. 그는 장애물의 제작자이자 해체하는 자이다. 사람들은 종교적·문학적·경제적 계획을 실행에 옮기기 위해 초창기에는 '가네사'에게 기도한다. 그의 성소聖所26)는 남부 지방에서와 마찬가지로 북부 지방에도 헤아릴 수 없을 만큼 많다.

거기서 그의 공간적 역할은 성역의 문을 지키는 것이다. 일반적으로 코끼리의 머리와 불쑥 튀어나온 배의 형태로 전형적인 상징성과 암시적인 방법으로 가네사를 재현하고 있다. 그와 관련된 수많은 특징은 물론 상징적인 의미로서 이해되어야만 한다. 또한 다른 수많은 신성과 혹은 신성의 무리에게서처럼 그에게 있어서도 에로틱한 특징이 나타나기도 한다.

신화와 종교의 위대한 신성

고전 인도 신화의 가장 괄목할 만한 특징은 하나의 같은 이론적 구도 위에서 세 가지의 위대한 신 브라만(브라마)[27], 비쉬누, 시바 신의 공존에 있다. 바로 이 삼위일체(산스크리트어로 '트리무르티Trimurti', 즉 '세 가지 형상')는 그 자체로서는 아주 늦은 시기에 분석되고 설명되어 나타나며 그것의 본질적 의미 내용에서 벗어나는 또 다른 제식에 대한 언급은 없다. 말하자면, 이것은 세 가지 '구나스gunas'들의 이론에 관한 신화적 고찰로서 부차적인 어떤 내용을 담고 있는 듯하다. '구나스'는 '미덕' '특성' 등을 뜻하는데, 철학에 있어서 '구나스'는 자연을 구성하고 있는 존재의 특성 혹은 조건을 의미한다. 구나스들은 그 특성이 완전한 균형을 이룰 때 휴식 상태에 들어가며, 그리고 그 특성 중에서 한 가지 혹은 여러 가지가 다른 특성에 비하여 우세하다면 그것은 진보의 상태를 의미하는 것이다. 그 특성은 일반적으로 자연적인 세 가지 물질, 즉 사트바

Sattva(사물의 순수한 본질과 올바름), 라자스Rajas(활발한 에너지, 열정), 타마스Tamas(수동성, 무기력)로 구성되었다고 간주하고 있다.

게다가 구나스 그룹 중에서 최초의 인물 브라만—말하자면 베다 시대의 고대 중성 명칭의 의인화—은 삼위일체 속에서 '창조적' 개념을 재현하고 있으며, 과장된 형용어구에 따라서, 그리고 더욱이 일찍이 소멸된 이야기(서술)들에 따라 문학적 구도 위에서만 단지 숭배의 대상으로 여겨진다. 그는 독립된 성소를 갖지 않으며—'아즈메르Ajmer'28)에 있는 하나의 성소 외에—, 특수화된 제식을 갖지 않는다. 결국 그는 근원상에 있어서 그를 묘사하는 추상적 개념에 접근되어 남아 있었다.

반대로 비쉬누는 세상의 '수호자'로서, 시바는 세상의 '파괴자'로서 최초의 신화의 본질적 계획안(플랜)에서 존재하는 형상이다. 그들은 거대한 신도들의 무리인 대중을 양분시키고 있다. 그리고 그들의 역할은 모든 의미에 있어서, 많은 부차적인 여러 개성의 흐름에 따라 동화되면서 사방으로 퍼져 나갔다. 수많은 종파들 속에서 그들은 서로서로 '최고의 절대자'와 동등하게 여겨진다. 문학에서 종종 잘 표현된 그러한 이율배반29)은 현실적 실행 방법(종교적)에 관계하는 그 전체 틀 속에서는 잘 드러나지 않는 듯하다. 이후 하나의 제식의 출발을 야기했던 것과 같은 상징으로 결합된 비쉬누와 시바의 부부로서 '하리하라'30)와 같이 혼합된 모습이 존재하기도 한다.

비쉬누

이미 앞서 보았듯이 별로 중요성을 갖지 않았던 베다의 신성이었던 비쉬누는 '서사시'에서는 탁월한 겉모습으로 완벽하게 충만해 있는 자비로운 가치를 가진 괄목할 만한 신성의 존재자가 되어 나타난다. 명백히 그는 자신의 기본적인 겉모습의 특징(고동 나팔, 원반형 무기, 몽둥이, 연꽃)에 의하여 그리고 자신의 12가지 혹은 14가지 자세에 의하여 재현되고 있다. 그러나 그와 관계하는 신화는 급속한 발전을 이루지는 못했다. 특히 그는 자신의 시녀로부터 보호를 받고 있고, 대양의 바다에서 침대로 이용되는 수천 개의 머리를 가진 '무한성'(절대자－전지전능한 신)의 뱀 '세사Çésha' 위에 누운 채 잠자고 있는 신이다. 그는 세상을 명상하고 있으며 정기적으로 깨어나면서 자신의 배꼽으로부터 하나의 연꽃을 발산시키고 있다. 그 연꽃으로부터는 새로운 하나의 세계를 창조하기 위해 브라만이 나타난다. 그렇지만 일반적인 상징적 표현으로서는 그가 천상의 독수리 가루다에 올라타고 있는 모습을 종종 찾아볼 수 있다. 비쉬누의 탈 것 '가루다'는 천상의 세계를 지배하며 선행을 베푸는 절대적 존재자로서 가끔은 또 다른 한 가지 제식의 숭배대상이 되기도 한다. 비쉬누 신의 명칭은 아주 다양한데, 그와 혼동을 일으키는 신성의 존재자의 다른 명칭들이 존재하기도 한다. 즉, 남부 지방에서는 그가 '란가나타Ranganâ-tha' '벤가테사Venkateça' '티루파티Tirupati'로 불린다. 마라트Ma-rathe 지

방에서는 특이한 하나의 전설 문집을 통하여 '비토바Vithobâ'
혹은 '빗탈Vitthal'이라고 부른다. 이곳저곳에서는 '물의 정령'
을 의미하는 '나라야나Nârâyana'(가끔 '나라 나라야나Nara Nârâ
yana'로 양분되어)라고 일컫는다. 비쉬누는 근원에 있어서 그와
동맹자였던 베다의 신 인드라Indra의 역할들 중에서 하나의 특
정한 역할 부분을 물려받았다. 불처럼 타오르는 태양의 특징
은 이 신성의 몇 가지 세부 사항에서 느낄 수 있다. 인드라가
그에게 자신의 힘을 양도하려는 필연성은 '데우스 오티오수스
deus otiosus'31)라는 상황으로부터 유래했다. 그러나 그 개념은
비쉬누 신화에서 내재하는 '비-이원론'과 일치되어 있었다.

  이러한 힘의 양도는 두 가지 형태하에서 이루어졌는데, 그
중 보다 더 지혜로운 형상은 '부분적 과시'를 의미하는 '비우
하스vyûhas'32)의 형태이다. 바로 이 형태는 '바수데바Vâsudea'33)
로부터 추상적인 일련의 세 인물(형제, 아들, '바수데바-크리쉬
나'의 손자)을 강요하면서 비쉬누교의 내부에서 창조자, 수호
자, 파괴자라는 우주적 삼위일체를 재현하고 있다. '비우하(우
주적 표출)'는 『마하바라타의 한 가지 에피소드로부터 나타나
고 있다.

  보다 서민적이고 보다 더 널리 퍼진 또 다른 하나의 형태는
'아바타라avatâra'34)의 형태이다. 아바타라라는 단어는 '신의
하강'을 의미한다. 이 단어는 비쉬누의 여러 종류의 화신들에
적용된다. 그것에 적용된 각 어휘에 따라 신은 어떤 악마를 쳐
부수기 위해, 그리고 중대한 위험에 빠진 지상 세계를 구하기

위해 인간 세상에 나타난다. 최고의 절대자는 이처럼 구세주와 꼭 같은 방법으로서의 역할을 수행한다. 그러나 그는 집단적으로 오랜 시간의 간격에 걸쳐 그 역할을 실행하게 된다. 미지의 고전 시대에 대한 시간성의 체계화는 10가지 아바타라의 그룹을 상상하도록 하면서 도출되어 갔다. 그렇지만 이미 이전에 있었던 비쉬누에 관한 몇몇 텍스트들은 그러한 시간의 개념을 인식하지 못하고 있다. 『바가바타』에는 22개의 아바타라가 있다. 근본적으로 개방된 그 개념은 비쉬누에게서 출발하여 시바에게로, 그리고 또 다른 신성들에게로 나아갔다. 사실적이거나 혹은 전설적인 과거의 어떠한 위대한 인간에게 도전하기 위하여 거기에 적합한 여러 처신의 방법을 찾으려고 '화신'의 개념을 활용했다. 비쉬누신의 개념 변화의 근원은 적어도 부분적으로 베다적인 요소들에서부터 출발한다. 특히 그 체계는 이미 설명한 바대로, 다양한 제식을 위해 일반 대중을 매혹시키려는 성향을 보여주면서 인간의 열정을 하나의 일신론 사상에 일치시키려는 목적에 부응하게 하고 있다.

최초의 '아바타라(화신)'는 포유동물 형상이다. 먼저 물고기 화신('마누 바이바스바타Manu Vaivasvata' — 왕을 구하기 위하여 나타난 물고기 형상의 비쉬누— 즉, 범세계적으로 알려진 성경의 노아의 방주 같은 '대홍수'에 관한 주제의 인도 신화적 표현)이다. 다음은 '거북이' 형상(대양의 쥐어짜기-압착-작업)이다. 그 다음 화신은 멧돼지 형상(악마 '히란야크샤Hiranyâksha'가 바다 밑바닥으로 끌고 갔던 '땅-대지'를 치켜 올리면서 멧돼지 모습을

갖춘 비쉬누)이다. 그 다음 화신들에 관한 여러 가지 내용은 뒤
섞여 있다. 즉, '인간-사자'와 난쟁이-'히란야카시푸
Hiranyakaçipu'와 '발리Bali'라는 악마를 제각기 쳐부수기 위해
갖춘 비쉬누의 변신들, 그리고 난쟁이에 관한 이야기는 비쉬
누의 세 발걸음에 관한 베다의 줄거리를 되풀이하고 있다-
이다. 이어서 전사들의 행위 업적들이 나타난다. 도끼를 들고
있는 라마Rama의 형태는 브라만(귀족 카스트)들의 권위에 반대
하여 대항하는 전사(크샤트리아Kshatriya)의 억압으로부터 세상
을 정화하는 노력을 보여주고 있다. 영웅 라마 - 라마찬드라R
âmacandra - 는 악마 라바나Râvana의 정복자이며 「라마야나Râmâ
yana」의 주인공이다. 영웅 크리쉬나Krishna는 수많은 업적을 가
지고 있다. 아홉 번째 '아바타라'는 부다(석가)와 다르지 않다.
그는 바로 비쉬누적인 틀 속에서 거대한 이교의 설립자를 통
합하기 위한 대담한 실력자이다. 열 번째는 '칼킨Kalikin'이다.
그는 미래의 '구세주'로서 질서를 재정립하려고 세상에 다가
올 말의 머리 모양을 가진 일종의 '메시아'다.

폭넓게 인기를 얻은 하나의 전설은 대양의 압착(쥐어짜기)
에 관한 전설이다. 거기서 신들과 '아수라Asura'들의 세력이 공
조한다. '비쉬누-거북이Vishnu-Tortue'는 대양의 바닥에서 좌대
(받침)를 사용한다. 그는 '메루Meru' 산을 지탱하고 있다. 그 주
위로는 밧줄을 대신하여 뱀 '세샤Çesha'가 묶여 있다. 이러한
위업의 목적은 아수라와 수라Sura 사이의 피비린내 나는 대우
주 전쟁을 거치면서 경이로운 보물, 특히 신성의 음료수인 신

들의 영생 음식을 쟁취하는 데 목적이 있다. 그러나 비쉬누의 계략 때문에 아수라들은 전쟁의 승리의 결과물인 영생 음식을 권력 있는 신들에 의하여 탈취당한다.

모든 인도의 신화 중에서 가장 발전된 이야기는 크리쉬나에 대한 사연이다. 야바다Yâvada 가정의 미래 족장으로서 그의 비밀스런 탄생 — 그는 잔인한 숙부인 '캄사Kamsa' 왕의 박해의 표적이 된다 — 은 수많은 전설적인 사건을 야기 시켰다. 그가 아기가 되면서 이룩한 초인간적인 작업은 숱하게 후세에 전해지고 있다. 10대인 그는 자신을 에워싸고 춤을 추는 사랑의 광신자인 목동들 사이에서 피리를 연주하는 신성한 존재이다. 이것은 바로 중세 인도의 크리쉬나적인 열정으로부터 특권을 부여받은, 절반은 신비적이고 절반은 에로틱한 형상에 대한 내용의 배경이 된다. 그 무대는 마투라Mathurâ 주변에 있는 '브린다바나Vrindâvana'의 신성한 숲 속에 자리하고 있다. 이후 크리쉬나는 대장, 전사, 도시의 설립자로서 나타난다. 그는 인더스 강의 하구 드바라카Dvârâka에 거처를 정하려고 간다. 거기서 그는 아름다운 왕녀 '루크미니Rukminî'를 납치하여 자신의 부인으로 만든다. 다른 모험들 속에서 그는 자신의 사촌 '판다바Pândava' 가족의 편에 서서 '바라타Bhârata'의 전쟁에 참여한다. 그는 『바가바드-기타Bhagavad-Gîtâ』의 초인간적인 영웅이다. 그의 목적은 불분명하다. 연속되는 내부 전쟁으로 지칠 대로 지쳐 그가 이끄는 부족은 숲 속으로 물러선다. 실수로 그를 겨냥한 어떤 사냥꾼은 육체의 유일한 취약 부분인 그의 발뒤

꿈치에 화살을 명중시킨다. 용맹스런 모험은 그의 아들 프라디움나Pradyumna와 그의 손자 아니루다Aniruddha와 함께 서술되고 있다. 그의 맏형인 발라라마Balarâma―힘이 강한 라마―에 관해서는 완전히 개인적인 이야기 내용의 사이클을 보여주고 있다. 남부 지방에서 말론Mâlôn이나 혹은 카룹파Karuppa는 목동이자 무용수인 크리쉬나를 또 다른 명목으로 설명하고 있다. 다사다난한 인물 크리쉬나는 인도 정령의 거의 모든 이야기의 내용과 연결되고 있다. 여기서 그리스인들은 인도의 헤라클레스를 암시할 때 크리쉬나와 시바의 이미지를 중첩시켰던 것 같다.

시바

또 다른 위대한 신성인 시바는 본질적으로 양면성을 가지고 있다. 파괴자로서의 그는 죽음과 시간성에 일치하고 있다. 그는 '빼앗아 가는 자'를 의미하는 하라Hara이다. 가장 강력한 형태로서 격렬한 공포의 대상 '바이라바Bhairava'로 불리는 그는 64가지의 다양한 특성을 가지고 있다. 다른 한편으로 그는 보상을 위한 작업에 참여하고 있다. 시바çiva, 삼부çambhu, 산카라çankara 등의 그의 별칭이 보여주듯이 그는 '행운을 가져다주는 자'를 뜻한다. 그는 성적인 놀이에 관한 유희와 출산을 지배하고 있다. 마찬가지로 그를 가끔씩 남녀 양성으로서 재현하고 있다. '삼위일체'의 신들에 비교하여 그를 상위에 위치시키는 몇 가지 전설 속에서는 바로 그가 먼저 물을 창조하는 역할을 한다. 게다가 물의 품속에 브라만을 가두면서 '황금의 배아'(Hirayagarbha)를 낳는다. 수많은 팔을 가진 '춤추는 왕'의 모습을 갖춘 시바는 우주의 상징을 전적으로 떠맡고 있다. 그에게 예술적 업적과 사변적 업적을 부여하는 가호는 그의 창조적 역할의 한 부분 때문이다. 결국 그는 유골로 덮인 채 히말라야 산의 꼭대기 위에서 혹은 카일라사Kailâsa 산봉우리에서 요가를 실행하는 자세로 앉아 있는 고행자가 된다. 그는 '타파스Tapas', 즉 '고행의 열정'을 모으는 자들의 원형이다. 일상적인 그의 탈것은 흰색 황소 '난딘Nandin'이다. 그의 수많은 신체적 특징은 다양한 기능을 나타내고 있다. 한편으로 악마에 대항하는 전투의 주요 인물인 그는, 그를 청하는 데 소홀히 했던 그리고 공포스러운 비라바드라의 성격을 가진 다크샤Daksha를 희생시키는 과격한 장면을 핵심적으로 연출하고 있다. 또 한편으로 그는 부동의 존재자이며 무기력한 존재이기도 하고, 누워 있는 백인 난쟁이이다. 비쉬누처럼 그는 자신의 힘을 샤크티çakti(에너지)로 보여준다. 그 에너지는 그의 본체로부터 발산하고 있으며 여성으로 의인화되기도 한다. 그러나 비쉬누와는 반대로 그는 또한 영웅 아르주나Arjuna를 괴롭히는 사냥꾼과 같은 인간의 모습으로 인간의 사건 속에 개입하고 있다. 그는 자기 자신에게 수없이 이바지하는 여러 이미지를 표출한다. 그 자신의 숫자에 있어서는 베다의 신 '루드라Rudra'의 아주 다양한 중요한 이미지의 수에 비교된다. 그리스인들은 그를 디오니소스에 비교하기도 했다. 인도의 남부 지역으로 확산되는 그의 명성은 별로 인정받지 못하고 있다. 그는 '순다레쉬바라Sundareçvara' 혹은 '물라링가Mûlalinga'의 이름으로 나타난다. 그에게는 부인으로서 '판디야Pândya' 왕의 딸인 '물고기의 눈을 가진 자'를 뜻하는 '미나크시Mînâkshî'가 있다. '생식력을 가진 자'로서의 시바와 분리될 수 없는 중요한 특징은 '남근(Phallus)'—'링가linga'—이다. 그러나 이러한 상호연결은 근원적인 관계가 아닐 수도 있다. 분명히 링가는 하나의 독립적인 표현이다. '링가'는 고전 힌두교에서 잘 나타나고 있듯 사실적이며 꾸밈이 없다. 그러한 표현은 적어도 에로틱한 이미지를 더 이상 일깨우지 않으면서, 혹은 그 이미지를 더이상 내포하지 않으면서 하나의 양식화된 시바의 치장물이 되었다. 마찬가지로 여기서 링가는 가볍게 구멍이 뚫린 정육면체 아니면 각기둥 형태의 '요니Yoni' 혹은 '자궁'으로서 보완적인 한 가지 요소와 결합되었다. 시바적 측면의 『푸라나』들은 열두 가지의 '위대한 링가' 혹은 '최초의 링가', 즉 말하자면 '링가'가 숭배받는 그리고 시바의 열두 형상에 호응하도록 만들어진 열두 성지를 묘사하고 있다. 일반적으로 '링가'의 상징물은 시바교 성소(종교예식 장소)의 중심부에 위치하고 있다.

여성 신성들

숭배 대상이 되는 모든 신성의 근원에 있어서 인도에서는 여성 신성에 대한 여러 표현도 찾아볼 수 있다. 가장 하찮은 수준에 머무르면서도 종종 전설로부터 첨가되어 품위를 갖춘 '그라마데바타스grâmadevatâs' – '마을의 신성들'(거의 전적으로 여성적인) – 는 북부 지방에서만큼이나 남부 지방에서도 농촌 제식의 4분의 3을 차지할 정도로 한층 더 다양하게 표현되고 있다. 게다가 그 신성들은 신들의 부인, 즉 시바의 다양한 형상을 갖춘 부인으로서 소외되거나 아니면 단체로 이루어진 '어머니'들이다. 특히 그들은 '비라바드라'와 '가네사'에 의하여 삽입되어 일곱 명의 '어린 어머니'의 그룹으로 분리되고 있다. 이렇듯 어머니 신성 개념의 강력한 발전은 일원론적 요구 사항을 연루시키지 않고서도 절대자로부터 감각의 세계를 전체적으로 분리시켰던 역동적 원칙으로서의 신의 '에너지', 즉 '샤크티'의 개념과 연결되어 나타나게 되었다. 이 개념의 출발은 멀리 과거 속으로 거슬러 올라간다. 여러 학설에 따르면 그 개념은 '프라크리티Prakriti'35) – 『산키야Sankhyâ』의 '여성적 소재' – 와 『베단타Veadâta』의 '마야Mâyâ' – '형상들의 창조적 환영' – 와 뒤섞이게 되었다. 그것은 특히 '샤크타스çâktas'라는 이름으로 불리는 종파들 속에서 결실을 얻게 되었다. 그리고 그 개념은 시바의 모습과 연결되어 탄트라교 속에서 결실을 얻는다. 때로는 그것은 바로 아버지와 남편 사이의 불화를 막기 위해 불 속으로 뛰어든 절개 있는 부인 '사티Satî'와 연결되어 있다 – 이것은 바로 남편의 시체를 태우면서 장작더미 위에서 살아 있는 채로 불에 타죽어 가는 '사티satî'(과부)에 대한 에피소드의 원형이 된다. 때로는 남편과의 육체적 그리고 신비적 결합을 찬양하는 산의 소녀 '파르바티Pârvatî', 자비로운 자 '우마Umâ'와 연관된다. 더욱이 종종 '두르가Durg(부동의 여자)' '찬디Candî(과격한 여자)' '가우리Gaurî(야수 같은 여자)' '칼리Kalî(흑인 여자)' 그리고 또한 쌀을 풍부하게 가져다주는 여자 '안나푸르나Annapûrnâ' 등을 찾아 볼 수 있다. 미성년의 '데비Devî'36)는 '칼리'처럼 닭을 제물로 바치는 피로 물든 제식을 받아들이는 천연두의 여신 '쉬탈라Çtala' 혹은 '마리얌마이Mâriyammai'이다. 피로 물든 제물에 의하여, 가끔 인간 제물에 의하여 이루어진 제식으로서, 악마에 대항하는 싸움꾼—특히 '악마—물소(마히사Mahisha)'에 대항하여—으로서, 하나의 전쟁 사이클이 이러한 다양한 형상들과 다시 연결되어 있다. '샤크티'의 개념에서 '우주적 어머니'의 모습을 찾을 수 있는데, 현대에서는 그 개념을 인도의 모국애를 통하여 찾는 시인들의 시각처럼 평화롭고 숙연한 이미지로 드러내고 있다. 그러나 간혹 흘러내리는 피와 인간 신체에 대한 욕정을 보여주고, 뱀 팔찌, 두개골의 목걸이와 허리띠로 만들어진 죽음을 연상시키는 치장물을 보여주는 등 잔인하고 혐오스러운 이미지들이 나타나기도 한다.

그러한 표현은 반 아리아적인 근원을 가지고 있는 듯하다. 어쨌든 드라비다 지방에서 승리자 '코라베이Korravei'의 칭호하에서 그 표현을 찾아볼 수 있다. 많은 성지의 토대 위로 '사티'의 뼈들이 발견되는 여러 장소에 건립되어 알려지고 있는 상징적 표현의 건물과 성지는 수없이 많다.

'두르가'가 시바의 샤크티를 의미하듯이, '아름다움'과 '행운'을 의미하는 여신 '라크쉬미Lakshmî' 혹은 '쉬리Çri'는, 행복에 겨운 그리고 도움을 주는 여신의 이미지로서, 표본적인 부인 비쉬누의 여신이다. 고대의 '여신-강'으로서 불안정한 혈족을 가진 '사라스바티Sarasvatî'는 예술의 여주인이며, 웅변과 지혜의 신성이자 동시에 산스크리트어의 발명자이다. 크리쉬나가 애호하는 여자 목동 '라다Rhâdhâ'는 '님바르카스Nimbârkas' 혈통에서와 같이 신성의 연인을 찬양하는 종파들 속에서 숭고한 계열에 이르고 있다. 가끔은 인간에게 혜택을 주지만 종종 두려움을 주는 여성적인 어린 신성들의 집단이 존재하는 것과 마찬가지로 아이를 소유하고 있기도 하고 병과 재앙을 야기하면서, 특히 남부 지방에서 빈번히 나타나는 악마, 귀신, 아니면 '어린 어머니(mâtrikâ, ambikâ)' 등이 존재하고 있다.

신성의 단체

세상은 개인성이 익명의 단체 이면으로 사라지는 초자연적인 요소로 가득 차 있다. 우리들은 이미 남성적이거나 혹은 여성적인 이러한 단체를 언급해 왔다. 이와 같이 '아수라' '다이티야', 그리고 전통적으로는 그와 유사한 신들의 적이 있다. 그 적은 신들에 반대하여 태초부터 근거 없는 싸움을 종종 일으키고 있다. 신화적 개념의 일반적인 양면성에 따라서 그들은 또한 가끔 신들에게 봉사하기 위해 나타나기도 한다. 게다가 지하의 존재자 '나가Nâga(뱀)'들이 있다. 대지의 깊은 곳에서 그리고 아마도 고대 토템의 부족을 의미하는 부족 민속의 기억들 속에서, '나가'는 이름 그대로 뱀들에 대한 표현인 신비로운 왕국의 이름과 일치하고 있다. '야크샤Yaksha'들 또한 마찬가지로 양면성을 가지고 있다. 풍요와 마술적 환영의 소유자를 의미하는 '쿠베라Kubera' 신의 하인(야크샤)인 그들은 부인으로서 야크쉬니Yakshinî를 소유하고 있다. 그녀는 다른 일련의 여성형 '다키니Dâkinî' '요기니Yoginî' ― '요가Yoga'의 여성 신봉자 ― 등과 같이 존재하는 여성 악마이다. 노래와 음악의 신, 음탕한 목신, 반-인간 반-동물인 '간다르바Gandharva'는 동맹자로서 물의 요정 '압사라Apsara'를 소유하고 있다. 그 요정은 고행자의 고행을 위협하려는 몇몇 신의 간청에 따라 고행자를 유혹한다. 대부분은 실패로 끝나지만 가끔 그 유혹이 성공을 거두기도 한다. 그들 가까이에는 전설상의 풍부한 지식을 가진 마술사의 민족 '비디야다라Vidyâdhara'들이 살고 있다. 온전한 인간도 신도 아닌 잡종 혹은 혼종의 세계는 인간과 천상의 그리고 악마의 이미지들 사이에서 뒤섞여 있다. 체계적인 정신에 의하여 그 세계는 일반적으로 시바의 활동성과 같은 그러저러한 위대한 신의 활동성에 연결되어 있었다. 반대로 그 잡종의 세계는 명백히 흔적을 남기는 거대한 악마의 모습을 보여주는 『베다』의 내용 외에는 힌두교 속에서도 발전을 거두지 못했다. 악마는 특이한 전설과 연결되어 수없이 많이 존재하고 있다. 그리고 그들은 그 전설과 함께 사라진다. 라마의 적 '왕자-악마' 라바나는 또 다른 어느 한 악마에 반대하는 관례상의 주체가 되기도 한다.

라마의 경우와 크리쉬나의 경우는 다른 요소들과 중복되어 존재해 있었던 고대 영웅들의 신성화를 재현하고 있다. 잘 알려진 라마와 동맹을 맺은 원숭이 부대의 대장, 즉 재치 있고 헌신적인 '하누만트Hanumant'처럼 대부분이 서사시인 영웅담은 이미 과거로부터 주어진 채 지속되어 오면서 거기에 가담된 영웅들은 어느 순간에 이르러 신성화되기 시작했다. 말하자면 시간의 흐름에 따라 사람들은 수많은 종파 혹은 성역, 왕자들 게다가 위대한 작가들을 신성의 품위로 부상시켰듯이 『베다』의 '식견자'인 고대의 '리쉬rishi'들은 단숨에 성스러운 인물로서 구상되었다. 그들 중 한 명인 '아가스티야Agastya'는 남부 사람들에게 브라만 문명을 전해준 사람으로 알려지고 있다. 그는 '빈디야'라는 산을 쉽게 넘어가기 위하여 그 산을 휘게 만들었다고 한다. 그래서 이 산들은 스스로 솟구쳐 오르려는 열정적인 노력에도 불구하고 히말라야 산의 높이에 결코 도달할 수 없었다는 이야기가 전해진다. 또한 '아가스티야'의 제식은 인도 열도에 이르기까지 빛을 발하였다. 왕족의 위대한 왕조들은 그들의 기나긴 혈통이 '태양 자손'과 '달의 자손'이라는 두 가지 신화적 갈래로 이어지는 기억에 없는 영웅들에게까지 자랑삼아 계보를 만들어 보여준다. 더욱이 거기서는 라마와 크리쉬나 같은 가족 영웅들, 현대적 인본성의 시조이

자 최초의 왕 '마누'의 이름과 이전 시대의 아버지이자 또 다른 최초의 왕 '피투Pithou'의 이름 등을 발견할 수 있다.

금욕과 신앙심은 인간에게 신성의 조건에 접근하게 하는 방법이다. 그리고 성인의 덕성은 본질적으로 서로 소통 가능한 것이다. 말하자면 정신적 풍요로움은 시각과 청각에 의하여 전달된다. 결과적으로 한 성인에게 기도하고 그를 찬양하는 노래를 부름으로써 그를 알게 되고, 그와 접촉함으로써 얻어지는 공덕이 존재한다. 그것 이외에 '다르사나'(정확하게 종교적 인물의 '견해')를 위한 인도 대중의 탐욕은 달리 설명되지 않는다.

동물 또한 성스러운 존재자로 쉽게 탈바꿈하고 있다. 먼저 암소는 그 주변에 하나의 제식을 갖게 한다. 그리고 암소에 관한 신화는 '아힘사ahimsâ(비폭력)'의 사고를 구체화하고 '양식'과 '정화'를 상징한다(간디는 자신의 최초 신조의 계획안 속에 암소에 대한 존경심을 보여준다). 게다가 민속의 역할을 떠맡은 뱀의 제식 또한 다양한 형상을 띠고 있다. 또한 다른 동물들은 폭넓게 신화 속으로, 더욱이 탈것과 신체적 특징을 표현하는 판화 속으로 스며들었다. 연꽃, 비쉬누에게 바쳐진 '투라시tulasî'37), 시바에게 바쳐진 '빌바bilva'38) 같은 이러저러한 형상 속에는 특수한 나무들과 신성한 풀들이 있다. 그리고 생명이 없는 사물들 중에는 비쉬누의 상징 '살라그라마çalagrâma'39) 같은 돌멩이들이 있다. 전설적인 '사라스바티Sarasvatî'40)강, 모든 강들 중에서 가장 성스러운 갠지스강, 대양과 이어지는 연못,

더욱이 지방의 신앙에 관한 이야기에서 보여주는 걸어서 건널 수 없는 가상의 강 등에 이르기까지, 물은 성지 순례의 도달점을 이룬다. 나아가 신들에 관한 여러 특징, 무기, 음악도구, 다양한 물건 등은 서민들 사이에서 자율적으로 신성화가 가능하게 되었다.

신들의 의미

신들은 몇 가지 초인간적 힘을 갖추기 위해 뛰어난 능력을 가진 강력한 존재자로 부상하고 있다. 그러나 신들은 그들의 조건을 잃어버리고 죽을 운명에 처해져 '카르만karman'의 법칙에 예속되어 있다. '카르만'은 '카르마Karma'를 의미하며 이것은 '행위들의 법칙'이다. 이 법칙에 의하여 각각의 행동과 사고는 존재의 '정신적' 총체에 대한 결과를 낳는다. 결과적으로 이것은 개인의 미래 화신을 규정하면서 우주적 생성에 영향을 미친다. 개개인의 카르마의 총체는 일종의 전체적인 카르마를 구성하고 있다. 이것은 마찬가지로 개인의 도덕적 품행을 조건 짓는 윤리의 법칙이 된다.

앞서 지적한 바대로 신들은 인간의 '현현'으로부터 탄생한다. 의인화의 수단 속으로 강하게 개입함으로써 그리고 인간의 열정에 따라 완벽하게 하나의 장식을 만들어냄으로써 신화적 서술은 심오한 뿌리와 명확한 관점을 가지고 있는 하나의 허구적 이야기 사항이다. 『베다』 내용에서 진행됐던 전개 과정과는 반대로 고전 힌두교 속에서의 신화적 서술은 거의 항상 모든 제식의 요소로부터 분리되었고 독립적인 수단들에 따라서 발전되어 나간다. 그러나 다른 한편으로는 제식과의 조화, 아니면 그 자체의 독창적인 우월적 단일성을 탐구하는 데 있어서는 부정할 수 없는 특수한 경향이 존재하고 있다. 신화적 근거의 다양성을 드러내는 데 만족할 수 있는 그 수많은 텍스트들은 기능상에 있어서 다른 시대의 다른 신과는 구분되지 않으며, 하나의 어떤 수단에 대한 찬양은 여전히 달리 새로운 존재자를 만들어 낼 수 있다고 결론지을 수밖에 없다. 게다가 다양한 치장물로 재현하는 천상 세계의 신성의 여러 형상들은 나름대로 하나의 상징적 가치를 가지고 있으며, 그 형상들은 인간을 돕기 위해 정해졌다고 결론짓게 해주지만 근본적으로 그러한 형상의 물건들이 중요한 가치를 가지고 있는 것은 아니다. 몇몇 베단타 학자들은 그러한 형상들은 '마야'에 속해 있다고 언급한다. 인도인은 그렇다고 해서 최소한의 신망을 잃어버린 신성의 다른 겉모습들과 연관 짓지 않고 개인적 명목으로 기도하는 하나의 '이쉬타데바타ishtadevatâ', 즉 '선택의 신성'을 자의적으로 선택하였다.

최고의 신성

신성의 세계를 넘어서 인도인은 종종 하나의 '이시바라 îçvara(주님)'를 인식하고 있다. 또한 '푸루사purusha(존재자)'와

‘바가반트bhagavant(지복자)’라는 어휘를 사용하고 있다. 이러한 어휘의 개념의 출발점을 언급하기는 어렵다. 최초의 문학적인 흔적은 기원전 5세기 혹은 4세기로 추정할 수 있는 ‘평균점’(중간점)으로 불리는『우파니샤드』속에 존재하고 있다. 그 흔적은 다른 신성의 이름과는 본질적으로 다른 차이를 단번에 드러내고 있다. 그러나 주신에 관한 몇 가지 대립적 의미를 동시에 강조함으로써 일반적으로 하나의 개인적인 주신에 대한 우리의 개념과 일치할 수 있는 의미를 발견할 수 있을 것이다. 무엇보다도 그 흔적은 비쉬누, 시바, 크리쉬나 혹은 라마 등과 같은 신화의 대표적인 신의 이미지에 일반적으로 결합되어 남아 있다.『베단타』의 가장 엄격한 형태 속에서, ‘산카라Cankara’ 학파의 형태 속에서, ‘이시바라’는 ‘중요한 브라만’, 말하자면 비개인적인 하나의 절대자이다. 그는 초월적인 현실성의 절대자에 비하여 열등한 구상 위에서 하나의 개인적인 주신처럼 나타남으로써 ‘특권(saguna)’을 부여받는다. 결과적으로 하나의 학파를 떠나 ‘이시바라’에 대한 사고는 중성인 브라만(브라마)의 사고로부터 결코 완전히 분리되지는 않았다.『바가바타Bhâgavata』는 “발전되지 않은 형태로서 특권을 가지지 않고, 변화가 없는, 신체적 특성이 없고 욕망이 없는 빛, 순수한 존재자인 최초의 브라만, 그것은 바로 당신, 소우주의 횃불인 개인으로서의 비쉬누이다”라고 가르친다.

힌두교에서의 내재하는 동시에 초월적인 주신은 범신론적 근원의 특성을 가지고 있다. 로카차리야 필라이Lokâcârya Pillai

(13세기)의 『아르타판차카Arthapancaka』 같은 텍스트는 천국에
서 자리를 잡고 있는 개인의 신, '들추어진' 신(비우하스vyûhas[41]
의 이론), 지상 위로 하강하는 존재('아바타라'의 이론), '내부적
감독자'(고대 '아트만'의 연장), 그리고 제식의 목적을 위한 신
체적 이미지 등을 구분하고 있다. 이러한 다섯 가지 상태들은
하나의 같은 재현의 덩어리 속에서 통합되었다기보다 더욱 더
빈번히 균등하게 나란히 열거되어 있다. 타고르Tagore의 '지반
데바타jîvandevatâ'[42])는 주신이자 동시에 '나'의 이중적 초월자
이다. 그렇지만 만약에 추론(이성적 사유)과 사변적 방법이 이
러한 주신의 개념을 천천히 힘들게 받아들이도록 했다면, 반
면에 시인들은 그것에 대한 직접적인 직관을 가지고 있었다.
시인들은 최고의 절대적 존재자를 찬양한다. 가장 설득력 있
는 그들의 노래(시)는, 『우파니샤드』가 절대적 존재자를 규정
하기 위하여 만들어졌던 것처럼 아마도 그 존재자를 연속적으
로 부정함으로써 탐구하는 노래일 것이다. 이와 같이 18세기
의 힌디 시인 하리샨드Harîchand는 다음과 같이 언급하고 있다.

　　그는 학문 속에서도 존재하지 않고, 성찰 속에서도 존재
　하지 않는다. '카르만(카르마)' 속에서도, 카스트 혹은 법률
　속에서도 존재하지 않는다. (중략) 언변 속에서도, 다툼 속에
　서도 존재하지 않는다. 종교적인 논쟁 속에서도, 사원들 속
　에서도, 그리고 제식 속에서도 존재하지 않는다. 또한 제식
　을 집행하는 성직자의 종소리 속에서도 존재하지 않는다.

하리샨드는 주신을 다음과 같이 언급한다. '주신은 사랑의
관계를 통해서만이 단지 연결되고 멈춰진다'라고.

(P. Meile의 번역)

결국 인도에서 신성과 그것의 지각은 사변보다 훨씬 더 '실
현'의 문제에 가까이 있다.

무신론적 생각의 체계들이 있기는 하지만, 그것은 단지 무
신론자들이 개인의 특성을 가진 최고의 존재자에 대한 믿음을
배제하려는 것을 의미할 뿐이다. 그들은 고전의 '산키야Sânk-
hya'와 유신론 이전의 '미맘사Mîmâsâ', 일시적인 신성에 대한
믿음을 포함한 초보적 신앙과 같은 것을 인정하고 있다. '유물
론자' 혹은 '나스티카스Nâstikas'에 대하여 언급하자면 명확하
게는 '아무것도 가지지 못한 자를 위한 사람들', 그들은 감각
적이고 물질적인 질서를 제외하고는 모든 다른 존재를 거부한
다. 그러나 이러한 학파는 상대적으로 별로 명성을 얻지 못한
다. 적어도 고대 문학은 그러한 학파들을 언급하기를 회피한
다. 그리고 그들의 권위적인 텍스트들이 그 학파들을 다루었
다면 그 텍스트들은 분명히 그것에 연관된 불신 때문에 사라
져 버렸을 것이다.

1) 예식과 제물을 위하여 베다 시대부터 사용된 일종의 '음료수'
   를 뜻한다. 이 음료수는 지금까지 종이 구분되지 않은 식물
   에서 추출된 '취기' 혹은 '도취 상태'를 가져다주는 액체이며
   고대 페르시아의 아베스타Avesta 경전에 나오는 '호마Homa'
   와 같은 것이다. 신성화된 이 음료수는 영생의 힘을 가진 것
   으로 간주되어 이후 '암리타Amrita-영생의 신주'로 통하게 되
   었다. 특히 이때부터 소마는 신주로서 아그니 신을 위한 제
   물로 사용되었다. 그 외에도 이것은 인도 신화에서 다양한
   의미를 담고 있다.

2) 다양한 베다 연구 학파들에 의하여 고전 산스크리트어의 산
   문으로 저작되고 편찬된 『베다』의 주석서와 텍스트를 통틀
   어 일컫는 말이며 주로 브라만Brâhman(이 단어에는 두 가지
   뜻이 있다. 여기서는 두 번째 뜻으로 인도의 삼위일체 브라
   마Brahmâ 신이 '개인적 신성'으로서 불릴 때 그에게 붙여진
   이름이며 베다의 제식에 있어서 삼위일체를 책임진 승려 계
   급의 명칭이다), 즉 승려 계급에서 다루는 베다 텍스트들의
   총서이다.

3) 이것은 첫 번째 본질적 의미로서, 브라마 철학에 따르면, '숭
   고한 자아'를 뜻하며 가끔씩 '아트만Âtman'과 '푸루사Purusha'
   에 일치되어 '중성의 원리'를 뜻하기도 한다. 또한 '알기에
   불가능한' 시간과 공간의 순수한 무한대를 의미하는 '사트-
   아난다Sat-ânanda'의 인과적 기반이다. 브라만은 단순히 '그것'
   이며, '우주적인 것'이기도 하고, '다양성 속에서 유일한 것'
   이다. 그리고 이것은 '한계'와 '질'을 넘어선 순수한 에너지
   인 동시에 이슬람교의 신비한 교리에서 나타나는 '알라' 혹
   은 기독교 신자들의 '신'과 대등하게 볼 수 있다. '그'가 아닌
   '모든 것'에 대한 부정을 통하여 단지 브라만을 설명할 수 있
   을 뿐이다.

4) 산스크리트 단어들의 발음법-'u'는 '우'로 발음하고, 'c'는
   'ㅊ'으로, 'j'는 'ㅈ'으로 발음한다. 'g'는 강세음 'ㄱ'으로 발
   음하며 'ç'는 독일어 '이히ich'처럼 '히(ch)' 혹은 '시'와 유사

하게 발음한다.

5) 아디티Aditi의 여러 아들을 의미한다.

6) 관료적인 의례 행사와 제식을 책임진 귀족 브라흐만 계급을
   의미한다. 그들은 『리그베다』의 송가들을 전문적으로 낭송
   하는 일을 한다. 베다 시대에 호타르는 베다의 규정에 따라
   이루어진 제물 바치기 과정에서 한 가지 역할을 하면서 브라
   만의 네 가지 계급 중의 하나에 속한다.

7) 베다 시대의 종교적인 제물 행사를 통하여 『사마베다』의 송
   가를 전문적으로 다루었던 승려를 의미한다.

8) 제물 바치기를 위하여 육체적 활동을 떠맡은 베다의 성직자
   이다. 그리고 그는 이러한 제식 활동이 지속되는 동안 축성
   의 주문들을 낭송한다.

9) 브라만교에서와 마찬가지로 베다교에 있어서 모든 제식들 중
   에서 최초의 제식으로서 불에 의한 신에게 제물 바치기를 의
   미한다. 이것의 가장 단순한 형태는 제식의 기도문들을 낭송
   하면서 정제된 버터(Ghî)를 지속적으로 유지시키기 위하여
   하나의 불 위에 그것을 쏟아 붇는 작업이다. 각자 브라만은
   이러한 예식을 아침저녁으로 행하여야만 한다.

10) Ashvin 혹은 Ashwin으로 표기하기도 한다. 인도 만신전의 쌍
    둥이 신들—사라니우Saranyû와 비바쉬반트Vivaśhvant—의 이
    름으로서 말을 타는 '기병'을 의미한다. 그리고 아침과 저녁
    의 별들을 나타낸다. 그들은 말들로부터 탄생했을 것이다.
    거기서 그들의 이름이 유래한다. 그러나 『푸라나Purāna』의
    내용에 따르면 그들은 태양의 부인들 중 한명의 아들들이
    다. 또한 그들은 다스라Dasra와 나사티야Nâsatya라고 불리며
    태양의 딸 수리야Sûryâ를 공동의 부인으로 소유하고 있다.
    그들은 농부들의 보호자인 동시에 신들의 의사이며 의학용
    풀에 대한 비밀을 알고 있다.

11) 「마하바라타」 속에서 주인공 아르주나의 말몰이꾼, 즉 그의
    인도자로서 '반신-반인'으로 등장한다.

12) 여섯 가지 주요 『다르쉬나』들 중의 하나로서 '『베다』의 종
    결'을 의미한다. 이러한 철학의 출현은 인도에서 불교 학파
    의 사고의 쇠퇴와 고전 텍스트에 기초한 힌두교의 쇄신을
    뜻한다. 그렇지만 이것은 유일한 사고의 학파를 나타내지는

않으면서도 하나의 사고의 흐름을 의미한다.

13) 베다의 제식과 주석에 관한 법규로서 인도 철학의 '정신적 탐구'를 의미한다. 이것은 철학 전반에 걸쳐 두 가지 학파로 구분된다. 1.'푸르바 미맘사'(Pûva-)-고전 탐구, 2.'웃타라 미맘사'(Uttara-)-새로운 탐구가 그것이다.

14) 인도 신화, 특히 「마하바라타」에 등장하는 뱀들의 적이자 동시에 천상을 지배하는 초월적 힘을 가진 새를 의미한다.

15) 자이나교와 불교 동굴의 그룹이다.

16) 티베트의 서쪽 산맥과 그 산맥의 가장 높은 봉우리(6,715m)이다. 거기서부터 인더스, 갠지스, 브라마푸트르 강의 물이 솟아나온다.

17) 아우랑가바다의 북-서 30km에 위치한 마하라쉬트라Mahârâsh- tra의 마을이다. 브라흐만, 불교, 자이나교의 성향을 가지는 동굴들이 있는 곳으로 유명하다. 그 수는 35개에 달하고, 그 길이는 연장 2km 이상에 달하며 전체적으로는 종교적 성향에 따라 세 가지로 구분된다.

18) 오릿사의 마을 이름이다. 이곳에는 약 7,000개의 사원들이 있었지만 대부분이 파괴되고 500여 개만이 남아 있다. 각 사원들의 역사적 깊이나 예술성에 있어서 탁월성을 보여준다.

19) 지니즘은 곧 자이나교(Jainisme)를 의미한다. 'Jina'는 'Jaina'에서 유래한다. 아니면 자나교라도 한다. 불교와 마찬가지로 비정통 브라만교에서 발생한 종교이다. 석가와 같은 시대의 마하비라Mahavira가 재정비하여 이룩한 종교로서 최고의 완성자를 '지나Jina'라고 부르고 그의 가르침을 일컫는데서 '자이나교' 또는 '지나교'라는 호칭이 생겼다.

20) 그리스 역사학자이자 지리학자이다. 그는 셀레우코스 니카토르에 의하여 인도의 찬드라굽타(기원전 362~297) 왕에게 보내졌다. 그는 인도 지역들에 관한 당시의 가장 중요한 자료들을 그리스로 가져왔다.

21) Hippolutos는 로마의 성직자, 기독교 계통의 그리스 작가이다(170~235).

22) 서구 힌디어의 방언을 의미한다. 이것은 이란어로 되었고, 먼저 13세기부터 데칸Dekkan의 이슬람교도들의 민족들 속에서 발전하였으며, 그리고 인도의 모든 이슬람교도들의 공

동 언어가 되었다.

23) '뛰어난' '불멸의' '외치지 않는 자들' 등을 의미하며, 베다 신성들의 무리들을 나타낸다.

24) 아틀라스와 플레이오네의 일곱 딸이 별이 되었다고 하는 칠성 별자리.

25) 시바와 그의 부인 프라바티 사이의 아들들 중에서 가장 젊은 아들의 이름으로서 '브라만들에게 고귀한 자'이며, 또한 '스칸다'라고 불린다.

26) 종교 행사를 거행하는 건물.

27) 여기서 브라만Brahman이 개인적 신성으로서 간청 받았을 때 '브라마Brahma'에게 붙여진 명칭이다.

28) 도시 이름.

29) 일반적으로 신화 속에서 비쉬누와 시바는 숭고한 절대자의 부하 신들에 불과하다.

30) 하리Hari는 비쉬누를 의미하고 하라Hara는 시바를 의미한다. 왼쪽에는 비쉬누, 오른쪽에는 시바의 모습을 갖춘 하나의 형상으로 화합을 이루는 통합적인 신성이다.

31) 이 라틴어는 '평화로운 신' 혹은 '자유로운 신'을 의미한다.

32) 인도 신성의 우주적 표출을 의미한다. 특히 비쉬누의 우주적 출현.

33) 쿤티Kuntî의 형제이자 수라Sura의 아들로서 야바다Yâvada 가정의 신화적 왕이다. 그는 크리쉬나와 발라라마Bâlârama의 아버지였다. 비쉬누의 신봉자들은 그를 비쉬누의 형상으로서 간주하였으며 노란 색 옷을 입고 네 개의 팔을 가진 모습으로 표현하였다. 마찬가지로 그는 사우리Sauri, 아나카둔두비Ânakadundhubhi, 수라수타Surasuta, 마툴라Matula, 부-카쉬바라Bhû-Kaśhyapa 등으로 불렸다. 바수데바는 비쉬누 자신에게 적용되었다.

34) 주요 의미는 '히말라야 산 위(지상 세계)로 숭고한 절대자 주신의 최초의 하강'이다.

35) 이것은 여성적 본성을 의미한다.

36) 샤크티에 부여된 품격 있는 이름으로서 '명석한 자'를 의미한다.

37) 불어로 바질리크basilic(꿀풀과의 박하와 비슷한 식물)와 흡사
한 풀.
38) 성스러운 나무로서 이 나무의 꽃들이 특히 시바 신에게만
바쳐진다.
39) 암모나이트 종류의 검은 돌멩이.
40) 갠지스와 야무나강과 결합된 신화적 강.
41) 인도 신성의 우주적 표출을 의미하며 특히 비쉬누의 출현을
뜻한다.
42) 지바jîva는 '살아 있는 존재' 혹은 '개인적 영혼'을 의미하고
데바deva는 일반적인 인도의 신성을 의미한다. 이 단어는 지
바와 데바의 합성어로서 '신성의 개인적 정신 혹은 영혼'을
뜻한다.

참고문헌

ARRIEN, 『L'Inde』, P. Chantarine trans., Les Belles Lettres, 1927.

BANSAT-BOUDON Lyne, 『Poétique du théâtre indien. Lectures du Nātyaśāstra』, EFEO, 1992.

BERGAIGNE A., 『La religion védique d'après les Hymnes du Rig -Veda』, Vieweg, 1883.

BIARDEAU Madeleine, 『L'Hindouisme, anthropologie d'une civilisation』, Flammarion, 1981.

__________________, 『Études de mythologie védique』, Publications de l'École française d'Extrême-Orient, 1994.

__________________, 『Le sacrifice dans l'Inde ancienne』, Bibliothèque de l'Ecole pratique des Hautes Etudes, 1976.

CHAMPION C. et GARCIA R., 『Littérature orale villageoise de l'Inde du Nord』, Édition de l'École française d'Extrême-Orient, 1989.

DANIELOU Alain, 『Mythes et dieux de l'Inde』, Flammarion, 1999.

__________________, 『Le Destin du monde d'après la tradition shivaïte』, Albin Michel, 1992.

__________________, 『Histoire de l'Inde』, Fayard, 1983.

__________________, 『Yoga, méthode de réintégration』, L'Arche, 1997.

__________________, 『L'Erotisme divinisé』, Editions du Rocher, 2002.

__________________, 『Mythes et dieux de l'Inde. Le polythéisme hindou』, Editions du Rocher, 1994.

DELEURY G., 『Les grands mythes de l'Inde ou l'empreinte de la tortue』, Fayard, 1992.

DUBOIS Abbé, J., 『Moeurs, Institutions et cérémonies des peuples de l'Inde』, Imprimerie royale, 1825.

DUMEZILE G., 『Aspects de la fonction guerrière chez les Indo-Européens』, PUF, 1956.

DUMEZILE G., 『Peur et malheur du guerrier』, PUF, 1969.

_____________, 『Mythe et Epopée III』, Gallimard, 1973.

FILIOZAT J., 『Les philosophies de l'Inde』, PUF(Que sais-je?), 1970.

GALAND W. ET HENRY V., 『L'Agnistoma. Description complète de la forme normale du sacrifice dans le culte védique』, Leroux, 1907.

GONDA Jan, 『Die religionen Indiens II』, Kohlhammer, 1963.

_____________, 『Védisme et hindouisme ancien』, Payot, 2001.

_____________, 『Manuel grammaire element.sanskrit』, Maisonneuve, 1993.

_____________, 『Les religions de l'Inde』, Payot, 1979.

_____________, 『Les religions de l'inde I. Védisme et hindouisme ancien-II l'hindouisme récent』, Payot, 1962.

LACOMBE O., 『Indianité, Etudes historiques et comparatives sur la pensée indienne』, Les Belles Lettres, 1979.

MALAMOUD Charles, 『Le jumeau solaire』, Seuil, 2002.

_____________, 『Rite et pensée dans l'Inde ancienne』, La Découverte, 1989.

_____________, 『Cuire le monde』, La Découverte, 1989.

RENOU Louis, 『L'hindouisme』, PUF(Que sais-je?), 1996.

_____________, 『Sanskrite et culture. L'apport de l'Inde à la civilisation humaine』, Payot, 1950.

_____________, 『L'Inde fondamentale』, Hemann, 1978.

_____________, 『L'Inde classique. Manuel des études indiennes』, Payot, 1947.

SIVARAMAMURTI C., 『L'art en Inde』, Lucien Mazenod, 1978.

인도의 신화와 종교

펴낸날	초판 1쇄 2006년 12월 30일
	초판 5쇄 2014년 4월 14일

지은이	정광흠
펴낸이	심만수
펴낸곳	(주)살림출판사
출판등록	1989년 11월 1일 제9-210호

주소	경기도 파주시 광인사길 30
전화	031-955-1350 팩스 031-624-1356
기획 · 편집	031-955-4662
홈페이지	http://www.sallimbooks.com
이메일	book@sallimbooks.com

ISBN   978-89-522-0592-6   04080

※ 값은 뒤표지에 있습니다.
※ 잘못 만들어진 책은 구입하신 서점에서 바꾸어 드립니다.

384 삼위일체론

eBook

유해무(고려신학대학교 교수)

기독교에서 믿는 하나님은 어떤 존재일까? 성부 하나님과 성자 예수, 그리고 성령이 계시며, 이분들이 한 하나님임을 이야기하는 삼위일체론은 기독교 교회가 믿고 고백하는 핵심 교리다. 신구약 성경에 이 교리가 어떻게 나타나 있으며, 초기 기독교 교회의 예배와 의식에서 어떻게 구현되었고, 2천 년 동안의 교회 역사를 통해 어떤 도전과 변화를 겪으며 정식화되었는지를 일목요연하게 정리했다.

315 달마와 그 제자들

eBook

우봉규(소설가)

동아시아 불교의 특징은 선(禪)이다. 그리고 선 전통의 터를 닦은 이가 달마와 그에서 이어지는 여섯 조사들이다. 이 책은 달마, 혜가, 승찬, 도신, 홍인, 혜능으로 이어지는 선승들의 이야기를 통해 선불교의 기본사상을 이해하도록 돕는다.

041 한국교회의 역사

eBook

서정민(연세대 신학과 교수)

국내 전체인구의 25%를 점하고 있는 기독교. 하지만 우리는 한국 기독교의 역사에 대해서 너무나 무지하다. 이 책은 한국에 기독교가 처음 소개되던 당시의 수용과 갈등의 역사, 일제의 점령과 3 · 1운동 그리고 6 · 25 전쟁 등 굵직굵직한 한국사에서의 기독교의 역할과 저항, 한국 기독교가 분열되고 성장해 왔던 과정 등을 소개한다.

067 현대 신학 이야기

eBook

박만(부산장신대 신학과 교수)

이 책은 현대 신학의 대표적인 학자들과 최근의 신학계의 흐름을 해설한다. 20세기 전반기의 대표적인 신학자인 칼 바르트와 폴 틸리히, 디트리히 본회퍼, 그리고 현대 신학의 중요한 흐름인 해방신학과 과정신학 및 생태계 신학 등이 지닌 의미와 한계가 무엇인지를 친절하게 소개하고 있다.

099 아브라함의 종교 유대교기독교이슬람교

eBook

공일주(요르단대 현대언어과 교수)

이 책은 유대교, 이슬람교, 기독교가 아브라함이라는 동일한 뿌리에서 갈라져 나왔다는 점에 주목한다. 저자는 이를 추적함으로써 각각의 종교를 그리고 그 종교에서 나온 정치적, 역사적 흐름을 설명한다. 이스라엘과 팔레스타인으로 대변되는 다툼의 중심에는 신이 아브라함에게 그 땅을 주겠다는 약속이 있음을 명쾌하게 밝히고 있다.

221 종교개혁 이야기

eBook

이성덕(배재대 복지신학과 교수)

종교개혁은 단지 교회사적인 사건이 아닌, 유럽의 종교 · 사회 · 정치적 지형도를 바꾸어 놓은 사건이다. 이 책은 16세기 극렬한 투쟁 속에서 생겨난 개신교와 로마 카톨릭 간의 분열을 그 당시 치열한 삶을 살았던 개혁가들의 투쟁을 통해 보여 주고 있다. 마르틴 루터, 츠빙글리, 칼빈으로 이어지는 종파적 대립과 종교전쟁의 역사들이 한 편의 소설처럼 펼쳐진다.

263 기독교의 교파

남병두(침례신학대학교 교수)

하나의 교회가 역사적으로 어떻게 다양한 교파로 발전해왔는지를 한눈에 보여주는 책. 교회의 시작과 이단의 출현, 신앙 논쟁과 이를 둘러싼 갈등 등이 파노라마처럼 펼쳐진다. 사도행전에 나타난 교회의 시작과 이단의 출현에서부터 초기 교회의 분열, 로마가톨릭과 동방정교회의 분열, 16세기 종교개혁을 지나 18세기의 감리교와 성결운동까지 두루 살펴본다.

386 금강경

곽철환(동국대 인도철학과 졸업)

『금강경』은 대한불교조계종이 근본 경전으로 삼는 소의경전(所依經典)이다. 『금강경』의 핵심은 지혜의 완성이다. 즉 마음에 각인된 고착 관념이 허물어져 어디에도 집착하지 않는 상태를 말한다. 이 책은 구마라집의 『금강반야바라밀경』을 저본으로 삼아 해설했으며, 기존 번역의 문제점까지 일일이 지적해 독자들의 이해를 돕고자 했다.

013 인도신화의 계보

류경희(서울대 강사)

살아 있는 신화의 보고인 인도 신들의 계보와 특성, 신화 속에 담긴 사상과 가치관, 인도인의 세계관을 쉽게 설명한 책. 우주와 인간의 관계에 대한 일원론적 이해, 우주와 인간 삶의 순환적 시간관, 사회와 우주의 유기적 질서체계를 유지하려는 경향과 생태주의적 삶의 태도 등이 소개된다.

eBook

309 인도 불교사 붓다에서 암베드카르까지

김미숙(동국대 강사)

가우타마 붓다와 그로부터 시작된 인도 불교의 역사를 흥미롭고도 일목요연하게 정리한 책. 붓다가 출가해서, 그를 따르는 무리들이 생겨나고, 붓다가 생애를 마친 후 그 말씀을 보존하기 위해 경전을 만드는 등의 이야기들이 한눈에 들어온다. 또한 최근 인도에서 다시 불고 있는 불교의 바람에 대해 소개한다.

eBook

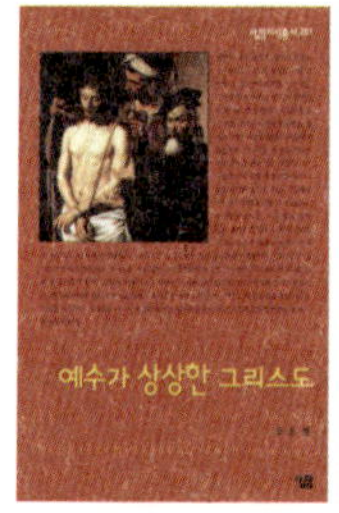

281 예수가 상상한 그리스도

김호경(서울장신대학교 교수)

예수가 그리스도라는 것은 어떤 의미인가? 이 책은 신앙적 고백과 백과사전적 지식 사이에서 현재 예수 그리스도가 가진 의미를 묻고 있다. 저자는 이러한 문제의식을 바탕으로 예수가 보여준 질서와 가치가 우리와 얼마나 다른지, 그를 따르는 것이 왜 우리에게 익숙하지 않은 일인지를 보여주고 있다.

346 왜 그 음식은 먹지 않을까

정한진(창원전문대 식품조리과 교수)

세계에는 수많은 금기음식들이 있다. 유대인과 이슬람교도들은 돼지고기를 먹지 않고, 힌두교도의 대부분은 소고기를 먹지 않는다. 개고기 식용에 관해서도 말들이 많다. 그들은 왜 그 음식들을 먹지 않는 것일까? 음식 금기 현상에 접근하는 다양한 방식을 통해 그 유래와 문화적 배경을 살펴보자.

eBook

eBook 표시가 되어있는 도서는 전자책으로 구매가 가능합니다.

㈜살림출판사

www.sallimbooks.com

주소 경기도 파주시 문발동 522-1 | 전화 031-955-1350 | 팩스 031-955-1355

天使
無影劍

천사
무영검

사암 新무협 판타지 소설
FANTASTIC ORIENTAL HEROES

천사무영검 3

사암 新무협 판타지 소설

초판 1쇄 찍은 날 § 2008년 4월 18일
초판 1쇄 펴낸 날 § 2008년 4월 25일

지은이 § 사암
펴낸이 § 서경석

편집장 § 문혜영
편집책임 § 이재권

펴낸곳 § 도서출판 청어람
등록번호 § 제1081-1-89호
등록일자 § 1999. 5. 31
어람번호 § 제2-1469호

주소 § 경기도 부천시 원미구 심곡1동 350-1 남성B/D 3F (우) 420-011
전화 § 032-656-4452 팩스 § 032-656-4453
http://www.chungeoram.com
E-mail § eoram99@chollian.net

ⓒ 사암, 2008

ISBN 978-89-251-1281-7 04810
ISBN 978-89-251-1240-4 (세트)

※ 파본은 구입하신 서점에서 교환하여 드립니다.
※ 저자와 협의하여 인지를 붙이지 않습니다.
※ 이 책은 도서출판 청어람과 저작자의 계약에 의해 출판된 것이므로,
   무단 전재 및 유포 · 공유를 금합니다.

천사 무영검

天使 無影劒

③ 위시(爲時)

사암 新무협 판타지 소설
FANTASTIC ORIENTAL HEROES

도서출판 청어람

第一章

마령천의 소군주

1

사악, 사악.

어디선가 칼 가는 소리가 들려오고 있었다.

무서우리 만큼 침잠(沈潛)된 정적 속에서 들리는 그 소리는
마치 죽음의 제전을 준비하는 악마의 속삭임처럼 향심(香芯)
의 귓속으로 파고들었다.

그녀는 천천히 눈꺼풀을 들어 올렸다.

뒤통수에 묵직한 통증이 느껴졌다. 약에 취한 것처럼 정신
은 몽롱했고 몸은 물에 젖은 솜뭉치처럼 축축했다.

천장이 흐릿하게 보인다.

그녀는 자신이 나무 침상에 누워 있음을 그제야 인식했다.

‘어떻게 된 거지? 나, 나는……’

조금씩 의식이 돌아왔다.

주변 사물들이 눈에 들어오기 시작했다.

오른쪽으로 약재함이 보였다. 왼쪽으로는 약초를 끓이는 단지들과 녹슨 의료 도구들이 아무렇게나 널려 있었다.

‘의식을 잃었는데……’

향심은 마령천의 소군주(少君主)인 장미령(張美玲)을 모시는 시비였다. 그녀는 마령천에서 무소불위의 권력을 휘두르는 대공녀 장조현의 장중보옥이다.

의식을 잃기 전, 향심은 장미령의 거처에서 잠자리를 정리하고 나오던 중이었다. 오늘도 무사히 하루 일과를 마쳤다는 후련한 기분으로 후원을 지나 거처로 돌아가던 중 누군가가 뒤통수를 후려쳤다. 그녀는 ‘악!’ 소리조차 지르지 못하고 바로 의식을 잃었던 것이다.

‘내, 내가 정신을 잃은 지 얼마나 된 거지? 그리고 여기는 어디인 거야? 소군주께서 내가 없어진 걸 알면… 큰일이다. 이러고 있을 시간이 없어!’

향심은 벌떡 몸을 일으켰다.

그 순간 비명이 터져 나왔다.

“아악!”

말로 형용할 수 없는 고통과 함께 머리에서 핏물이 왈칵 쏟아졌다. 누군가 그녀의 머리카락과 나무 침상 사이에 아교(阿

膠)를 발라 끈끈하게 붙여놓은 것이다. 그래서 일어나려 하자 수천 개의 모근(毛根)이 두피째 뜯겨 나가는 고통이 가해졌다.

향심은 채 일어나지 못하고 다시 털썩 쓰러졌다. 그 모습은 그리다 만 추상화처럼 흉물스러웠다.

향심은 아교 때문에 자신이 일어나지 못했다는 걸 아직 알지 못했다. 그래서 본능적으로 두피가 뜯겨 나가고 피가 쏟아지는 머리로 손이 갔다. 진득한 핏물이 손바닥에 달라붙는다. 손은 더 이상 움직일 수 없었다. 머리카락에 발라져 있던 아교가 그녀의 손마저 흡착시켜 버린 것이다.

공포가 삽시간에 밀려들었다. 부릅떠진 눈은 금방이라도 밖으로 튀어나올 것만 같았다.

그때 한소리 청아한 음성이 실내를 울렸다.

“어, 일어났네?”

향심의 귀에 익숙한 음성이었다. 그녀는 눈알을 굴리며 소리가 나는 쪽을 바라보았다.

반짝거리는 눈동자와 윤기 나는 먹물을 뿌린 듯 검고 긴 머리카락이 너무 예쁜 십삼사 세가량의 소녀다. 발그레한 장밋빛 뺨은 아기 볼처럼 보드라워 보였고, 꽃잎보다 붉고 촉촉한 입술은 그녀가 더 이상 어린아이가 아님을 말해주고 있었다.

송골송골 이마에 땀까지 맺힌 채 그녀는 한쪽에 쪼그리고 앉아 뭔가에 열중하고 있었다.

향심은 그녀가 무엇을 하고 있었는지 곧 알 수 있었다.

숫돌, 그리고 시퍼렇게 날이 설 정도로 잘 갈려 있는 칼이 그녀의 손끝에서 사각사각 소리를 내고 있었다.

"소, 소군주… 님?"

귀여운 모습으로 칼을 갈고 있는 이 소녀는 향심이 주인으로 모시는 장미령이란 꼬마 아가씨였다. 그런데 그녀를 보는 순간 향심은 안도하기는커녕 오히려 가슴이 덜컥 내려앉았다.

"쯧쯧, 급하기도 하지. 그사이를 못 참고 일어난 거야? 조금만 기다려. 이제 다 갈았어."

장미령은 칼에 물을 뿌려 숫돌 가루를 흘려보냈다. 그리고 마른 헝겊으로 세심하게 닦았다. 칼은 기술 좋은 대장장이가 한껏 솜씨를 부려놓은 것처럼 예리했다.

시비 하나가 한지를 바쳤다.

칼은 허공을 베듯 한지를 베고 지나갔다.

향심은 칼이 자신의 살을 벤 것처럼 섬뜩해졌다. 온몸에 소름이 돋았다.

"소, 소군주님… 무슨 일이신지……?"

그녀는 냉정해야 한다고 생각하며 말했다.

장미령은 천천히 향심에게 다가왔다. 그녀의 뒤로 두 명의 시비, 월아(月芽)와 난숙(蘭淑)이 따르고 있었다.

"뒤통수 상처가 너무 깊었어. 그래서 네가 죽을까 봐 얼마나 걱정했다고."

장미령의 음성에는 그녀에 대한 걱정과 앞으로 일어날 일에 대한 희열이 공존했다.

그에 반해 향심은 절망의 나락 속으로 빠져들어 갔다. 눈앞의 이 어린아이는 자신의 감정이 조금만 상해도 눈 하나 깜짝하지 않고 사람을 죽였다.

하늘이 얼마나 높은지도, 땅이 얼마나 넓은지도 모른다.

그래서 자신이 가진 힘으로 자극적인 놀이를 하길 좋아했고, 그 와중에 아랫것들은 피를 흘리며 쓰러져 갔다.

'이제 내 차례가 된 건가?

지난 일 년, 그녀의 비위를 거스르지 않으려고 무던히 노력했다. 그래서 그녀가 시키면 한방을 쓰던 동료라 할지라도 촛불로 몸을 지지고 머리카락을 듬성듬성 가위로 잘라냈다. 그녀가 좋아하면 함께 박수를 쳤고 그녀가 즐거워하면 함께 웃었다.

그래서 향심은 자신의 차례가 올 거라고는 미처 생각하지 못했다. 그녀는 아무리 생각해도 자신이 언제 어디서 어떤 행위로 장미령의 비위를 거슬렀는지 생각해 낼 수 없었다.

'나는 소군주의 훌륭한 시비였어. 결코 그녀의 기분을 상하게 한 적은 없어.'

생각이 거기에 미치자 향심은 조금 용기가 났다.

"소, 소군주께서 소비를 돌봐주셨군요."

하지만 잔뜩 겁을 집어먹은 그녀의 음성은 누구라도 확연하게 느낄 수 있을 정도로 떨고 있었다.

"당연하지. 너는 내 시비잖아."

장미령은 별것 아니라는 듯 어깨를 으쓱거렸다.

"쯧쯧, 그런데 너의 찰랑거리던 긴 머리카락이 볼썽사납게 되었어."

"괘, 괜찮아요. 다시 소군주를 모실 수 있게 된 것만도 소비는 행복한걸요."

"너, 설마 그 형편없는 꼬라지로 나를 다시 모시겠다는 발칙한 생각을 하는 거야?"

"……!"

"그런 모습을 한 너의 시중을 받는다면 사람들이 날 어떻게 생각하겠어? 난 창피해서 문밖으로 한 발자국도 나갈 수 없을 거야."

"시간을 주시면…… 머리카락을 다시 기르겠어요. 소군주께서 지금 당장이라도 말씀하신다면 저 아이들의 머리카락이라도 잘라 가발을 만들어 쓰겠어요."

향심은 장미령의 뒤에 서 있는 월아와 난숙을 바라보았다. 원래 그 자리는 자신의 자리였다.

"소군주, 생각해 보세요. 소비가 저 아이들의 머리카락을 뒤집어쓴다면 얼마나 재미있겠어요?"

장미령은 월아와 난숙을 쳐다보았다.

두 시비의 얼굴이 핼쑥해졌다.

"그거…… 꽤 재미있는 놀이 같아."

향심은 기회를 놓치지 않고 재빨리 다시 말했다.

"그렇죠? 역시 소군주의 곁에는 제가 있어야 해요. 앞으로도 재미있는 놀이를 계속 생각해 내겠어요."

"하지만 이미 늦었어."

"……?"

"네 문제는 머리카락뿐만이 아니거든. 너희들, 향심의 옷을 벗겨서 보여줘."

월아와 난숙은 장미령은 모신 지 오래되지 않았다.

그래서 아직 이런 경험이 없어 어느 정도 향심에게 동정심을 가지고 있었다. 하지만 향심이 자신들의 머리카락을 베어 버리겠다고 말하자 동정심은 곧 증오로 바뀌었다.

"소, 소군주…… 옷은 왜? 아악!"

"이년! 벗으라면 벗지, 웬 말이 많아!"

월아와 난숙은 완력으로 그녀를 움직이지 못하게 했다. 몸을 감싸고 있던 옷은 두 시비의 손톱 사이에서 사정없이 뜯겨 나갔다.

비록 시비의 몸이었으나 주인을 잘 만난 관계로 향심의 생활은 부잣집 규수에 못지않았다. 좋은 것을 먹고 좋은 것을 발랐다. 당연히 속살은 매끄럽고 보드랍다.

하지만 드러난 그녀의 속살은 매끄럽고 보드라운 것과는 거리가 멀었다. 눈 뜨고 볼 수 없을 정도로 처참한 몸뚱이였다.

이 정도일 줄은 생각 못한 월아와 난숙도 터져 나오는 구역질을 억지로 참았다.

눈이 있으니 향심도 자신의 몸을 보았다.

"아악!"

저절로 비명이 터져 나왔다.

그녀의 하얗던 속살은 피부병을 앓는 환자처럼 붉은 반점으로 얼룩져 있었다. 반점은 살아 움직이는 것처럼 꿈틀거렸다.

그렇다.

그것은 반점이 아니었다. 가슴부터 발끝까지 빼곡하게 핏빛 거머리들이 그녀의 피를 빨아먹기 위해 살 속에 주둥이를 박고 있었던 것이다. 찢긴 옷자락은 이미 핏물이 진득하게 배어 있었다.

"소… 소군주… 소비는… 오랫동안… 한마음으로… 소군주를… 모셔… 왔어요. 그런데… 왜……?"

기절초풍할 정도로 놀란 그녀의 음성은 두서가 없었다.

장미령은 다른 사람의 공포를 즐겼다. 그녀는 천진난만하게 웃으며 마치 장난감을 어루만지듯 거머리들을 쓰다듬었다.

"그래, 맞아. 넌 날 충심으로 돌봐줬어."

"아시면… 제게 이러면 안 되는 거예요."

"하지만 항상 그런 마음은 아니었던 것 같아. 그래서 내 거 머리들이 널 원해."

"소군주, 무슨… 말씀이세요……? 전 언제나… 소군주를……."

"그런 소리 하지 마!"

장미령은 날카롭게 소리질렀다.

"이틀 전에 내 머리 빗겨주던 날 기억나?"

항상 그녀의 머리를 빗겨주었으니 기억나고 말고 할 것도 없었다.

"그날, 내 머리카락이 세 가닥이나 뽑혔어!"

"그, 그건……."

"설마 내가 몰랐을 거라고 생각했던 거야?"

머리를 빗다 보면 머리카락이 빠지는 건 다반사였다. 그런 일로 분풀이를 한다면 당하지 않을 사람이 없다. 시비를 걸기 위한 시비일 뿐이다.

향심은 마음속으로 짚이는 바가 있어 날짜를 계산했다. 그러다가 아차 싶었다. 날짜상으로 그날은 장미령의 월경주기와 맞물려 있었다. 그녀는 월경이 시작되기 전, 평소보다 수만 배는 날카롭고 예민했다. 누가 옆에서 웃기만 해도 손가락이 날아와 눈을 찔렀다.

결국 날짜를 계산 못한 그 한 번의 실수(?)가 향심을 깊은 나락 속으로 떨어뜨리고 말았다.

"소, 소군주… 잘못했어요. 제발… 살려주세요. 다시는… 그런 실수를 하지 않을게요."

향심의 눈에서 눈물이 흘러내렸다.

장미령은 고개를 저었다.

"한 번 떠난 머리카락은 돌아오지 않아. 난 너무 슬퍼."

그녀는 들고 있던 칼을 촛불에 달궜다.

의원들이 수술할 때 쓰는 얇은 칼이다. 그것은 일렁이는 촛불 사이에서 섬뜩한 빛을 반사했다.

향심은 까무라칠 정도로 혼비백산했다.

그녀는 누구보다 잘 알고 있었다, 그녀보다 먼저 장미령을 모셨던 시비들이 어떤 식으로 죽음을 맞이했는지를. 지금 난숙과 월아가 서 있던 자리, 며칠 전만 해도 그녀가 서 있었다.

"네 심장을 볼 거야. 하지만 걱정 마. 내 귀여운 거머리들이 네가 아픔을 느끼지 못하게 마취를 시켜줄 거야. 그래서 네 심장이 뛰는 걸 너도 직접 볼 수 있어."

"사… 살려주세요. 제발……."

불에 달궈진 세면도(細麵刀)가 향심을 향해 다가왔다.

장미령은 사악하게 웃었다.

향심은 발버둥쳤다.

월아와 난숙은 강한 힘으로 그녀를 움직이지 못하게 했다.

"어차피 사람은 영원히 살 수 없어. 그러니까 너무 슬퍼하지 마. 네 입으로 나를 충심으로 모셨다고 하니까 마음이 변하기 전에 이대로 영원히 내 곁에 있어. 너도 그걸 바라는 거지?"

"소군주, 제발……."

향심은 목이 메여 말도 제대로 나오지 않았다.

장미령은 그녀의 공포 따위에는 아랑곳하지 않으며 환하게 웃었다. 이제 곧 쿵쾅거리며 뛰는 심장을 볼 수 있다는 생각이 들자 가지고 싶은 장난감을 눈앞에 둔 어린아이처럼 흥분되었다.

세면도가 향심의 새하얀 목에 닿았다.

"사람의 마음은 변하는 거란다."

한 남자가 일곱 살 난 장미령에게 말했다.

"왜?"

장미령은 두 눈을 초롱초롱 빛내며 물었다.

"사람은 살아서 움직이니까 그에 따라 마음도 변하는 거야. 하지만 령아, 너를 사랑하는 아빠의 마음은 변하지 않는단다. 왜냐하면 아빠의 마음은 항상 너에게로 향해 있기 때문이야. 보렴, 너를 위해 아빠의 심장은 이렇게 뛰고 있잖아."

장미령은 남자의 넓은 가슴에 귀를 대었다.
"와! 정말이네! 아빠 심장이 쿵쾅쿵쾅 뛰고 있어!"

'그러나 아빠는 나를 사랑하지 않았어. 아빠가 죽는 날, 나는 알게 되었어. 아빠는 엄마와 심하게 싸우며 소리쳤어!'

"내가 미령을 사랑한다고? 웃기지 마! 걘 내 애가 아냐! 난 두려워서…… 당신이 날 죽여 버릴까 두려워서…… 미령의 애완견 노릇을 했을 뿐이야. 미령이 날 사랑하면 당신도 날 죽이지 못하겠지? 안 그래? 미령이 내 애는 아니지만 당신 아이인 것만은 확실하니까, 그 애에게 아픔을 줄 수 없겠지?"

"미령은 이제 다 컸어. 아버지의 죽음 따위는 극복할 수 있을 거야. 그 애가 널 좋은 아빠로 기억하며 클 수 있도록 해줄게."

"날 죽이겠다는 거야?"

"네 살냄새만 맡아도 난 토해 버릴 거 같아! 더 견디기 어려워."

"쿡쿡쿡, 그렇군. 이제 세상 사람 모두가 그 애가 내 애라는 걸 믿게 되었단 말이지? 그래서 더 이상 나를 필요로 하지 않는다는 거지?"

"마음대로 생각해."

"내가 이렇게 당하고 죽을 것 같아? 내가 죽는다면 나의 유서가 사유리에게 전해질 거야. 거기에는 너의 치부가 낱낱이 적혀 있어. 마백과 너의 더러운 관계를 내가 모를 거라고 생각한 건 아니지? 네가 마백의 아이를 갖고 그걸 숨기기 위해 나를 택했다는 걸 모를 거라고 생각했냐고? 그렇다면 넌 나를 너무 쉽게 보았어. 내가 어떻게 여기까지 올라왔는데! 천신만고 끝에 가진 권력이야! 그런데 날 보고 그만 죽으라고?"

"네가 유서만 남기지 않았다면 좀 더 오래 살았겠지. 나도 미령을 아비 없는 자식으로 키우고 싶진 않았거든."

"……!"

"하지만 그 유서… 위험했어. 그게 네가 죽는 이유야."

"사, 살려주세요. 제발……."

오직 공포로 점철되어 있는 향심의 두 눈에서 아빠 태사천(太奲天)의 얼굴이 겹쳐 흘러갔다.

"내가 싫어지기 전에."

과거 엄마가 아빠에게 그러했던 것처럼 세면도가 향심의 목을 찔렀다.

"넌 죽는 게 좋아."

향심은 살기 위해 발버둥쳤다. 하나 조금도 움직일 수 없었다.

세면도는 그녀의 하얀 목에서 피를 터뜨렸다. 그러면서 밑으로 조금씩 내려가기 시작했다.

향심의 눈이 튀어나올 것처럼 부릅떠졌다.

장미령에게 희열이 찾아왔다. 세면도가 심장에 가까워질수록 희열은 절정을 향해 치닫고 있었다.

그때 문밖에서 시비 한 명이 부리나케 달려왔다.

"소군주, 마백께서 지금 막 당도하셨어요! 지금 소군주님을 찾으세요."

"……!"

세면도가 멈췄다. 장미령의 눈썹이 한쪽으로 치켜 올라갔다.

"하악… 하악!"

향심은 가쁜 숨을 몰아쉬었다.

살았다는 생각도, 죽었다는 생각도 들지 않는 고통만이 그녀를 기다리고 있었다.

"넌 정말 운이 나쁜걸. 죽음을 기다리는 고통은 죽는 것보다 힘들다던데."

장미령은 향심의 얼굴에 자신의 얼굴을 가까이 대며 웃었다.

"내 얼굴에 피가 묻었어?"

향심은 고개를 저었다.

"좋아. 내가 돌아올 때까지 기다려. 그 늙은이를 보고 와서 다시 심장을 꺼내줄 테니까."

2

휘이이이잉……!

매서운 겨울바람이 대지를 휩쓸고 지나갔다.

유잔양은 꽤 피곤한 기색으로 태사의에 앉아 창밖을 내다
보았다. 그녀가 얼음관 속에 누운 지 삼십 년이 지났으나 아
무것도 변한 게 없었다. 한가닥 희망을 품었던 설란마저 그녀
의 얼어버린 몸을 녹이지 못했다.

'숙영…… 천하 최고의 무공을 가졌어도 너에겐 아무 도움
도 될 수 없구나.'

그는 고통스러웠다.

원하는 모든 것을 가질 수 있었지만 단 하나, 간절히 원하
는 것은 가질 수 없었다.

결국 그녀를 깨우기 위해서는 마지막 보루, 천사무영검이
필요했다.

그것만이 영원히 죽지 않는 생명을 그녀에게 불어넣어 줄
것이다.

'천사무영검으로 인해 그녀가 살인광이 된다 할지라도…
단 한 번만 그녀의 웃는 모습을 볼 수 있다면…….'

그녀의 칼끝에 죽어도 좋다고 유잔양은 생각했다.

그때 기척이 일었다.

장미령이 까치발을 하고 유잔양의 바로 뒤까지 살금살금
다가왔다.

유잔양은 고통스러웠지만, 장미령의 환한 얼굴이 머릿속
에 떠오르자 이내 어두운 표정이 사라졌다.

"할아버지, 까꿍!"

장미령은 유잔양을 놀래주려는 것처럼 그의 어깨를 와락
잡으며 소리쳤다. 조금 전 향심에게 보였던 것과는 전혀 다른
태도였다.

유잔양은 무사의 본능으로 장미령의 몸에서 피 냄새를 맡
았다.

"왔느냐?"

그러나 유잔양은 내색없이 가볍게 웃으며 손을 뒤로 보내
장미령의 머리를 쓰다듬었다.

유잔양의 가벼운 미소는 장미령의 마음에 차지 않았다.

"아이… 할아버지, 소령이 왔는데 왜 활짝 웃지 않으시는
거예요?"

그녀는 토라진 듯 미간까지 찌푸리며 뒤에서 매달렸다.

"허, 이 녀석. 며칠 안 본 사이에 응석이 늘었구나."

"그거야 할아버지가 버릇없이 키웠기 때문이지."

과연 그녀는 버릇없음을 보여주기라도 하려는 듯 유잔양
의 길게 기른 수염을 잡고 흔들었다.

천하무림인들에게 공포의 대명사로 알려진 마백이었다.
그의 수염을 잡고 흔드는 자가 있다고 말한다면 누구도 믿지
않을 것이다.

"이 녀석, 그렇게 세게 당기다가는 할아비 수염이 모두 뽑히고 말겠다. 할아비가 없는 동안 잘 지냈느냐?"

"흥! 소령은 심심해 죽는 줄 알았어요. 하녀들은 다 바보 멍청이들이고 이곳의 날씨는 추워요. 하나도 마음에 안 들어요."

"이런, 단단히 토라진 모양이로구나."

"그래서 소령은 완전 삐쳤어요. 엄마한테 돌아갈래요."

"너 엄마한테 삐쳐서 할아버지를 따라가겠다고 집을 나서지 않았느냐? 그런데 이제 와서 돌아가?"

"뭐, 어때요? 착한 딸을 죽이기야 하겠어요?"

"하하하, 과연 네가 착한 딸인지는 가슴에 손을 얹고 생각해 보아야 할 것 같다."

"뭐예요? 착한 손녀에게 어떻게 그런 말씀을! 사과하세요! 안 그러면 간질러 줄 테야!"

장미령은 유잔양의 양쪽 겨드랑이에 손가락을 넣고 간지럼을 태웠다. 그는 꽤 약점이 없는 무사로 알려졌지만 그곳은 그가 신체 부위에서 유일하게 간지럼을 타는 곳이었다.

"그, 그만. 자, 잘못했다."

유잔양은 참지 못하고 어깨를 들썩거렸다.

"그럼 소령의 소원을 들어주세요."

"조, 좋다. 말해보거라. 무엇이든 들어주마."

"정말이죠?"

장미령은 순진한 척, 눈을 동그랗게 뜨며 유잔양을 올려보았다.

"물론이지. 마백은 허언이 없다."

"그럼 날씨를 바꿔줘요."

"뭐?"

"너무 춥단 말이에요. 따뜻한 날씨로 바꿔줘요. 할아버지, 할 수 있죠?"

그녀는 유잔양의 무릎 위까지 기어올라 가며 응석을 부렸다.

난감한 소원이었다. 황제라 해도 추운 날씨를 따뜻하게 할 수 없었다.

그러나 그는 마백이었다.

유잔양은 마령천으로 돌아가는 길에 곤륜산(崑崙山)에 들러 풍운뇌우(風雲雷雨)의 조화를 부리는 술사(術士) 몇 놈을 잡아다가 장미령에게 선물로 주어야겠다고 생각했다. 그놈들이라면 한동안 장미령을 심심하게 하지 않을 것이다.

"흠, 그리하면 네 마음이 좀 풀리겠느냐?"

"물론이죠."

그녀는 유잔양의 가슴을 손톱으로 긁는, 교태에 가까운 애교까지 부렸다.

"좋다. 며칠 내로 날씨를 바꿔주도록 하마."

"와아! 정말이죠? 할아버지 최고예요!"

장미령은 와락 달려들어 유잔양의 양 볼에 뽀뽀를 퍼부었다.

"비도 오게 해주세요. 소령은 새로 산 빨간 우산을 쓰고 다니고 싶어요."

"어허, 그건 좀 어려운데……."

유잔양은 짐짓 곤란하다는 표정으로 장미령이 좀 더 애교를 부리길 기다렸다.

그때 유잔양의 귓전으로 한 소리 전음이 들려왔다.

"마백, 속하 자기(子基)입니다."

"곤란한 게 어디 있어요? 할아버지가 하면 하는 거지."

"좋다. 그 소원도 들어주도록 하마."

유잔양은 장미령의 등을 부드럽게 매만지듯 몇 차례 쓰다듬었다. 그러자 장미령은 금방 눈을 감으며 길게 기지개를 켰다.

"아함! 할아버지… 갑자기 졸려요."

"그래, 잠시 눈을 붙이거라."

유잔양은 장미령을 품에 안았다.

그녀는 순식간에 깊은 잠에 빠져들었다.

미세한 음향과 함께 방문이 열리며 흑의인영이 한줄기 기류처럼 스며들었다.

"마백을 뵙습니다."

흑의인영 종자기(宗子基)는 감히 유잔양의 근처로 다가오지도 못하고 문 앞에서 부복하며 예를 올렸다.

유잔양은 태사의에서 천천히 일어나 침상으로 걸어갔다.

잠든 장미령은 천사처럼 아름다웠다.

유잔양은 그녀를 침상에 내려놓고 이불을 덮어주었다.

"보고하라."

인자하던 그의 음성이 무섭게 변했다.

"황 총사께서 목숨을 잃었습니다."

"……!"

태산이 무너진다 해도 흔들릴 거 같지 않았던 유잔양의 미간이 움찔거렸다. 장미령을 쓰다듬던 손에 힘이 들어갔다.

"죽어? 누구에게?"

"천사무영검의 전인이 나타났습니다."

"그, 그게 정말이냐?"

자신도 모르는 사이 가슴이 콱 막혀 말을 더듬었다. 그만큼 천사무영검은 유잔양의 심원(心願)이다.

"이군악의 아이가 세상에 나왔단 말이냐?"

얼음 관 속의 여인이 떠올랐다.

그녀를 그곳에 두고 삼십 년을 기다렸다. 그동안 단 한 번의 기회가 왔다. 하지만 기회를 잡지 못했다. 다시 기다렸다. 과연, 기다리니 두 번째 기회가 왔다.

"어디 있어? 그 아이, 지금…… 어디 있어?"

3

곤륜산은 폭설에 잠겨 있었다.

벌써 여러 날째 쏟아지는 대설로 울창하던 매화나무 숲은 옥수(玉樹)로 화한 지 오래다.

멀리서 굽이치는 산맥은 백사(白蛇)의 등껍질처럼 하얗게 변했고, 가까운 곤륜파(崑崙派) 전각의 지붕들도 모두 백색의 옷을 한 뼘 두께로 입고 있었다.

매화가 흩날리는 가운데, 두 명의 노도사(老道士)가 나무 아래에 돌 탁자를 가져다 두고 바둑을 두고 있었다. 그 옆으로 시중드는 몇 명의 젊은 도사들이 일진일퇴를 거듭하는 대국을 흥미롭게 관전하고 있었다.

한겨울 날씨는 무척 추웠다.

그러나 사방으로 화로에 불을 피워놓아 돌 탁자 주변은 제법 훈훈한 온기가 느껴졌다. 화로에는 뜨거운 김을 모락모락 피워 올리며 찻주전자가 달궈지고 있었다.

허연 수염을 가슴까지 기른 두 명의 노도사는 뜨거운 차를 마시며 수담을 즐겼다.

이 두 사람은 곤륜파의 장문인인 송악 진인(松嶽眞人)과 그의 사형인 송청 진인(松靑眞人)이었다. 이들 사형제는 셋째인 송명 진인(松明眞人)과 함께 곤륜삼성(崑崙三聖)으로 불리기도 했다.

곤륜삼성은 도력은 말할 것도 없거니와, 무공 역시 입신지경에 올라 근 백 년 이래 곤륜이 배출한 최고의 기재들이었다. 특히 송청 진인은 무공 수련을 위해 장문인 자리마저 송악 진인에게 양보한 채 곤륜의 무공 비서들을 모아놓은 현서각(玄書閣)에서 세상과 담을 쌓고 살아가는 인물이었다.

바둑의 형세는 누가 우세하다고 할 수 없을 정도로 점입가경이었다. 하지만 처음부터 승부는 의미가 없었다.

한판의 바둑과 얼어버린 몸을 녹이는 뜨거운 차 한 잔, 그리고 소소한 이야깃거리들이 흩날리는 매화의 소담스러운 분위기와 어울려 흥취를 자아내는 것이다. 그야말로 무릉도원이 따로 없으니 태공망의 즐거움이 여기에 있었다.

휘이이이잉……!

그러던 어느 순간, 일진광풍(一陣狂風)이 불어왔다.

매화 가지가 파르르 떨리더니 한 잎 두 잎 떨어지던 꽃잎이 갑자기 우수수 떨어지기 시작했다. 일진광풍은 돌연 회오리로 변했다. 매화 꽃잎이 회오리바람을 타고 허공으로 날아올랐다.

"어허, 바람이 심해지는걸."

착수를 고심하던 송악 진인이 바람에 삐뚤어진 도관(道冠)을 고쳐 쓰며 시선을 들었다. 그 순간 송악 진인은 보았다, 온 천지에 하얗게 흩날리던 매화 꽃잎들이 핏빛으로 물들어가고 있는 것을.

시중을 들던 젊은 도사들도 매화 꽃잎들이 붉게 물들어가는 것을 보았다.

"장문인, 뭔가 이상합니다."

붉게 변한 매화는 주위의 젊은 도사들을 빽빽하게 둘러싸며 메마른 피비린내를 풍겼다. 젊은 도사들의 얼굴에는 당황하는 기색이 역력했다.

"허어, 이 무슨 경거망동이냐?"

송악 진인은 코를 찌르는 혈향과 제자들의 채신없음에 이맛살을 찌푸렸다.

송청 진인도 천천히 고개를 들어 주변을 살피더니 웃으며 말했다.

"장문 사제, 곤륜의 그림자에 숨어 있던 요괴(妖怪)들이 우리의 늙은 목숨을 시샘하는 모양일세."

곤륜의 요괴들은 곤륜파뿐 아니라 인근에서도 꽤 골칫거리였다.

원래 곤륜산에는 서왕모(西王母)의 전설이 유명했다.

서왕모는 인면(人面), 호치(虎齒), 표미(豹尾), 즉 사람의 얼굴에 호랑이 이빨, 표범의 털을 가진 신인이었으나 민간에는 불사(不死)의 약을 가진 선녀로 더 알려져 있었다.

그래서 헛된 망상을 가진 술사들은 곤륜산 곳곳의 동혈에 틀어박혀 서왕모를 원주(元主)로 모시고 장생불사(長生不死)

의 신약을 제조했다. 물론 그렇게 만들어진 신약의 대부분은 고뿔에도 효력을 발휘할 수 없는 형편없는 것들이었다. 그러나 목숨이 경각에 달린 중환자를 둔 가정에서는 기사회생의 신약으로 둔갑하여 엄청난 금액에 팔려 나가 사회문제가 되기도 했다.

술사들 중에는 풍운뇌우를 불러오는 엄청난 법력의 소유자들도 있었다. 하나 그 역시 잔재주에 불과할 뿐, 그들 또한 장생불사와는 거리가 멀었다. 더욱이 온갖 신약에 무방비 상태로 노출된 그들은 시간이 지날수록 사람도 귀신도 아닌 요괴의 모습으로 변하기도 했다.

그렇게 요괴가 된 자들은 도리(道理)에 눈을 뜬 곤륜의 도사들을 시기했다. 곤륜의 어린 도사들 사이에서는 요괴들이 야밤에 몰래 내려와 잠든 도사들의 간을 빼내간다는 소문마저 나돌고 있는 실정이었다. 간혹 그렇게 당하는 어린 도사들도 있었으니 그 소문이 꼭 헛소문은 아니었다.

송청 진인은 두려워하는 젊은 도사들을 향해 빙그레 웃으며 맑은 찻물을 허공으로 뿌렸다.

주변을 에워쌌던 매화 꽃잎이 모두 사방으로 흩어졌다. 그러나 흩어진 것은 잠시였다. 매화들이 다시 뭉치더니 허공에서 핏빛 글자를 만들어내기 시작했다.

송악 장문인 친전(親傳).

매화가 뭉쳐 허공에 핏빛 글자를 만들어낸다는 술법은 듣도 보도 못한 신기하고 놀라운 것이었다. 젊은 도사들은 글자가 한자한자 만들어지자 놀라움과 경악으로 입은 쩍 벌어졌고 눈은 밖으로 튀어나올 것처럼 부릅떠졌다.

"자, 장문인…… 보, 보셨습니까? 저, 저게 글자 맞지요?"

이제 곤륜파에 입문한 지 십이 년, 스물한 살의 젊은 도사인 염치(廉恥)는 흥분한 듯 말까지 더듬었다. 옆에 있던 사형 염해(廉解)는 장문인의 표정이 예사롭지 않자 염치의 옆구리를 쿡, 찌르며 주의를 주었다. 염치는 얼른 입을 닫았다.

매화를 뭉쳐 만들어진 글자는 한자한자 계속 쓰여지고 있었다. 그리고 모두 드러난 전문은 실로 놀라운 것이었다.

그윽한 매화 향기 속에 그대의 도끼 자루는 썩고,
잠에서 깨어난 천사무영검은 장생불사의 염(念)을 이루네.

글자가 모두 나타나기까지 뜨거운 차 한 잔 마실 정도의 시간이 흘렀다. 송악 진인을 비롯하여 모든 도사들은 마치 홀린 듯 백색으로 뒤덮인 허공에 붉게 물든 매화 꽃잎으로 쓰여진 글에서 눈을 떼지 못했다.

"차를 다오."

송청 진인이 담담한 음성으로 염치에게 차를 주문했다.

염치는 홀연히 꿈에서 깨어난 것처럼 번뜩 정신을 차리며 송청 진인의 빈 찻잔에 찻물을 따랐다.

곧 글자는 생명을 잃고 산산이 부서지며 대지로 떨어져 내렸다. 떨어진 글자들이 모두 피로 변해 하얗던 그들의 주변을 붉게 물들였다.

아무도 입을 열지 못하고 발밑의 붉은 피를 바라볼 뿐이었다.

침묵 속에서 송청 진인의 차 마시는 소리만이 들려왔다.

그가 찻잔을 내려놓으며 입을 열었다.

"장문 사제, 바둑을 마치기는 어려울 것 같으이."

"못다 한 바둑은 다음을 기약하지요."

"그런데…… 그것이 다시 나타난 것인가?"

송청 진인은 '그것' 이라고 표현했을 뿐, 천사무영검을 입에 담지 않았다.

"조검후의 장보도가 나왔다는 소문은 들었습니다."

송악 진인의 말에 송청 진인의 얼굴이 일그러졌다. 찻잔을 잡은 손에 힘이 들어갔는지 파르르 떨리기까지 했다.

"제기랄! 그놈은 잊을 만하면 한 번씩 나타나는군."

'제기랄?'

시중을 들던 젊은 도사들이 모조리 깜짝 놀라며 송청 진인을 훔쳐보았다.

그는 이미 한 발을 선계(仙界)에 걸친 채 백 년을 수양한 도사다. 문파의 제일 큰어른으로 근엄의 대명사였다. 젊은 도사들은 자신들의 귀로 '제기랄!' 이란 말을 들었으나 그것이 정말로 그의 입에서 나왔다고는 믿어지지 않았다. 그래서 모두 같은 생각을 했다.

'잘못 들은 게 틀림없다. 사백조(師伯祖)께서 속세의 경박한 말을 쓰실 리가 없잖아.'

송악 진인은 백 년 동안 송청 진인을 보아왔으나 그의 이처럼 경박한 말투는 십여 년 만에 처음이었다. 정축혈난 당시, 천사무영검을 이군악이 가지고 있다는 소문을 듣곤 그는 '잘근잘근 씹어 똥물에 튀겨 죽일 놈' 이라고 말했다.

'으음, 그런데 제기랄로 끝내다니. 지난 십여 년간 사형의 수양이 꽤 깊어졌구나. 하나 아직도 세속의 원한을 완전히 털어내지는 못한 모양이다.'

송악 진인은 공손히 말했다.

"속세의 일입니다. 속세인에게 맡겨두는 게 어떠신지요?"

"장문 사제의 그 말은 세상이 아비규환 속에 빠져들어도 나 하나 수행하여 도를 이루겠다는 건가?"

"조검후의 장보도가 세상을 어지럽히지는 못할 것입니다."

"놈은 그것이라고 말했어."

"……!"

"조검후의 장보도가 아니라 그것이라고! 만약 매화 배첩이 사실이라면 세상은 또다시 피에 잠길 것이야. 수많은 어린아이들이 부모를 잃고 고아가 되는 거야. 팔다리가 끊어진 시신이 산을 뒤덮고 억울하게 죽어간 원혼들의 귀곡성이 밤낮을 가리지 않고 온 산을 메아리칠 거야. 제기랄! 나는 원치 않아. 그것은 반드시 없애 버려야 할 저주의 검이야, 제기랄!"

이번에는 누구도 그의 '제기랄' 이란 말을 듣지 못했다고 우길 수 없었다. 송청 진인은 믿지 못한 자들에게 특별 배려라도 하려는 것처럼 두 번이나 '제기랄!' 이라고 말하였으니.

송청 진인은 말없이 찻잔을 들여다보았다. 찻잔 속의 식은 찻물은 아무도 찾아오는 이 없이 외롭게 얼어버린 겨울 강처럼 쓸쓸하다.

'마음의 매듭은 결국…… 묶은 자만이 풀 수 있는 법이지.'

만약 천사무영검이 세상에 다시 나타났다면 송청 진인은 어떤 방법을 강구해서라도 산을 내려가고 말 것이다. 그것이 그에게 주어진 숙명이기에. 영원히 벗어날 수 없는.

"장문 사제, 우리는 산문 안에 너무 안주해 있었어. 배첩, 누가 보냈는지 알아보게."

송청 진인의 말을 마지막으로 그날 반상(盤上)의 도(道)는 끝났다.

서둘러 자리를 파한 후 송악 진인은 열두 명의 제자를 산 아래로 내려 보냈다.

4

　마철(馬鐵)은 구룡산 중턱에서 대대로 땅을 일구는 화전민의 자식으로 태어났다. 구룡산 화전민 출신들은 으레 그러하듯 어려서부터 녹림을 동경하고 나이 열다섯이 되기 전에 그 세계에 발을 들여놓고 잡일을 시작하게 된다.

　마철도 열넷의 나이에 녹림의 세계에 발을 들여놓았다. 어려서부터 보고 자란 것이 그 방면이요, 그토록 소원하던 것이었기에 그는 금세 적응했고 또 상당한 소질이 있음도 발견하게 되었다.

　그는 동료들보다 힘이 세거나 덩치가 좋지는 못했다. 대신 순발력과 발이 빨랐다. 또 어디선가 주워들은 유언비어나 정보를 분류해 내는 명석한 두뇌를 가지고 있었다. 당연히 무식하게 힘만 센 놈들보다 출세가 빨랐다.

　그가 스물둘의 나이에 관군의 거취와 동향 파악은 물론, 원정전의 정보 수집까지 총괄하는 정찰조장(精察組長)의 위치에 오른 건 결코 운이 아니었다. 타고난 능력 때문이었다.

　오늘, 그는 매우 중요한 임무를 맡고 산채를 나섰다.

　'이번 일만 성공한다면 소두령이 될 수도 있어!'

　그렇다.

　임무는 그만큼 중요한 것이었다.

구룡산에는 그가 속한 녹수채(綠樹砦)와 대립하는 두 개의
산채가 있었다.

대호파(大虎派)와 흑룡회(黑龍會)가 그것이다.

오늘 그의 임무는 이 두 개의 산채 중 대호파의 동향을 파
악하는 일이었다.

녹림방주 만사지존 탁무기의 교지가 내려온 후 산채는 비
상이 걸렸다.

교지의 내용은 전국에 녹림을 자처하는 자들이 너무 많아
자체적으로 관리 감독이 어려우니, 각 산마다 하나의 산채를
인정하여 나머지 산채를 통폐합시키겠다는 것이다.

아닌 밤중에 날벼락 같은 교지였다.

각 산의 두령들은 말도 안 되는 교지를 내린 탁무기를 욕했
지만 대놓고 반발하진 못했다. 그의 눈밖에 난다면 산채는 즉
시 와해되고 말 것이니.

대신 암중으로 바쁘게 움직였다.

자신들이 거점으로 삼고 있는 산의 유일한 산채로 녹림방
의 허가서(?)를 받기 위해 암투가 난립하기 시작한 것이다. 때
문에 타 산채의 동향을 살피고 감시하는 일은 사활이 걸린 중
요한 문제였다.

마철은 이 일에 자신이 발탁되었음을 기쁘게 생각했다. 확
실히 일을 엮어 녹수채를 반석에 올려놓는다면 소두령은 따
놓은 당상이 아니겠는가.

그러던 차에 수상한 자를 발견한 것은 행운이었다.

'첩자!'

정찰조장의 직감은 언제나 정확한 법이다.

더욱이 녹수채에서 다른 산채의 정보를 파악하려는 것과 마찬가지로 다른 산채에서도 녹수채의 정보를 파악하기 위해 사람을 잠입시키려 할 것이라는 건 세 살 먹은 아이도 알 정도로 단순한 전략이 아니겠는가.

그런데 마철의 눈에 걸린 이 수상한 자는 좀 더 특별하게 수상했다. 민대머리에 윗통까지 벗어젖힌 특이한 놈이었다. 또 산처럼 거대한 체구는 한눈에 봐도 힘깨나 쓸 듯 보였다.

'뭐야? 저 수호지(水湖志)의 노지심(魯智深) 같은 놈은?'

마철은 허풍의 특별한(?) 기도에 몸이 움츠러들었지만, 명색이 녹수채 정찰조장이었다. 낯선 자가 영지에 나타났으니 두고 볼 수 없었다.

"웬 놈이냐?"

마철의 품에서 칼이 튀어나왔다. 험악하게 구겨진 얼굴과 시퍼런 칼날은 상대를 위협하기에 충분했다.

"이쪽으로 세 사람이 지나가는 걸 못 봤소?"

위협하기에 충분하다고 생각했지만 상대는 전혀 겁먹은 얼굴이 아니었다. 오히려 '너 잘 만났다' 라는 듯 반가운 얼굴로 합장배례까지 했다.

'난 옷을 세 겹이나 껴입어도 추워서 돌아가시겠는데 뭐야, 이놈! 윗통만 벗은 게 아니라 아랫도리는 반바지잖아? 어쭈구리! 빡빡 대머리에 노란 물은 왜 들인 거야? 이거, 제정신이 아닌 놈이로구나!'

마철뿐 아니라 어느 누가 봐도 이 특별한 뚱보가 제정신이라 생각하지 못할 것이다.

그러나 마철은 이내 생각을 바꿨다.

'미친놈 흉내를 내는 거겠지? 잡히더라도 의심받지 않게.'

그렇게 생각하고 허풍을 보니 더욱 의심이 짙어졌다.

"봤소? 못 봤소?"

허풍은 추궁하듯 다시 물었다.

"못 봤는데."

마철은 의도와는 달리 엉겁결에 그렇게 대답하고 말았다. 그래놓고 생각하니 왜 자신이 순순히 '못 봤는데' 라고 대답했는지 후회가 막심했다.

'그건 이놈이 노지심과 닮았기 때문이야. 노지심은 우리 녹림계에선 신과 다름없는 존재!'

나름 항변했지만, 결국 허풍의 기세에 밀려 순순히 대답하고 만 것이다.

"이상한데? 분명 이쪽으로 가는 것 같았는데. 혹시… 거짓말을 하고 있는 건 아니오?"

허풍은 죄인을 심문하듯 마철의 아래위를 훑었다. 뭔가 헛점을 찾아내려는 것이다. 그것은 지금까지 보여지지 않았던 허풍의 파격적인 모습이었다.

마철도 은근히 기분이 상했다.

이곳은 녹수채의 영역이었다. 개새끼도 자신의 영역 안에서는 목에 힘이 들어가고 오줌을 찍 싸는 법이다.

"내가 웬 놈이냐고 물었는데 왜 네가 질문하지?"

미철은 최대한 인상을 구기며 들고 있던 칼을 손 위에서 휙휙 돌리는 놀라운 신기를 보여주었다.

"그러니까 모른다는 거요?"

허풍은 마철의 현란한 칼 돌리기는 쳐다보지도 않고 사방을 두리번거렸다.

마철은 다시 한 번 자존심이 상했다.

"그럼 어디로 갔단 말인가? 꼭 찾아서 빚을 갚아야 하건만."

"무슨 빚?"

"알 거 없소."

"그럼 말이나 말지, 사람을 궁금하게 해놓고 알 거 없다고 해?"

그의 주된 업무가 정보 수집이었으니, 얼마나 호기심이 많겠는가? 궁금한 건 못 참는 게 마철의 특징 중 하나였다.

"만약 말을 해준다면 그들이 있는 곳을 가르쳐 주겠어."

"정말이오?"

"속고만 살았나? 사람 말 못 믿네."

“소승은 그의 머리통에 시원하게 오줌을 갈겨줄 생각이
오.”

“……?”

밑도 끝도 없는 허풍의 말을 한순간에 알아듣는다면 그 사
람은 변태이거나 정신이상자였다. 다행히 마철은 변태도 정
신이상자도 아니었으니, 그의 머리통에 시원하게 오줌을 갈
겨줄 생각이라는 허풍의 말을 해석해 낼 길이 없었다.

‘그것도 소승?

아무리 아래위를 훑어봐도 스스로를 소승이라고 칭한 이
뚱뚱보 대머리청년은 중 같지 않았다. 윗통 벗고 반바지 입고
미친 듯이 뛰어다니는 중이 있다는 말을 그는 머리에 털이 난
이래로 들어본 적이 없었다.

‘이놈! 노지심을 흉내 내려고 중질까지?

“소승이 대답했으니 당신도 그들이 어느 쪽으로 갔는지 말
해주시오.”

그때 마침 허풍의 뒤에서 세 사람이 걸어오고 있었다. 마철
은 즉시 그들을 가리켰다.

“저기 저 사람들 아니오?”

“오냐, 이제 만났구나!”

허풍은 전의를 다지며 고개를 돌렸다.

부리나케 허풍의 뒤를 쫓아오던 이월하가 그를 보더니 반
갑다는 듯 한 손을 번쩍 들어 올리며 인사했다.

허풍은 실망했다.

"저들은!"

그래서 자신도 모르게 버럭! 소리를 질렀다.

마철이 깜짝 놀라며 뒤로 물러났다.

"아니오."

허풍은 마철이 필요 이상으로 놀라자 미안한 감정이 들어 음성을 낮췄다.

"아니라고? 세 사람이라 하지 않았소? 그럼 저들 말고 세 사람이 여기 어딘가에 또 있단 말이오?"

산채가 여기서 멀지 않다. 아는 자들은 모두 피해서 다니지, 결코 당당하게 올라오지 않는다. 그런데 마철은 네 사람을 만났고 아직 드러나지 않은 세 사람이 더 있다니 놀라지 않을 수 없었다.

'대호파와 흑룡회 놈들이 발악을 하는 모양이로구나. 그런데 이놈들은 어디서 온 것이지?

그러다 문득 당자령을 바라본 마철은 놀라다 못해 '허억!' 거리며 경악성을 터뜨렸다. 그녀의 모습은 보통 사람이 보고 감당하기에는 너무나 엄청난 것이었다.

"하하! 스님, 누구랑 그렇게 다정하게 대화를 나누는 거요?"

이월하가 다가왔다.

'으… 이자가 스님이긴 한 모양이구나. 그런데 대호파나 흑룡회에 산적이 된 중이 있다는 정보는 없었는데. 아! 이것들이 그러니까…… 녹림방의 눈에 들기 위해서 용병을 고용한 것이로구나! 저 괴물 같은 년인지, 놈인지 모르는 놈은 인상만으로 먹어주는구나.'

마철은 지금 자신이 매우 중요한 정보 앞에 서 있다는 걸 느꼈다.

'내 능력으로는 이놈들을 어쩔 수 없을 것 같다. 사 대 일로 싸워서 이긴다는 보장도 없고, 장렬하게 싸워 전사하는 것도 좋겠지만 그보단 일단 이놈들을 산채로 유인한 다음… 두령님의 명을 따르는 것이 좋겠다.'

그의 생각은 전혀 틀린 바가 없었다. 당연히 그렇게 일을 진행해야 했다. 단, 그의 생각대로 이월하 일행이 대호파나 흑룡회 무리들이라면. 그러나 불행 중 불행인 것은 이월하나 허풍 등은 대호파와 흑룡회란 이름을 들어본 적도 없다는 것이다.

"혹시……."

혼자 북 치고 장구 치며 염두까지 굴린 마철은 조심스럽게 입을 열었다.

"스님이 찾고 있는 세 사람이 모두 남자들 아니오?"

"맞소. 역시 보았군."

"휴… 숨기고 싶었지만 더 이상 숨길 수 없겠소."

마철은 길게 한숨까지 내쉬며 처연한 연기를 보였다.

“그들은 모두 산채로 향했소.”

“산채? 이 산에 도적들이 있단 말이오?”

다가온 이월하가 물었다.

‘이놈들이 자기들은 도적이 아닌 것처럼 시치미를 떼는구
나.’

“도적 없는 산이 어디 있소?”

마철은 되물었다.

“도적 없는 산이 왜 없소?”

“그게 어디요?”

“그건 알 거 없고, 음… 그놈들이 도적이었다니. 할머니,
일대종사의 기가 흘렀다면서요? 요즘은 도적한테서도 일대
종사의 기가 흐르나 보죠?”

“으음, 오랜만에 강호에 나오다 보니 헷갈렸다.”

당자량은 등줄기에서 식은땀을 흘리며 변명했다.

“좌우지간 도적들이 산다니 만백성의 안전을 위해서도 우
리가 가서 뿌리를 뽑아야 하지 않겠습니까? 그래야 이분처럼
선량한 백성들이 안심하고 사는 세상이 되지요. 하하하.”

이월하는 마철의 등을 툭툭 두드리며 제법 호인 흉내를 냈
다.

“내가 보기엔 그놈도 도적인 것 같다.”

당자령이 마철을 노려보았다.

마철의 어깨가 움찔거렸다.

설군영이 못마땅한 얼굴로 말했다.

"월하, 놈들이 곧 뒤따라올 거야. 언제 도적 소탕까지 하고 떠난단 말야?"

"걱정할 것 없어. 원래 등잔 밑이 어두운 법이야. 상처부터 치료하는 게 우선이야. 몸이 건강해야 뭐든 할 수 있거든."

소탕뿐 아니라 쉬어가겠다는 말이었다.

설군영은 그의 터무니없는 여유에 기가 막혔다.

"네 말도 틀리지는 않다."

당자령이 이월하의 말에 동의했다.

"그들이 틀림없이 산채로 올라갔소?"

허풍은 오로지 자신의 머리 위에 오줌을 갈기고 계두지육이라고 비웃고 간 자를 잡아내기 위해 혈안이 되어 있었다. 의외로 사소한 것에 필요 이상으로 집착하는 성격 때문이었다.

"내, 내가…… 무엇 때문에 거짓말을 하겠소?"

"하긴…… 거짓말을 하면 죽지. 어디요, 산채가? 한번 올라가 봅시다."

第二章

심각한 회의 중에 미안

1

구룡산은 산세가 험하고 골짜기는 깊다. 구름도 쉬어간다는 첨봉(尖峰)도 곳곳에 산재해 세상을 등진 자들이 숨어 살기에는 이곳보다 좋은 곳도 없다.

세상을 등진 자들은 대개 두 부류로 나눌 수 있다. 하나는 도(道)와 자신의 깨달음을 위해 수행하며 신선이 되고자 하는 자들이고, 또 하나는 도(盜)와 자신의 영달을 위해 오가는 길손을 위협하여 금품을 빼앗는 도적의 무리들이다.

구룡산은 속세를 멀리하고 신선이 되고자 하는 자들이 수양을 하기에 좋은 환경을 가지고 있었으나 애석하게 신선은 없었고 도적의 무리들만 북새통을 이루었다.

첩첩이 산중이고 골은 깊으니, 곳곳에 크고 작은 산채들이 즐비했다. 그중 방귀 좀 뀐다는 도적의 무리는 크게 셋이다.

그중 하나가 이곳 녹수채였다.

상관명(上官命)은 오십대 중반의 나이에 전형적인 산적의 수괴처럼 생긴 외모였다. 그가 전대 두령의 뒤를 이어 녹수채의 두령이 된 지 십 년이 흘렀다.

산채는 두 배 이상 발전했다.

하지만 거기까지였다. 그의 능력으로 더 이상의 발전은 무리였다.

그는 자신의 삶에 만족해하며 안주하던 중 녹림방주 만사지존 탁무기의 낙관이 찍힌 한 통의 서찰이 당도했다.

'전 녹림 동도에게 고함' 이라고 시작된 서찰은 의례적인 인사말로 이어졌고, 내용은 전국 명산에 도적의 무리가 너무 많아 자체 관리가 어려우니 산마다 산채들을 통폐합시켜 자치권을 주겠다는 내용이었다. 물론 자치권을 얻은 산채의 주인은 녹림방에게 수익의 일 할을 상납해야 한다는 내용이 붉은색으로 눈에 확 띄게 쓰여 있음은 불문가지의 일이었다.

이것은 지난 역사에 없던 전무후무한 일이었다.

산적이 되는 데 면허가 필요한 것도 아니고, 새로이 관청에 등록을 해야 하는 것도 아니니, 마음이 맞는 두세 사람이 모여 작당하면 그것이 바로 도적의 무리였다. 무리들이 삼삼오오 모이면 하나의 산채가 되었다. 이런 대개의 자들은 배운

것도 일천하고, 세상을 예의규범으로 살기보다는 악과 깡으
로 살기 때문에 결코 원만하게 다스릴 수 있는 무리들이 아니
었다. 더욱이 전국에 산재해 있는 이러한 무리들의 소재를 파
악한다는 것은 나라에서 가가호호를 방문하여 전국 인구수를
파악하는 것보다 몇 배는 더 어려운 일이었다.

그런 면에서 볼 때 중앙집권 정책을 과감히 버리고 각 산에
자치권을 주기로 결정한 녹림방의 생각은 기발했다. 산의 자
치권을 가진 자가 막대한 권력을 휘둘러 그 산을 다스린다면
조무래기 산적들은 함부로 준동할 수 없을 것이다. 녹림방은
세금을 확실히 걷어갈 수 있으니 나쁠 게 없고, 산의 자치권
을 가진 자는 비록 약간의 세금을 나눠 주지만 독과점 영업이
가능하니 이득이었다. 손해 보는 자들은 새로이 산적이 되려
고 하는 자들과 자치권을 잃어버린 기존의 산채들뿐이다. 약
육강식의 냉엄한 논리는 여기서도 적용되었다.

물론 이 모든 것은 탁무기의 생각이 적중될 때 이뤄질 수
있다. 그런데 세상은 한 사람의 생각대로 움직이기에는 너무
넓고 사람도 많다.

"다들 서찰의 내용을 보았겠지?"

소두령 회의를 소집한 상관명은 제법 심각한 얼굴로 부하
들을 일일이 돌아보았다.

그의 좌우로는 여섯 명의 소두령이 탁자를 마주하고 있었
다. 그들 역시 심각한 얼굴이었다.

"탁무기의 생각은 다 개소리야. 전국의 산채를 무슨 재주
로 관리 감독하겠다는 거야? 아마 한 바퀴 돌아보는 데만도
십 년은 넘게 걸릴 거야. 우리 모두가 관청에 잡혀가고도 남
을 정도로 긴 시간이라고."

소두령들이 일제히 고개를 끄덕였다.

"하지만 이보다 더 좋은 기회는 없어. 우리 구룡산에는 열
여섯 개의 크고 작은 산채가 있지 않나? 이번을 놓친다면 이
도둑놈들을 일거에 쓸어버릴 수 있는 기회는 다시 오지 않을
거야."

"그렇습니다. 이번 기회에 반드시 구룡산을 접수해야 합니
다."

"그동안 어쩔 수 없이 두고 보았지만 흑룡회와 대호파 놈
들을 이번 기회에 아주 아작을 내버리지요."

"내 생각도 그래. 하나 지금의 사태가 우리에게 유리한 것
만은 아냐."

"음……."

"으음……."

소두령들이 일제히 침음성을 발했다.

상관명이 '유리한 것만은 아니다' 라고 말한 뜻을 모두가
알고 있기 때문이었다.

"어제 막 부두령(膜副頭領)이 여러 형제들과 함께 관부의
함정수사에 걸려 불행히도 잡혀가고 말았어."

부두령 막장생(膜張生)은 녹수채 전력의 절반 이상이었다.

젊었을 때 태극파(太極派)의 속가제자로 활동했던 그는 녹수채가 자랑하는 최고 무사였다. 물론 최고라는 것은 보는 이의 수준에 따라 굉장한 편차가 있는 것이긴 하다. 좌우지간 중요한 순간에 녹수채는 핵심 인물인 막장생과 그의 부하들이 관부에 잡혀가는 불행한 사태를 맞이한 것이다.

"막 부두령이 없다면 우리의 힘은 예전만 못해."

상관명은 인정할 부분은 순순히 인정했다.

"그렇다고 해서 이대로 주저앉을 수는 없는 일! 자, 그렇다면 어떤 방법으로 놈들의 숨통을 끊을 수 있겠느냐?"

"두령님, 제게 방법이 있습니다."

말석에 앉아 있던 자가 입을 열었다. 그는 녹수채의 소두령 중 한 명으로, 이번에 부두령인 막장생이 관부에 잡혀가면서 빈자리를 메우고 들어온 낭도해(朗道海)였다.

그러니까 그는 오늘 소두령 회의가 첫 번째 회의 자리였던 것이다.

이처럼 엉겁결에 한자리를 차지하고 앉은 낭도해는 이번 기회에 상관명의 눈에 들어 엉겁결에 앉은 자리를 반석처럼 탄탄하게 다지고 싶어 기다렸다는 듯 입을 연 것이다.

"오, 그래! 무슨 방법?"

상관명이 반갑게 그를 맞았다.

"막 부두령께서 잡힌 건 그날 우리가 마을을 치러 내려간다는 사실을 흑룡회 놈들이 관부에 고발했기 때문이 아닙니까?"

"증거는 없지만 심증으론 그렇게 생각이 되지."

"우라질 놈들 아닙니까?"

"나도 우라질 놈들이라고 생각하네."

"같은 녹림의 밥을 먹는 자로서 어떻게 고발을 할 수 있단 말입니까, 고발을! 두령님께서 똘똘한 아이들 열 명만 붙여주신다면 제가 이번 기회에 흑룡회 놈들을 확! 쓸어버리겠습니다."

그는 불끈 쥔 주먹을 앞으로 내밀며 부르르 떨었다.

"이봐."

상관명의 눈에 짜증이 어렸다. 다른 소두령들도 그의 과장된 몸짓을 외면했다.

"자네 이름이 낭도해라고 했나?"

"그렇습니다만?"

"피 끓는 충정인 건 인정해 주지."

"하핫! 가, 감사합니다! 저는 오로지 두령님께 충성을 다할 뿐입니다!"

"충정도, 충성도 다 좋은데, 지금 그게 방법인 거야?"

"제일 좋은 방법 아닙니까? 구룡산에는 열여섯 개의 산채가 있지만 결국 흑룡회와 대호파 놈들만 쓸어내면 나머지는 별거 아닙니다. 그러니까 흑룡회 놈들을 먼저 확 쓸어내고 다음에 대호파 놈들을 아작 내면 상황 끝 아닙니까?"

이보다 더 확실한 방법이 어디 있겠는가? 낭도해는 말귀를 못 알아듣는 상관명이 답답했다. 생각보다 머리가 나쁜 것 같다는 의심도 들었다.

'자고로 두령질을 하려면 똑똑해야 하건만. 쯧.'

"낭 소두령! 자네가 급하게 소두령이 되어서 정세를 잘 모르는 모양인데, 흑룡회의 두령인 임소리(林素理), 그 계집은 대호파 두령 놈인 심대호(審大虎)와 그렇고 그런 사이야. 우리는 그 두 연놈들을 동시에 견제해야 해. 알아?"

낭도해의 말이 답답했던지 옆에 앉아 있던 철수독(鐵壽督)이 끼어들었다. 그는 녹수채에서 제일 연장자임과 동시에 제일 오랫동안 소두령의 자리를 차지하고 있는 자였다.

"잠깐만요! 흑룡회 두령이 여자였습니까?"

"그것도 몰랐던 거야?"

"몰랐습니다. 말해주는 사람이 있어야 알지요. 오라, 그래서 그랬던 것이군요."

"뭐가?"

"흑룡회 도적 놈들 말입니다. 걸핏하면 코피를 쏟지 않습니까? 그게 다 이유가 있었던 거군요."

소두령들이 일제히 입을 쩌억 벌리며 낭도해를 쳐다보았다. 임소리의 면상을 한 번이라도 보았던 자라면 결코 그런 생각을 하지 못할 것이다.

상관명의 얼굴도 점점 어두워졌다. 그는 낭도해의 목을 졸라 버릴까 심각하게 고민하고 있었다.

분위기 파악 못하는 낭도해가 다시 말했다.

"뭐, 그건 그렇고, 그럼 그 두 연놈들이 한패입니까?"

"이봐, 그건 이미 말했잖아. 심대호가 뒤를 봐주지 않았다면 임소리 따위가 감히 우리 녹수채의 막 부두령을 고발할 수 있었겠어?"

"그게 뭐 어려운 일이라고……."

"뭐?"

"아무리 소심한 계집이라고 해도 관부에 고발하는 것까지 정부(情夫)와 의논하겠습니까? 그냥 하면 되지."

"그냥 어떻게?"

"그냥 하는 게 그냥 하는 거지, 뭘 어떻게 합니까?"

철수독은 기가 막혀서 말문까지 막혔다.

낭도해는 그가 말을 하지 않자 자신이 말발로 눌렀다는 생각이 들어 의기양양해졌다.

"여러 소두령들께서는 어떻게 생각하십니까?"

그는 당당하게 다른 사람들의 의견까지 물었다.

"철 소두령의 말이 맞아. 그들은 우리를 고립시키기 위해 이미 의논을 마친 상태야."

"임소리가 여자인 줄도 모르고 있었다니 할 말이 없군."

"쯧쯧, 아무리 급하게 소두령이 되었다고 하지만 정보에 너무 어두운걸. 현대는 정보가 생명이라고!"

다른 소두령들이 일제히 한마디씩 했다.

철수독이 마음을 가라앉히고 다시 말했다.

"세 개의 세력이 서로 팽팽하게 균형을 이루고 있네. 그중 하나를 몰락시키기 위해서는 다른 하나의 암묵적인 합의가 없다면 불가능한 일이야. 다른 증거도 있지만 혼자만 모르는 자네를 위해서 일일이 설명할 수는 없으니 그냥 그렇게 알고 있게. 어쨌든 현재는 한패라는 거지. 우리가 무너지면 그 두 연놈들이 피 터지게 싸우겠지만."

"철 소두령은 재수없게 우리가 무너진다는 소리는 왜 하십니까?"

철수독의 옆에 앉아 있던 오장명(吳長命)이 은근히 짜증을 냈다.

그는 막장생의 오랜 친구라는 이유만으로 공(功)도 없음에도 불구하고 소두령이 된 자였다. 막장생이 돌아오지 못한다면 그가 소두령의 자리에서 버티기 매우 어려울 것이라는 게 일반적인 관측이었다. 때문에 막장생이 잡혀간 이후로 오장명의 얼굴에서는 웃음기가 사라졌고 남들에게 괜한 시비를 거는 일도 잦았다.

"말이 그렇다는 거지, 누가 우리가 진짜로 무너진다고 했어?"

“말이 씨가 된다는 소리도 못 들었습니까?”

“뭐야?”

“함부로 말하지 마십시오. 괜히 오해 살 수 있습니다.”

“뭐…… 오해? 내가, 이 철수독이 임소리의 기둥서방이라도 된다는 말이냐?”

“기둥서방은 무슨…… 임소리가 미치지 않고서야…….”

오장명의 뒷말은 모깃소리보다 작아 웅얼웅얼거릴 뿐, 누구도 들을 수 없었다. 그러나 그 웅얼거림이 결코 좋은 말일 거라고 생각하는 자는 없었다.

철수독은 머리에서 뜨거운 기운이 확 올라왔다.

“사사건건 말꼬리를 물고 늘어지네. 지금 시비 거는 거 맞지?”

“시비는 무슨……. 장생이도 잡혀간 마당에 내가 무슨 힘이 있다고 우리 산채의 원로이신 철 소두령에게 시비를 걸겠습니까? 말을 하자면 그렇다는 거지요.”

“시비 거는 거 맞잖아, 인마!”

“인마라니요? 말조심하십시오.”

“뭐? 말조심! 허, 이놈이 찢어진 주둥아리라고 뱉으면 말인지 아는 놈일세.”

“두령님 앞에서 말조심하라는 거요. 내 말이 뭐가 잘못됐소?”

오장명은 눈에 핏대까지 세우며 부라렸다.

철수독이 어찌 기가 막히지 않겠는가? 전대 두령 시절부터 소두령으로 있었던 철수독였다. 그의 일생이 산채와 함께했다 해도 과언이 아니었다. 때문에 그는 녹수채가 두령의 것만이 아닌 자신의 것이기도 하다는 자부심을 가지고 있었다. 오장명은 그의 자부심에 굵은 소금을 뿌렸다.

"어디다 대고 눈을 부라려? 머리에 피도 안 마른 놈이!"

"아, 정말 못 참겠네. 나이 사십 먹은 놈한테 머리에 피도 안 말랐다니!"

"못 참으면 어쩔 건데?"

그 말이 화근이었다.

오장명은 앉은자리에서 그대로 튕겨 오르며 철수독의 면상을 향해 박치기를 갈겼다. 못 참으면 어쩔 건지를 몸으로 보여준 것이다.

"컥!"

무방비 상태로 턱을 들이받힌 철수독이 뒤로 나자빠지며 비명을 질렀다. 앉아 있던 소두령들이 일제히 일어서며 은연중 패를 갈랐다. 쓰러진 철수독의 입 주위에 피가 흥건했다.

"피…… 피닷!"

입 언저리를 쓰윽 닦은 철수독이 자신의 소매에 묻은 핏물을 보며 기겁했다.

눈이 확 돌았다.

그는 빨간색만 보면 환장하는 열혈(熱血)의 늙은이였다. 그래서 그의 아내는 밤이면 밤마다 빨간색 속옷을 입었다. 왜 그런지는 철수독과 그의 아내만 알 일이었다.

"너 이 새끼! 죽어봐라!"

철수독의 의자 밑에는 도끼가 숨겨져 있었다. 그가 산적질을 할 때 들고 나가는 연장이었다. 하지만 철수독이 연장질하는 걸 본 사람은 없었다. 그는 도적에게도 지켜야 할 도리가 있다는 걸 강조했고, 돈과 재물을 빼앗을지언정 인명을 해하지 않는다는 나름대로의 철칙을 가지고 있었기 때문이다. 물론 도적질을 하다 보니 싸움을 영 피할 수는 없었다. 그럴 때 대부분 아랫것들이 알아서 해결했기에 그가 싸움판에 뛰어들어 굳이 연장질을 해댈 필요까지는 없었다.

그런데 오늘, 피를 보자 눈이 뒤집혔다.

몇 년간 써먹어본 적 없는 도끼였으나 하루도 쉬지 않고 숫돌에 정성껏 갈은 도끼는 시퍼렇게 날이 서 있었다. 그는 번쩍거리는 도끼를 꼬나쥐고 머리 위로 들어 올렸다.

오장명은 스스로 성질을 이기지 못해 철수독의 면상을 들이박기는 했으나 그가 사생결단의 기세로 달려들자 겁을 먹었다. 전신의 세포들이 일제히 긴장하며 죽을지도 모른다는 다급한 신호를 발산했다. 그는 입을 쩌억 벌린 채 감히 반항하지 못하고 치고 들어오는 도끼자루를 속수무책으로 바라보았다.

쾅!

그때 상관명이 인상을 구기며 탁자를 내려쳤다.

"둘 다 그만 하고 자리에 앉아!"

분노에 찬 그의 음성이 산채를 쩌렁쩌렁 울렸다.

"두령님! 조금만 기다리십시오. 내 이 자식의 해골을 쪼개 대가리에 피가 말랐는지 안 말랐는지 보고 앉겠습니다!"

쐐애애액!

도끼가 허공을 갈랐다.

오장명의 머리통은 바로 그 밑에 있었다.

'맞으면 즉사다!'

아연실색한 오장명은 몸을 굴려 탁자 밑으로 피했다. 탁자 위로 퍽! 소리가 났다. 나무로 만든 탁자는 장작처럼 쪼개졌다.

"피하긴 어딜 피해? 쥐새끼 같은 놈! 해골을 들이대란 말이야! 대가리에 피가 말랐는지 안 말랐는지 보자고!"

"철 소두령! 그만 하라니까!"

"철 소두령, 두령님의 말씀 안 들리오? 참으시오."

"막 부두령의 얼굴도 있지, 그가 없을 때 이러면 되겠소? 오 소두령이 막 부두령의 사람인 건 모두 다 아는 사실인데."

사태가 커지자 나머지 소두령들이 철수독을 말렸다.

"말리지 마. 말리는 놈들도 다 죽여 버릴 테다!"

쐐애애액!

도끼가 다시 허공을 갈랐다. 탁자가 완전히 부서지고 그 아래에 숨어 있던 오장명이 드러났다.

"이놈! 이번에는 어디로 도망갈 테냐?"

"아악!"

오장명은 비명을 지르며 낭도해의 뒤로 숨었다.

"이거, 왜 이러십니까? 저리 가십시오."

낭도해가 기겁하며 도망쳤다. 도망친 낭도해의 자리로 도끼가 내리찍혔다. 쪼개진 나무들이 사방으로 튀어 오르며 회의장은 한순간에 아수라장으로 변했다.

그때 회의장 밖에서 누군가 중얼거렸다.

"개판이군."

쐐애애액!

도끼는 오장명의 머리통을 향해 정확히 내리꽂혔다.

오장명의 머릿속은 아득해졌다.

철수독은 이번에는 반드시 놈의 머리통을 갈라낼 수 있다고 생각했다. 손맛이 왔다. 이런 짜릿한 감정은 정말 오랜만에 느끼는 것이다.

휙!

그런데 바람 소리가 들렸다. 도끼날에 오장명의 머리통이 부딪쳐야 정상이건만 생각지 못한 헛손질에 팔이 빠질 듯 휘청거렸다.

우당탕탕!

철수독은 중심을 잡지 못하고 그 자리에서 나자빠졌다. 힘

없는 손에서 떨어져 나간 도끼가 하마터면 그의 발등을 찍을 뻔했다.

"이, 이런!"

모든 소두령이 지켜보는 가운데 개망신을 당한 철수독은 황급히 일어섰다.

겁에 질린 오장명이 회의장 문 앞에 서 있는 것이 보였다. 그런데 늙어 시력이 침침해진 것일까? 오장명의 뒤로 헛것이 보였다. 그들은 사람 형상을 하고 있는 네 마리의 괴물이었다.

철수독은 양손으로 눈을 비볐다. 괴물은 사라지지 않았다. 아니, 더욱 또렷하게 쏘아져 들어왔다.

"누, 누구냐?"

"알아서 뭐 하시게?"

괴물 중 하나가 빙글빙글 웃으며 말했다.

2

아직 해가 뜨지 않은 새벽이었다.

그래서 어둡지도 환하지도 않은 하늘로 자욱하게 안개가 펼쳐져 있었다. 그 속에서 사유리는 뒷짐을 진 채 홀로 서 있었다.

휘감은 안개 사이에서도 사유리의 전신은 유난히 희게 빛났다. 그것은 오직 사유리만이 뿜어낼 수 있는 독특한 영기(靈

氣) 때문이었다.

장소기는 자신도 모르게 침을 삼키며 숨을 죽였다.

사유리를 싫어하는 자들은 그녀를 가리켜 마녀라고 불렀다.

그녀의 치명적 아름다움이나 잔인한 손속, 이해하기 힘든 성정 때문이 아니었다. 그녀에게서는 살아 있는 사람에게는 도저히 느낄 수 없는 죽음의 체향이 흘러나왔다. 그것은 불나방이 불 주위를 맴돌다 어느 한순간 타 죽는 것처럼 그녀의 치명적 마력에 이끌린 사람들을 죽음으로 내몰았다.

목숨이 아깝다면 그녀와 가까이하지 말아야 한다.

장소기 또한 죽을 걸 알면서도 그녀가 내민 손을 뿌리치지 못했다. 그건 그를 비롯하여 살아 있는 자들의 핏속에 흐르는 갈증 같은 것이었다. 그 끝에 죽음이 온다는 것을 알아도 거둬들일 수 없는 금단의 열매, 그런 것이다.

안개가 서서히 걷히고 게으른 겨울 해가 모습을 드러낼 즈음, 사유리의 신형이 그를 향해 움직였다.

"절정곡에 다녀왔어요."

"……!"

"황 총사는 훌륭한 무사였어요. 나는 마백에게 삼고초려(三顧草廬)를 해서라도 그를 모시고 싶었지요."

장소기도 알고 있는 사실이었다. 그러나 실패했다. 원로들은 누구도 사유리의 손을 들어주지 않았다. 그녀가 마백을 비

롯한 원로원의 노마들에게 인정을 받지 못하는 것은 출신성
분 때문이었다. 노마들 중 그녀가 북해검궁에서 왔다는 걸 모
르는 자는 없었다.

마야는 그녀의 과거에 대해 거론치 말라는 명을 내렸다.
그후 누구도 그녀의 과거를 말하지 않았다. 하지만 이미 알
고 있는 사실을 잊어버릴 정도로 머리 나쁜 자는 흔치 않
다.

"하나 이젠 그것도 불가능하게 되었어요."

"애석한 일입니다."

"나는 오랫동안 궁금했습니다. 검후께서는 왜 나를 마령천
에 보내셨을까요?"

"……."

"나는 이제야 겨우 검후의 뜻을 알게 되었어요."

"무엇입니까?"

"이군악, 그리고 이월하… 그들은 천사월을 가질 수 없었
던 겁니다."

그녀의 말에 장소기는 고개를 갸웃거렸다.

"천사월과 무영천은 하나인 것으로 알고 있습니다만……."

"그것은 처음부터 둘이었던 겁니다. 어둠과 어둠, 원(怨)과
원, 사(死)와 사… 그래서 같은 것으로 보였으나 같은 것이 아
니었지요."

"하늘에 두 개의 태양이 있을 수 없듯, 오히려 상극이었단

말씀입니까?"

'상극이었다면 그것이 어떻게 하나가 되어 천사무영검으로 불려지게 되었을까?'

장소기는 이해할 수 없었다. 그러나 지금 현재 천사월은 사유리의 손에 있었다. 천사월에 대한 정보를 어느 누구보다 정확하게 알고 있는 그녀다.

사유리는 천사월을 뽑았다. 안개 속에서조차 투명하리만큼 파랗게 날이 서 있는 검신을 손가락으로 쓰다듬었다.

"두 사람의 사랑 역시 천사무영검은 인정하지 않았던 겁니다. 그래서 검후께서는 그토록 슬퍼하셨던 게지요."

"그렇습니까?"

검이 사람의 사랑을 인정하지 않는다는 터무니없는 말을 이해할 수 있는 사람은 없었다. 하지만 장소기는 그녀의 말에 반박할 수 없어 나직한 음성으로 '그렇습니까?' 라고 말했을 뿐이다.

"대주께서 정리해 오신 보고서에 보면 그 답이 있어요."

"아, 보고서……."

장소기는 보고서를 생각하자 두통이 밀려왔다. 그녀의 명을 받고 지난 기록을 찾아 삼 일 밤낮 머리를 싸매고 읽었다. 그는 그토록 오랜 시간 집중적으로 글을 읽어본 적이 없었다. 만약 공부를 이렇게 했다면 과거시험에 장원급제를 했을 것이다.

수많은 사람들의 증언 속에 사실과 거짓, 전설이 뒤섞여 있었다.

그것이 뒤죽박죽이 되어 나중에는 무엇이 사실이고 무엇이 거짓이며, 전설은 어떤 것인지조차 구분이 모호해졌다.

보고서 생각에 다시 두통이 밀려오자 장소기는 자신도 모르게 손가락으로 머리를 벅벅 긁었다.

그 모습을 본 사유리의 입술 위에 아찔한 웃음이 머물다 사라졌다.

장소기는 겸연쩍게 허리를 굽혔다.

"이군악은 내공이 폐쇄되었음에도 불구하고 가공할 사자후(獅子吼)를 터뜨렸다면서요?"

"그렇습니다. 이군악의 본신 공력보다 더 막강했다고 하더군요. 다들 그 일은 지금까지도 풀리지 않는 수수께끼라고 합니다."

"그건 죽음을 앞둔 순간 격화된 감정이 무영천을 깨운 때문이에요."

"……!"

"그 순간 깨어난 무영천은 이군악의 사념을 모조리 삼켜 버린 것이지요. 결국 이군악은 무영천이 되었지요. 그래서 절실히 원하던…… 이월하의 몸속으로 들어가 버렸어요."

천사월이 하얗게 빛을 내기 시작했다.

그녀가 내공을 주입한 것이다.

“만약 이군악이 이성으로 선택할 수 있었다면 무영천은 검후에게 들어갔을 거예요.”

“그건 어찌 그렇습니까?”

“이월하는 어렸으니까요. 청산의 녹수가 마르지 않는 한 복수는 늦지 않는다, 라고 하지만 그 어린아이가 어른이 되어 복수를 하기까지는 정말 오랜 시간이 필요할 거예요. 또 반드시 복수를 이룩한다는 보장도 없고. 하나 검후였다면 달라졌겠죠.”

“아……!”

“하나 불행히도 무영천은 자신의 의지로 숙주를 찾아요. 검후에게는 천사월의 잔류사념이 남아 있어요. 무영천은 천사월이란 껍질을 필요로 하지 않아요. 스스로 훨훨 날 수 있는데 속박을 당할 필요가 없었던 게지요.”

사유리는 허공으로 천사월을 그었다.

검신을 태우는 듯 보이던 하얀 불꽃이 사방으로 흩어졌다.

불꽃은 수많은 환(環)으로 형성되었다. 그것은 다시 또 거대한 환으로 바뀌었다. 안개 속에서 환은 이글이글 타올랐다.

천사월이 다시 한 번 허공에서 화려한 검무를 보였다.

검끝에서 흑색 기류가 뿜어지며 환의 테두리 안으로 모여들었다.

하얗게 타오르는 환 안에서 일렁이는 흑색 기류는 괴기스러웠다.

장소기는 검끝을 바라보고 있는 자신의 눈이 몹시 두렵고 긴장하고 있다는 사실을 깨달았다. 어른 주먹 크기의 흑색 기류는 마치 살아 있는 듯 노려보고 있다는 착각마저 들었다.

그는 자기도 모르게 뒤로 두세 발자국 물러났다.

천사월이 사유리의 손안으로 빨려 들어왔다.

불꽃은 흔적도 없이 사라졌다.

흑색 기류는 오랫동안 남아 있었다. 사유리가 다시 손을 휘두르자 흑색 기류는 그녀의 소맷자락 속으로 말려 들어왔다.

허공엔 오직 안개만이 남아 있었다.

"이, 이공녀님…… 금방 그것은……."

"보시기에 어떠했습니까?"

"마치…… 살아 있는 것 같았습니다. 그리고……."

"……?"

사유리의 시선이 대답을 재촉했다. 장소기는 그 시선에 자기도 모르게 솔직하게 이야기했다.

"저를…… 삼켜 버릴 것 같았습니다."

"그것이 바로 무영천이에요. 좀 더 정확히 말해, 우리가 무영천이라 명명한 것이 되겠지만."

"네?"

"올바르지 못한 인간의 그릇된 생각, 즉 분노와 증오, 욕망 등의 사념이 존재하는 한 무영천은 점점 더 자신을 완성하게 되어갈 거예요. 물론 처음은 인간의 손에서 비롯되었으나 결국 인간의 피와 념을 먹고 자라면서 만족할 줄 모르는 괴물이 되어버리는 것이지요. 숙주마저 자신이 선택할 수 있는.”

“그렇다면 무영천을 가진 자를 죽인다 할지라도 무영천을 얻지 못한다는 말입니까?”

“그렇지요.”

사유리는 사이하게 웃었다.

“마백은 무영천을 쫓고 있지만 결국 아무것도 얻지 못할 거예요.”

“그럼 이공녀께서도……?”

“나는 달라요.”

사유리가 손바닥을 펼치자 검은 안개가 공처럼 동그랗게 떠올랐다.

“이것은 천사월에게 남아 있던 무영천의 사념과 황 총사에게서 얻은 잔류사념들을 모아 만든 것입니다.”

“이공녀께서 무영천을 만드셨단 말입니까?”

사유리는 대답을 하지 않았다.

흑무(黑霧)에 공력을 주입하자 그것은 가느다란 뱀같이 꿈틀거리며 그녀의 팔을 휘감았다.

“아직은 무영천이라고 부를 수 없는 미비한 존재일 뿐이에요.”

사유리의 공력이 한층 강해졌다.

흑무가 점점 굵어지기 시작했다.

"그러나 곧 껍질을 깨고 세상에 나오겠죠, 나 사유리의 의지로."

장소기는 입을 벌리고 안개 덩어리를 바라보다가 다시 사유리를 쳐다보았다.

"천사월과 무영천은 상극이라고 하지 않으셨습니까? 그런데 어떻게……?"

사유리는 가볍게 웃으며 검은 안개를 쓰다듬었다.

"무영천과 천사월은 상극이지만 한 뿌리에서 태어난 형제. 절대적으로 우위를 점한 존재에게 예속되는 특징도 있지요."

"으음……."

그녀의 말은 알 듯 모를 듯 꽤 난해했다.

장소기는 머리가 터질 것 같았다.

도대체 저 무영천이란 괴물은 무엇이란 말인가?

사유리는 떠오르는 태양을 바라보았다.

장소기는 그녀의 뒷모습을 바라보는 것만으로도 눈이 부셨다.

"대붕(大鵬)이 날개를 활짝 펴고 구만 리 장천을 날아오를 때가 되었습니다."

3

“심각한 회의 중인 것 같은데 미안하게 됐소.”

이월하가 불쑥 안으로 들어왔다.

“누, 누구냐고 물었다!”

철수독의 뒤에서 소두령들이 소리쳤다.

“알아서 뭐 하냐고 했잖아.”

싸늘한 비웃음과 함께 오장명이 옆으로 픽 쓰러졌다. 그리고 들어서는 자는 당자령이었다. 그녀는 철수독의 도끼가 내려쳐지는 찰나, 오장명의 뒷덜미를 끌어당겨 목숨을 구한 것이다.

그녀의 전신이 완전히 드러나는 순간 철수독은 경악에 가까운 놀람의 빛이 스쳤다. 인간이라고 할 수 없는 그녀의 모습에 놀라지 않을 자, 누가 있겠는가?

“뉘, 뉘시오?”

육십 년을 넘게 살면서 산전수전은 물론 공중전까지 다 겪었다고 자부했던 철수독의 음성이 은연중 떨리고 있었다.

“알 거 없다고 했잖아.”

당자령이 장내를 걸어 들어왔다.

이런 기괴한 몰골에 대범하기까지 한 여자는 대개 두 가지 부류로 나뉜다.

미친 여자 아니면 무림 고수.

그런데 지금은 무림 고수 쪽에 가깝다.

이월하와 허풍, 설군영이 당자령의 뒤를 따랐다. 그리고 그

뒤에 마철이 있었다. 마철은 올라오는 동안 꽤 호된 교육(?)을
받은 듯 잔뜩 주눅이 든 얼굴이었다.

"네가 두령이냐?"

당자령은 호피 의자 위에 거만하게 앉아 있는 상관명을 보
며 웃었다. 하지만 그녀의 웃음이 상관명에게도 웃음으로 보
일지는 의문이었다.

"그, 그렇소."

모골이 송연해진 상관명이 철수독처럼 말을 더듬었다.

"부하들이 말을 잘 안 듣지?"

상관명은 고개를 끄덕였다.

"머리도 좋은 거 같지 않던데?"

틀린 말이 아니니 그는 다시 고개를 끄덕였다.

"말 안 듣고 머리도 나쁜 애들 데리고 일하려니 네놈도 흰
머리깨나 뽑겠구나."

"마, 말도 마시오. 미칠 지경이오."

"비켜봐라. 좀 앉자."

당자령은 저쪽으로 가라는 듯 손짓을 했다. 상관명은 반항
한 번 못하고 자리에서 일어났다.

"아, 앉으시지요."

"네놈은 제법 말을 잘 듣는구나."

당자령은 원래부터 자신의 자리였다는 듯 거리낌없이 호
피 의자에 앉았다.

“푹신하군. 좋아. 앉아 있으면 잠이 사르르 오겠는걸.”

상관명이 자리를 빼앗기자 최측근에 앉아 있던 소두령 냉여삼(冷如三)은 주위의 눈치를 보더니 슬쩍 앉은자리에서 일어났다.

“두령님, 여기 앉으시지요.”

“고맙네.”

상관명은 자신이 왜 반항 한 번 못하고 두령의 자리를 내주었는지 미처 생각할 겨를도 없이 냉여삼이 내준 자리에 앉았다.

그때 누군가가 상관명의 등을 두드렸다. 상관명이 돌아보자 새파란 청춘 하나가 자신을 보고 웃고 있었다.

이월하였다.

“미안하지만…….”

“미안하다면 말하지 마시오.”

“나 환자요.”

“멀쩡하게 보이는데?”

이월하는 너덜너덜해진 손바닥을 보여주었다.

환자 맞았다.

“환자에겐 휴식보다 더 좋은 게 없소. 웬만하면 자리를 양보해 주시오.”

손바닥이 쩍쩍 갈라지고 허연 뼈가 보인다고 해서 다리가 저절로 아파지는 건 아니다. 서 있지 못할 이유로 불충분했다.

이럴 땐 '너, 죽고 싶으냐?' 라며 대범하게 한마디 해주어야 한다. 그게 산적 두목다운 행동이었다. 하지만 놈의 뒤로 무시무시하게 생긴 당자령이 딱 버티고 있으니 상관명이 아무리 깡이 좋다고 해도 '너 죽고 싶으냐?' 는 말이 선뜻 나올 수 없었다.

상관명은 아프다고 말하면서 생글생글 웃고 있는 이월하에게 침이라도 뱉어주고 싶었다. 하지만 그것마저 포기하고 비굴하게 웃었다.

"하핫! 환자라면… 앉아야지. 아, 앉으시오."

상관명은 눈물을 머금고 다시 한 번 자리를 비켜주었다.

"고맙소. 이렇게 친절하시니 복받을 거요."

'네놈이 눈에서 사라지는 게 나에겐 복이다!'

상관명이 피를 토하며 또 한 번 자리를 빼앗기자 그 옆의 소두령이 벌떡 일어났다.

"두, 두령님, 제 자리에 앉으시지요."

당연히 두령에게 자리를 양보할 수밖에 없었다.

상관명이 입맛을 쩝쩝 다시며 그 자리에 앉으려고 할 때였다.

"너, 그쪽으로 앉아라."

당자령이 설군영에게 말했다.

상관명의 얼굴이 일그러졌다. 하지만 이미 두 번이나 자리를 비켜주었건만 또 한 번을 못 비켜주겠는가.

"수, 숙녀에게 자리를 양보하는 건 사내대장부의 예의지. 소, 소저, 여기 앉으시오."

"그, 그럼 두령님은 제 자리에 앉으시지요."

그 옆의 소두령이 다시 자리를 비켜주었다. 상관명은 자리에 앉기 전에 불청객 중 유일하게 서 있는 허풍을 바라보았다. 이 대머리는 불만이 가득한 얼굴로 서 있었는데, 자신이 아직 자리를 차지하고 앉지 못한 것에 대한 불만인 것 같았다.

'또 비켜주어야 하나?'

이제 와서 더는 양보 못하겠다고 버티는 것도 웃기는 일이었다.

상관명은 깊은 한숨과 함께 모든 것을 체념했다.

"여기 앉으시오."

상관명이 그렇게 말하자 그 옆에 앉아 있던 소두령은 눈을 데구르르 굴렸다. 이제 자신이 비켜줄 차례인 것이다.

"아미타불, 소승은 자리에 연연하지 않소이다."

"아, 네."

건성으로 '아, 네' 라고 대답하던 상관명이 깜짝 놀라며 되물었다.

"그런데 스님이세요?"

안 그래도 잔뜩 화가 나 있던 허풍이었다. 처음에는 그러려니 했지만 가는 곳마다 스님이냐고 물어보니 은근히 자존심이 상하던 터였다.

"그럼 소승이 뭐로 보이시오?"

"대머리……."

총각이라고 말하려 했다. 그러나 대머리라고 말해놓고 보니 그 뒤로 총각이라는 말까지 붙이는 건 너무 잔인한 것 같았다. 대머리 총각은 장가가기도 어렵다.

그러나 허풍의 입장에서는 '대머리' 나 '대머리 총각' 이나 별 차이가 없었다.

"소승은 중이오!"

"알겠소. 누가 뭐라고 했소? 그런데 고명하신 대사님께서 여긴 무슨 일로?"

"사람을 찾으러 왔소."

"누굴?"

"세 사람이오."

"밑도 끝도 없이 세 사람이라고 하면 누가 알아듣겠소? 이름이라도 말해야 알 거 아니오."

"세 사람이면 세 사람이지 무슨 세 사람이오? 나도 그 세 사람이 누군지 모르니 저분에게 물어보시오."

허풍은 마철을 가리켰다.

모두가 마철을 쳐다보았다. 마철은 산채의 우두머리들이 모두 자신을 쳐다보고 있자 몸둘 바를 몰랐다. 원래 그는 이

월하 일행을 대호파나 흑룡회의 간자인 줄 알고 산채로 유인
한 것이다. 하지만 산채로 올라오는 도중 있었던 대화 내용을
종합해 볼 때, 이들은 산적이 아니라 무림인이었던 것이다.
　마철은 일이 잘못되었다는 걸 깨닫고 머리끝이 쭈뼛 섰다.
하지만 이미 쏟아진 물이었으니 주워 담을 수가 없다.
　"제, 제가……."
　마철은 와들와들 떨며 입을 열었다.
　"두, 두령님의 미, 밀명을 받고… 사, 산채를 내려가지 아,
않았겠스, 습니까?"
　"그런데?"
　"가, 가는 도중 이, 이분들을 마, 만났습니다."
　"그래서?"
　"그, 그런데… 이, 이분들이… 세, 세 사람을 못 봤냐고 묻
기에……."
　"그래서?"
　"저, 저는… 이, 이분들이 가, 간자인 줄 알고… 사, 산채로
모시게 되, 되었습니다."
　"이봐, 오 소두령."
　"네!"
　"저 녀석이 능력있다고 천거한 자가 자네인가? 자네가 추
천해서 정찰조장이 된 녀석이 저 녀석이냐고?"
　"그, 그렇습니다만……."

“능력있어 보여?”

“횡설수설하고 있는 것 같이 보입니다만…….”

“그러니까 그게 능력이 있는 거냐고?”

“죄송합니다. 죽을죄를 지었습니다.”

“음, 이야기를 듣고 보니 모든 게 오해에서 비롯되었다, 이런 것 같은데요.”

이월하가 마철의 말을 종합해서 말했다.

“소협은 저 녀석의 말이 이해가 되시오?”

상관명이 신기하다는 듯 물었다.

“한마디로 말해서 우리를 간자로 오인해서 산채로 끌고 왔다는 거잖소?”

“그거냐?”

상관명의 물음에 마철은 겁먹은 얼굴로 고개를 끄덕였다.

마철이 고개를 끄덕이자 모두의 표정이 ‘이 자식이 죽으려고 환장을 했구나’ 였다.

“스님, 어쩌죠? 우리가 속았소.”

이월하는 그럴 줄 알았다는 듯 허망한 기색은 아니었다.

하지만 허풍은 절망에 가까운 낯빛을 보였다.

“그럼… 여기에 그놈들이 없단 말이오?”

“그놈들이 누군지 모르지만 우리는 스님을 오늘 처음 만났으니 최소한 우리는 아닌 듯하오.”

“산채로 올라갔다며?”

허풍은 마철을 향해 걸어가며 다가갔다. 그는 마철의 앞에 서더니 곧바로 멱살을 잡았다.

"어떻게 된 거냐고? 어떻게?"

"그, 그게…… 스님이 너무 노지심같이 생겨서…… 자, 잘못했어요. 살려주세요!"

마철은 사정했다.

"스님, 평상시답지 않게 필요 이상으로 흥분하시는 것 같소이다. 잠시 흥분을 가라앉히시고 손에 자비를."

"아미타불."

허풍이 불호성을 외며 흥분을 가라앉혔다.

"여기에 그자들이 없는 것 같으니 우린 이만 가도록 하지요."

허풍의 말에 상관명은 옳다구나 싶었다. 그래서 반색했다.

"벌써 가시…….."

하나 말을 채 끝내지 못했다.

"기왕 왔는데 가긴 어딜 가느냐? 좀 쉬었다 가도록 하자."

호피 의자에 거만하게 앉아 있던 당자령이 말했다.

"좀 쉬었다가 몸을 추스르고 가는 게 좋을 것 같소. 옷도 입고 다녀야지. 남들 보기 창피해서 원."

이월하도 당자령의 말에 동의했다.

허풍이 자신의 몰골을 내려다보았다. 사람 꼴이 아니었다. 산채에 갈아입을 승복(僧服)이 있겠냐마는 목욕이라도 좀 하면 사람 꼴이 나지 싶었다.

"그럼, 그럴까요?"

상관명은 산채의 두령이었다. 두령이란 권위의 상징이다. 그런데 그는 지금 이 순간 참으로 많은 권위가 깎여 내려가고 있었다. 결코 기분 좋은 일이 아니었다.

'첫인상이 더러워서 겁먹었을 뿐인데.'

겁을 먹을 이유가 없었다. 여기는 그의 산채였다. 그의 말 한마디에 목숨을 거는 식구가 백여 명이다. 그에 반해 산채를 점거한 이들은 고작 네 명.

상관명은 용기가 생겼다. 다른 사람의 물건을 빼앗아본 적은 있지만 빼앗겨본 적은 없는 그가 아니던가!

"그런데⋯⋯."

상관명은 험악하게 인상을 구겼다. 가뜩이나 산도적 같은 그의 얼굴이 더욱 포악하게 보였다.

당자령의 칼자국 난 눈자위가 그의 포악한 얼굴을 바라보았다.

"뭐요?"

원래 상관명은 '그런데 너희들 뭐냐?'라고 말하려 했었다. 하지만 당자령과 정면으로 시선이 마주치는 순간 '너희들'이란 말은 꼬리를 감추었고 '뭐냐?'는 '뭐요?'로 순화되었다.

"나는 북해검궁의 당자령이다."

호피 의자에 앉은 당자령은 거만하게 가슴을 폈다. 순간 갈

비뼈가 우두둑! 소리를 내더니 쑤셔왔다. 황일화와의 싸움에서 얻은 상처였다. 하지만 조무라기들 앞에서 약한 모습을 보일 수 없는 그녀는 크게 심호흡을 하며 더욱 거만하게 가슴을 폈다.

'우욱! 두 대는 부러진 거 같군.'

"북해검궁?"

상관명이 되물었다. 그는 엄밀히 따져 무림인이 아니었기에 강호의 크고 작은 문파를 줄줄이 꿰차고 있는 건 아니었다. 당연히 북해검궁도 들어본 적이 없었다. 그가 알고 있는 문파는 구파일방과 녹림방, 마령천 등이 전부였다.

"크하하하핫!"

그때 철수독이 호쾌하게 웃었다.

"노부가 산적질을 한 지 삼십 년이 넘었건만 산채에 와서 사기를 치는 놈들은 난생처음이다."

"내가 봐도 그렇소."

오장명은 얼른 맞장구를 쳤다. 여기서 그의 비위를 맞춰 목숨을 건져 보자는 수작이었다. 철수독은 내심 못마땅해 오장명을 노려보았으나 지금은 내분을 일으킬 때가 아니니 달리 말하지 않고 당자령을 향해 외쳤다.

"조비연의 실종과 함께 북해검궁이 사라진 건 세상 사람들이 다 아는 일이야! 어디서 감히 수작질이냐?"

조비연은 남자들에게 있어서 동경과 환상, 호기심의 대상이다. 자연히 눈과 귀가 쏠려 호기심을 충족시키려 한다. 하지만 북해검궁은 신비지문이었기에 그가 취할 수 있는 정보는 그리 많지 않았다. 철수독도 조비연이 워낙 유명해 그 정도의 정보만 알고 있었다.

"조비연? 그렇다면 조비연이 있던 문파가 북해검궁이었어?"

그나마 조비연의 이름을 들어본 상관명이 아는 척을 했다.

"그렇습니다, 두령님. 그리고 북해검궁은 여자만 있다고 들었는데, 너는 여자도 아니지 않느냐?"

그 말은 치명적이었다.

'여자도 아니다! 여자도 아니다! 여자도 아니다! 여자도……'

당자량의 머릿속으로 철수독의 말이 비수처럼 꽂혔다.

한때 청춘의 열정을 다하여 사랑했던 남자도 있었다. 수많은 청년 무사들이 그녀의 외모에 상사의 열병을 앓기도 했다. 그들이 내쏟았던 사랑과 유혹의 밀어들이 아직도 귀에 생생하다.

여자의 추억은 언제나 아름답다.

'그런데 여자도 아니라니……'

이월하는 당자량의 얼굴을 보자 가슴이 덜컥 내려앉았다.

가뜩이나 성격이 안 좋은 그녀였다. 한차례 피 바람이 불 것 같았다.

“죽고 싶으냐?”

과연 그녀는 성격을 드러냈다.

철수독은 ‘북해검궁’이라는 한마디에 이미 그녀를 사기꾼이라고 단정하고 있었으니 기죽을 일이 없었다.

“능력은 있고?”

그는 슬쩍 도끼를 들어 보였다. 자신있으면 붙어보자는 기세다.

“용기는 가상하다만 눈이 있어도 사람을 알아보지 못하니, 그 눈알을 뽑아버려도 무방하겠어!”

당자령은 앉은자리에서 움직이지 않았다.

“크아아악!”

그런데 철수독은 꼬나쥐고 있던 도끼를 떨어뜨리며 자신의 발등을 찍었다. 도끼가 발등을 찍었으면 으레 넘어지거나 허리를 굽혀 찍힌 발등을 부여잡고 나뒹굴어야 한다. 하지만 철수독은 양손으로 양쪽 눈알을 부여잡고 비명을 질렀다.

당자령은 앉은자리에서 그의 눈알을 뽑아버린 것이다.

눈알이 뽑힌 자리에서 피가 철철 흘렀다.

철수독의 뽑힌 눈알은 당자령의 손에 들려 있었다. 당자령은 그의 눈알을 앞에 놓인 술잔에 담갔다. 조금 전까지 상관명이 마시던 술잔이었다.

상관명을 비롯한 소두령들 모두가 모골이 송연한 채 그 장면을 보고 있었으나 오로지 철수독만이 보지 못했다.

"주둥아리를 함부로 놀렸으니 이번에는 혀를 뽑겠다!"

"할머니, 그러실 필요 없어요."

이월하가 일어나며 철수독의 앞을 막았다.

"우리가 싸우러 온 건 아니잖아요."

'싸우러 온 거 맞는데…….'

와보니 그 대상이 없어져 허무하긴 했지만, 올라올 때까지는 싸우러 온 거 맞았다.

"내가 저자와 싸우는 것처럼 보이느냐?"

살기가 가득한 당자령이었으나 이월하와 말을 할 때만큼은 인자하기 그지없다.

"싸움은 상대가 될 때나 하는 것이다. 지금은 전혀 상대가 되질 않아. 나는 다만 저자의 버르장머리없음을 가르치려는 것뿐이다. 특히 이놈들은 무고한 양민의 돈을 뺏고 노략질을 일삼는 산적들이다. 이 세상에 있어봤자 아무 도움도 안 되는 놈들이야."

"그건 꼭 그렇지 않아요. 이들이 나쁜 놈들이긴 하지만, 음… 나쁜 놈들이긴 하지만… 스님, 거 뭐죠?"

"뭐가 말이오?"

세 놈을 잡아 후련하게 복수를 하지 못한 허풍의 음성은 퉁명스러웠다.

"거 있잖소. 아무리 죽을죄를 지은 놈이라 할지라도 나름대로 인권이 있다. 뭐, 이런 걸 멋지게 하는 말."

"아미타불…… 그런 건 모르겠고 생명은 누구에게나 소중한 것이외다."

"두령님도 모르시오?"

"그, 글쎄…… 예전에 배운 것 같기는 한데……. 이봐, 아는 사람 없나? 철 소두령의 목숨이 달린 일이라고."

'그걸 알면 우리가 여기서 산적질을 하겠어?'

소두령들이 모두 고개를 옆으로 돌리며 상관명을 외면했다.

'그는 눈알이 뽑히고 도끼에 발등이 찍혀 아픔을 견디지 못하고 바닥을 나뒹굴고 있는데, 사람들은 모여 앉아 한가로이 인권 타령이라니…….'

설군영은 기가 막혔다.

철수독이 지금 제정신이 아니라서 다행이지, 만약 그가 생각할 겨를이 있다면 인권에 대해서 짖고 까불고 있는 놈들을 결코 가만두지 않았을 것이다.

"저기…… 제가 한 말씀 드려도 되겠습니까?"

마철이었다.

"네가?"

조금 전 버벅거리던 마철을 떠올린 상관명은 못마땅한 듯 인상을 썼다. 하지만 상황이 상황이니만큼 말하고 싶은 놈은 말하게 내버려 두었다.

“해봐.”

“가, 감사합니다, 두령님.”

놈들을 산채까지 끌고 온 것은 죽어도 씻지 못할 죄다. 죄를 씻는 길은 이번 기회를 잘 이용하는 것뿐이라고 마철은 생각했다. 그는 와들와들 떨리는 심장을 억누르며 말했다.

“흠흠, 인간은 태어남과 동시에 하늘로부터 인간의 존엄성을 부여받습죠. 유식한 놈들은 이걸 천부인권(天賦人權)이라 말합니다.”

“그러니까 당신이 천부인권이라고 말했으니 유식하다는 거요?”

이월하가 못마땅하다는 듯 눈을 내리깔며 꼬투리를 잡았다.

“서, 설마 소생이 그렇겠습니까? 마, 말을 하다 보니……. 좌우지간 그러니까 인간이 인간의 존엄성을 훼손할 수는 없다는 거죠. 오직 하늘만이, 아니, 부처님만이 인간을 단죄할 수 있습죠.”

마철은 하늘이 단죄할 수 있다 말하려 하다가 허풍을 슬쩍 바라보았다. 허풍의 표정이 좋지 않았다. 그래서 그는 ‘하늘’을 ‘부처님’으로 바꿔 말한 것이다. 다시 본 허풍의 표정은 매우 만족스러웠다.

“그렇게 잘 아는 놈이 왜 다른 사람의 생명은 위협하고 재물은 빼앗느냐?”

"그러니까 그게… 그 죄는 훗날 부처님이 단죄를 한다, 이 말씀입죠."

상관명은 마철의 답변이 매우 마음에 들었다.

'막 부두령이 감옥에서 나오지 못한다면 저놈을 부두령 시켜서 써먹어야겠다.'

"할머니, 저 사람의 말에 일리가 있지 않습니까?"

이월하가 묻자 당자령이 고개를 끄덕였다.

누구에게나 인간답게 살 권리가 있다는 건 인정하는 바였다. 그녀 역시 무저혈에 갇혀 십여 년간 모진 고초를 겪었으니 '인간답게 살 권리'라는 말이 더욱 가슴에 와 닿았다.

그녀가 오랜 영어(囹圄)의 생활로 인해 약간은 괴팍하고 잘 참지 못하고 편협하기까지 한 성격이 되어버렸으나 인간의 도리를 지키고자 노력하는 근본까지 바뀌어 버린 것은 아니다.

"듣고 보니 마 소협의 말이 아주 좋았소. 그런데 천부인권은 어느 위대한 대석학께서 내놓으신 학문적 완성이오?"

"그건 잘 모르겠는데요. 훗날 외국에서 문서로 나오긴 하는데……."

"외국이라니? 어느 나라?"

"천부인권은 학생들 교과서를 뒤져 보면 나오니까, 정 궁금하면 나중에 시간 내서 찾아보세요."

"내가 워낙 바쁘다 보니 시간이 있을지 모르겠소."

이월하는 쩝쩝 입맛을 다셨다.

사실 그는 천부인권이 조금 궁금하긴 했으나 세상에 재미있고 즐거운 일들이 얼마나 많은데 없는 시간 쪼개서 지루한 교과서를 뒤져 보겠는가.

'그럴 시간 있으면 춘화도나 찾아보겠다. 쩝.'

"좋다. 모두의 말이 그러하니 내가 참도록 하지. 하나 이미 눈알을 빼버렸으니 다시 박아 넣을 수는 없는 일. 돌려줄 테니 알아서 해라."

당자령은 술잔에 넣어두었던 철수독의 눈알을 꺼내 그의 앞으로 휙 던졌다.

하지만 이미 장님이 된 철수독이 눈알을 어떻게 받을 수 있겠는가?

눈알은 눈알대로 바닥을 구르고 철수독은 철수독대로 눈알을 찾아 바닥을 기었다.

이월하는 다른 사람의 눈알을 만진다는 게 꺼림칙했지만 눈알을 주워 그의 손에 쥐어주었다.

"여기요."

"고맙소."

당자령은 이월하와 철수독은 쳐다보지도 않고 상관명을 불렀다.

"두령."

"네?"

“우리가 쉴 방을 준비해야지.”

“쉬다니요?”

“너희들 회의를 하고 있지 않았느냐?”

“그렇긴 합니다만……”

“그럼 내가 여기서 너희 도둑놈들의 회의를 주재하랴?”

“그건…….”

원치 않은 바였다.

“그러니까 방을 준비해야 우리가 갈 거 아니냐? 아, 그리고 부하들 몇 명 풀어서 밖의 동태도 좀 살피도록 하거라.”

“그건 왜요? 혹시 대호파나 흑룡회 놈들이 침입한다는 정보라도?”

“그건 모르겠고, 마령천에서 올지 몰라서요.”

이월하가 보충 설명을 했다.

“마령천!”

상관명을 비롯한 소두령들이 입을 쩍 벌렸다. 마령천의 이름은 공포의 대명사다.

“우린 마령천에 쫓기는 몸이오. 잠시 쉬는 동안 놈들이 들이닥칠지도 모르니 조심해야 한다, 이거요.”

“아… 네.”

“이해가 가십니까?”

“이해는 가는데 언제까지 여기에 계실 건지?”

“그러니까 밖의 동태를 살펴야지요. 지금으로서는 뭐라고 말할 수 없소."

"하, 하지만 마령천이라면……."

마령천에 쫓기는 자들을 숨겨주다니. 후환이 두려웠다. 만약 이 사실이 마령천에 알려진다면 녹수채는 흔적도 없이 사라지고 말 것이다. 그러나 위기는 기회라는 말도 있다.

'이놈들을 고발한다면?'

대단히 매력적인 생각이었다. 쫓기는 자를 고발한다면 마령천주는 당연히 포상금을 하사할 것이 아닌가?

'마령천라면 하사금도 엄청날 거야. 흐흐! 호박이 넝쿨째 굴러 들어왔구나.'

더욱이 마령천에서 녹림방에 말이라도 한마디 해준다면 구룡산의 주인은 따논 당상이었다. 하지만 이 기분 좋은 생각을 겉으로 내색할 수는 없었다. 상관명은 매우 난처한 얼굴로 곤란하다는 듯 말했다.

"어려우시다니 저희가 힘껏 도와야겠지만… 저희도 저희 나름대로 사정이 있소. 보름 후에 녹림대회(綠林大會)가 있어 가야 하거든요."

"각 산의 산적들이 모여서 야유회라도 한단 말이오?"

"야유회가 아니라 녹림대회요."

"대회나 야유회나 그게 그거지요. 뭐, 그건 그렇고, 가서야 된다면 가야지요."

"이해해 주시니 고맙소."

“우리는 신경 쓰지 마시고 일 보세요. 설마 보름이나 이 척박한 땅에 있겠소?”

ᐧ“그게… 그런가요?”

“하하, 그리고 우리를 마령천에 고발하면 상금을 많이 줄 것이다, 그런 생각은 하지 마시오. 아까 보셔서 아시겠지만 저분 성격이 보통 아니십니다.”

이월하는 당자령을 가리키며 씨익 웃었다.

상관명이 당자령을 바라보았다. 그녀는 가만히 앉아 있기만 했는데도 무서웠다.

“그리고 혹시 따님이 계시오?”

“있소만……. 그건 왜?”

“저분 시중을 들게 하세요.”

“……?”

“하하, 인질이지요. 뭐, 두령님께서 말씀을 잘 듣는다면 별일이야 있겠소?”

“이, 인질…….”

상관명의 얼굴이 하얗게 질렸다.

“흠…… 좋은 생각이로군.”

당자령은 만족해하며 고개를 끄덕였다.

第二章 복수를 하는 것이야말로 불효다

1

“장 숙부(張叔父).”

안개에 휩싸인 장원에서 사유리의 음성은 나직하게 울렸다.

장소기는 전신을 부르르 떨었다.

‘숙부라니! 한낱 수하에 불과한 나에게 숙부라니!’

장소기는 사유리가 처음 마령천에 왔을 때를 떠올렸다.

때 이른 장마가 시작되었던 그해, 며칠째 한 치 앞을 내다 볼 수 없는 폭우가 쏟아졌고 태풍은 거목(巨木)들을 부러뜨리며 휘몰아쳤다. 사람들은 바깥출입을 삼갔다. 마령천도 몇 명의 경비무사를 제외하곤 아무도 성내를 돌아다니지 않았다.

어른들도 출입을 삼가는 악몽 같은 날씨.

그녀는 흰 천으로 친친 감은, 자신보다 훨씬 더 커 보이는 천사월―그때는 그것이 천사월인지 몰랐지만―을 소중히 가슴에 품은 채 마령천의 성문을 두드렸다.

도롱이로 완전무장을 한 경비무사가 황급히 빗속을 뚫고 달려가 성문을 열었다. 아이는 비에 흠뻑 젖어 마치 목욕을 한 것 같았다. 얼굴은 파랗게 질려 있었고, 온몸은 추위를 견디지 못해 와들와들 떨렸다. 하지만 두 눈의 총기는 잃지 않았다.

"너는 누구냐?"

낯선 계집아이의 방문에 경비무사는 반쯤은 어이없고 반쯤은 신기한 눈으로 물었다.

"검후께서 나를 보냈다."

비루한 몰골의 그녀는 더할 수 없이 당당했다.

경비무사는 '하하' 거리며 웃었다.

"너는 어린 나이에도 불구하고 일찍부터 미쳐 버렸구나."

"검후께서 나를 보냈다."

경비무사의 비웃음에도 아랑곳하지 않고 그녀는 더욱 당당했다.

경비무사가 도롱이의 빗물을 털어내며 그녀 앞에 쪼그리

고 앉아 눈높이를 맞췄다.

"검후? 무슨 검후? 조검후? 그래서 어쩌라고? 이 세상에 조검후를 팔고 싶어하는 계집아이가 어디 너뿐이더냐? 하나 너는 번지수를 잘못 찾았다. 여긴 네가 장난칠 곳이 아니야. 이 아저씨는 성격이 좋아서 웃지만 다른 사람이라면 뼈도 못 추릴 것이야. 어서 가거라, 네 엄마에게."

그는 꽤 이성적으로 말했으나 이것은 그의 실수였다.

만약 그가 좀 더 생각을 깊이 할 수 있었다면 폭우와 태풍을 뚫고 마령천에 올 수 있는 사람은 그리 많지 않다는 걸 깨달았어야 했다. 특히 마령천을 중심으로 방원 삼십 리 내에는 단 한 채의 인가(人家)도 없었다.

물론 이 모든 것을 추리할 수 있다면 그가 경비무사로 일생을 마칠 리 없었다. 그는 그러한 것을 추리하지 못했기에 그저 아이가 어리다는 이유만으로 경계를 늦추었고 머리를 쓰다듬었다.

"너 따위가 감히!"

사유리의 날카로운 음성이 빗속을 꿰뚫었다.

"아악!"

그 순간 경비무사가 비명을 내지르더니 그 자리에서 즉사하고 말았다.

깜짝 놀란 다른 경비무사들이 사태가 엄중함을 깨닫고 상부에 보고했다.

장소기가 달려왔다.

그는 아이를 보는 순간 정상이 아님을 알았다.

'환마대법(幻魔大法)!'

그는 까맣게 타 들어간 채 빗속에 방치되어 있는 경비무사의 시신과 아이를 번갈아 보며 마음속으로 외쳤다.

환마대법은 이지(理智)를 상실하여 시전자의 의지에 따라 움직이게 된다. 인간의 능력이라고는 믿어지지 않을 만큼 강한 기류가 세맥을 타고 흘러 기가 약한 자는 부딪치는 순간 까맣게 타서 즉사하고 마는 것이다.

'환마대법은 이미 실전되어 세상에 전해지지 않는다 들었건만, 어찌 이 아이의 몸에서……'

장소기는 보통 일이 아니라고 생각했다.

설사 자신의 잘못 보아 아이가 환마대법이 걸린 것이 아니라 해도 상부에 보고할 필요가 있었다.

사유리는 원로원에 보내져 환마대법이 맞다는 인정을 받았고 곧이어 마야에게 보고되었다.

많은 사람들의 시선 속에서 마야가 아이를 만났다. 두 사람은 전혀 대화가 없다.

장소기는 조심스럽게 마야의 표정을 살폈다.

그는 세상의 모든 일에 관조하는, 그래서 아무것도 궁금하지 않은 늙은 호랑이처럼 태사의에 앉아 사유리를 관찰했다. 질의응답 따위는 애초에 없었다. 대전은 무거운 침묵 속에서 오직 마야가 뿜어내는 절대자의 절대고독만이 도도히 흐르고 있을 뿐이다.

마야는 사람의 마음을 읽는 방법을 알고 있었다. 관심법(觀心法)이었다. 그러니 불필요하게 말을 할 필요가 없었다.

이윽고 그는 태사의에서 만 근의 위엄이 담긴 몸을 일으켜 사유리에게 다가왔다.

중원무림에서 공포의 대명사인 마야의 다가옴은 위압감이다. 일부 기가 허약한 자들은 숨이 탁 막혔다. 하지만 사유리는 눈 하나 깜박이지 않았다.

마야는 사유리의 앞에 무릎을 세우고 앉았다.

그의 검은 장포가 대전 바닥을 덮었다.

"오느라 수고하였다."

길게 손톱을 기른 마야의 십지(十指)가 사유리를 안았다.

사유리는 긴 수면 속으로 들어갔다.

다시 깨어났을 때, 그녀는 마야의 제자가 되었다.

사유리는 마야로 인해 그 지위가 인정되었지만 마령천의 시선은 싸늘했다. 태생적으로 뿌리가 달랐기 때문이다.

이럴 경우 근본적인 해결책은 두 가지가 있다.

첫째, 무리 속에 동화되어 그들과 같아지는 것이다.

두 번째는 넘볼 수 없는 강한 힘으로 눌러 버리는 것이다.

그녀는 힘을 갖추지 않았음에도 불구하고 두 번째 방법을 택했다. 하찮은 하인들에게 마저 경어를 사용하며 예의를 갖추었으나 그 언행은 도도했고 싸늘했다. 우연히라도 그녀와 말은 섞은 사람들은 모두 치를 떨었다. 고작 열 살도 되지 않은 나이에 근접할 수 없는 위엄을 동반한 칙칙한 죽음의 기운을 몰고 다녔기 때문이다.

그녀는 군중 속에서 고립되었다.

그럴수록 심성은 메말라 갔다.

한번은 백만 평 대지에 세워진, 그래서 미로처럼 복잡한 마령천의 구중궁궐 속에서 길을 잃은 적이 있었다. 지나가는 누구에게라도 물어본다면 분명 도움을 받을 수 있었을 것이다. 하지만 그녀는 묻지 않았다.

삼 일이 지났다.

그녀는 여전히 길을 찾지 못했다.

사람들은 모두 그녀가 길을 잃었다는 걸 알고 있었지만 도움을 요구하지 않는 그녀를 도와줄 필요를 느끼지 못했다. 아니, 어쩌면 다들 그녀를 싫어했기에 암묵적으로 도와주지 않는다, 라는 합의가 이뤄져 있었던 것인지도 모르겠다.

그녀는 삼 일간 먹지 못하고 자지 못한 채 전각 사이를 헤맸다.

장소기가 의도적으로 사유리에게 접근했던 건 조비연이 무슨 이유로 그녀를 마령천에 보냈고 마야는 왜 그녀를 흔쾌히 받아들였는지 궁금했기 때문이다.

그는 우연인 것처럼 사유리의 앞에 나타났다.

그녀는 당당하게 보이려고 애를 썼으나 아직 어린 그녀는 어른들처럼 쉽게 자신의 표정을 감출 수 없었다. 당당함 속에 그녀는 지치고 피곤해 보였다.

장소기는 그녀에게 금방 만들어온 만두를 내밀었다.

그는 그녀가 만두를 받을 것인지 궁금했다.

그녀는 당연히 만두를 받지 않았다.

"배가 고픈 것보다 남들이 자신을 어떻게 생각하느냐가 더 중요한 문제인가요? 그렇다면 이공녀께서는 아직 배가 덜 고프신 모양입니다. 정말 배가 고프다면 남들의 시선 따위는 보이지도 않습니다."

"다른 사람의 호의는 치러야 할 대가가 있는 법이죠."

"그렇습니까? 이공녀께서는 인생을 무척 빨리 배우시는 것 같군요. 하지만 빨리 배울수록 빨리 잃게 되는 것이 세상의 이치지요."

"왜 내게 그런 말을 하는 것이지요?"

사유리는 알 수 없는 표정으로 장소기를 올려다보았다.

장소기는 자신의 허리밖에 오지 않는 사유리를 내려다보며 웃었다.

"드시겠습니까?"

이번에는 사유리도 거절하지 않았다.

만두를 베어 물자 와락 설움이 밀려왔다.

날카로운 이빨을 가진 수백 마리의 대호들 틈에 혼자 버려진 느낌, 악을 쓰며 살아보겠다고 발버둥쳤으나 힘에 겨웠다. 그 힘겨움이 한입 베어 문 만두 사이에서 설움으로 밀려온 것이다.

그녀는 장소기가 내민 두 개의 만두를 남김없이 먹어치웠다.

"이름이……."

"제 이름은……."

장소기가 막 자신의 이름을 대려던 찰나였다.

"장 씨 성에 소 자, 기 자를 쓰시지요?"

"……!"

그는 사유리가 마령천에 온 첫날을 제외하곤 대면한 적이 없었다. 그때도 통성명을 한 기억이 없었다. 그런데 사유리는 자신의 이름을 정확하게 알고 있었다.

장소기는 내심 놀라웠다. 자신의 이름을 알 정도라면 그녀는 마령천의 제법 많은 것들을 이미 파악하고 있을 것이다.

"장 숙부, 저를 제 거처까지 데려다 주시겠어요?"

'숙부!'

장소기는 더욱 크게 놀랐다.

황망했기 때문이다.

사람들은 모두 그녀를 좋아하지 않았지만 그녀가 마야의 두 번째 제자라는 건 변하지 않는 사실이었다. 그녀에게 숙부가 된다면 마야와 사형제지간이 된다. 마령천에서 그런 위치에 있는 사람은 오직 마백뿐이다.

'너무 외로웠기 때문이다. 그래서 말할 사람, 의지할 사람이 필요했기 때문…….'

하지만 그녀의 '숙부'라는 한마디는 곧 사단을 불러일으켰다.

그녀를 감시하고 있던 자에 의해 곧 원로원에 전해졌고, 장소기의 사부 마마혈존(魔魔血尊) 제동화(濟東華)는 크게 노했다.

사유리에게 숙부라면 그에게도 숙부가 되는 것이다. 그리고 함께 있던 원로원 대부분의 마두가 모조리 장소기의 조카가 되고 말았다.

이공녀를 문책할 수는 없었다.

그러나 이 문제를 공론화한다면 사유리는 세인들의 웃음거리가 되고 말 것이다. 반대편에 서 있는 사람들은 그녀를 웃음거리로 만들고 싶었다. 그래서 일은 공론화되었다. 표면적인 이유는 장소기가 사부를 사질로 만들었다는 죄였다.

장소기는 무공이 전폐되고 파문에 이르는 벌을 받게 되었다. 또 영원히 검을 잡을 수 없게 오른팔을 잘라야 했다. 의식을 거행하는 장소에는 제동화와 여러 마두들이 자리했다.

사람들은 사유리가 전도양양한 한 젊은 무사의 인생을 망쳤다고 욕했다. 그녀의 경솔함에 혀를 찼다. 그래서 근본은 중요하다고 말하는 자도 있었다.

사유리는 나타나지 않았다. 이번 사건을 전혀 알지 못하는 사람처럼 언급 자체가 없었다.

"피도 눈물도 없는 계집이로다!"

그것이 또 사람들에게 공분을 일으켰다.

거대한 작두의 칼날 아래로 장소기의 오른팔이 놓여졌다. 팔이 잘리는 순간, 사문의 인연은 끝나는 것이다.

"집행하라!"

제동화의 명이 떨어졌다.

작두가 위로 올라갔다.

장소기의 온몸이 파르르 떨리고 있었다.

"멈추세요."

그때 사유리가 나타났다. 그녀 자신의 목숨보다 더 중요시 한다는 천사월과 함께였다.

"내가 그를 숙부라고 불렀어요. 그것이 죄라면 그 죄는 나의 것이에요. 내게 죄를 묻고 그를 놓아주세요."

사유리의 음성은 기백이 넘쳤다. 그러나 수많은 마두들 앞에서 자신도 모르게 은은하게 떨려 나오는 것만은 숨길 수 없었다.

제동화의 눈썹이 꿈틀거렸다.

"이공녀, 내 어찌 이공녀에게 죄를 묻는단 말이오? 나는 형편없는 내 제자를 단죄하여 이공녀에게 불경한 죄를 묻고자 하는 것뿐이니 거처로 돌아가시오."

“나와 맞서겠다는 것인가요?”

“뭣이!”

순간 분기를 참지 못한 제동화가 태사의 팔걸이를 쾅! 소리가 나도록 내려쳤다.

사유리는 싸늘하게 웃었다.

“그가 파문을 당한다면 나는 그를 스승으로 모시도록 하겠어요.”

“이공녀! 말이 지나치오! 이공녀는 지금 스승이신 마야를 조롱하고 있소!”

“죽기를 각오했다면 두려울 것이 없어요.”

“……!”

“지금의 나는 힘이 없지만…… 영원히 힘이 없을 것이라 보장할 수 있나요? 나, 조검후의 진전을 이었고 지금은 여러 분이 모시는 마야의 제자예요. 스무 살이 될 때까지 목숨을 보장받은 내가 영원히 힘을 갖지 못할 거 같아요?”

‘스무 살까지 보장된 목숨…….’

그렇다.

마야는 그녀에게 스무 살까지의 목숨을 보장해 주었다. 암계가 난무하는 마중천에서 의문의 독살을 피하기 위한 고육책이었다. 만약 사유리가 스무 살이 되기 전에 죽는다면 대공녀인 장조현과 원로원의 십대장로가 그녀를 지키지 못한 죄로 목숨을 내놓아야 한다.

“그의 팔을 자른다면 나는 자결하겠어요.”

천사월이 그녀의 목을 겨눴다.

제동화로서는 감당할 수 없는 일이다.

‘소기, 너는 좋은 주군을 얻었구나.’

결국 장소기는 파문의 위기를 벗어날 수 있었다.

이후 그녀는 장소기에게 다시는 숙부라고 부르지 않았다.

그런데 오늘 안개가 서서히 걷히며 태양이 떠오르기 시작하는 이 시각, 사유리가 그를 숙부라고 불렀다.

장소기는 출처를 알 수 없는 전율에 파르르 떨었다.

“잊지 않으셨군요.”

“나는 언제나 숙부라고 생각하고 있었어요.”

감격이 복받쳐 올랐다.

‘그날…… 나는 결국 그녀를 위해 목숨을 바치게 될 거라고 생각했다. 이제 때가 온 모양이로구나.’

“나는 이군악의 마음을 얻기 위해 죽음의 길을 떠나시는 검후를 보았어요. 바보 같은 일이죠. 목숨은 하나뿐인걸요. 그러나 결국 나도 누군가를 위해 목숨을 바쳐야 할 순간이 있음을 알게 되었어요. 정말… 내게 없어서는 안 될 사람 말이죠.”

장소기는 감격에 몸을 떨었다.

평생 주군으로 모시고자 했던 사람의 마음이 가슴에 와 닿자 온몸은 불에 데인 듯 뜨거웠다.

“장 숙부.”

“하명하십시오.”

“장 숙부는 교 내에서 나를 가장 오랫동안 보아왔던 사람이에요. 그리고 항상 내 옆에 있어주었어요.”

“죽는 날까지 그러할 것입니다.”

“내 생각을 알 거라 믿어요.”

장소기는 앉은자리에서 일어나 무릎을 꿇었다.

“속하는 이공녀께서 명하시는 바를 충실히 이행할 뿐입니다.”

“나는.”

장소기를 내려다보는 그녀의 눈이 사이하게 빛났다.

유리처럼 맑고 청명한 이마 위로 한가닥 혈선(血腺)이 그어졌다. 안개가 짙어지며 주위 공기가 팽팽하게 당겨졌다.

‘천마호법기(天魔護法氣)!’

주변의 모든 것들로부터 자신을 보호하는 호신강기다.

그러나 대개의 호신강기가 도검으로부터 자신을 보호해주는 것이라면 천마호법기는 시술자가 정한 범위 안의 모든 것을 바깥세상과 격리시켜 버린다. 작은 먼지 하나, 공기의 흐름조차 천마호법기가 시전된 안으로 침입해 들 수 없었다. 이 갑자 이상의 내공력에 천마신공을 팔성 이상 달성하지 않는다면 결코 시전할 수 없는 절정의 호신강기가 바로 천마호법기다.

공기가 새어나가지 못하니 이 안에서 일어나는 일은 안에 있는 자가 발설하지 않는 한 영원한 비밀로 묻히게 된다.

"마백이 이월하를 데려가는 걸 원하지 않아요. 그가 내게 올 수 있는 방법을 강구해 보세요."

천마호법기가 시전된 사유리의 음성은 허공을 둥둥 떠다니는 것 같았다.

"그렇게 하겠습니다."

"어떤 수단을 동원해도 좋아요. 반드시… 숙부, 이 부탁을 반드시 들어주세요."

2

'정말일까?'

산채의 생활은 편안했지만 허풍은 심각한 고민이 있는 사람처럼 처마 끝에 쪼그리고 앉아 먼 산을 올려다보았다.

'그것이 정말일까?'

생각만으로도 가슴이 두근거렸다. 그는 그것이 정말은 아닐 거라고 생각했지만 정말일 거라고 믿고 싶었다. 하지만 정말이라면 그야말로 부처님께 큰 죄를 짓는 일이다.

'아미타불…… 저, 정말이면 큰일나는데.'

허풍은 큰스님 몰래 야한 책을 보다가 들킨 동자승처럼 허둥거렸다.

그를 이처럼 곤란하게 만든 것은 천산에서 주운 한 권이 비급서였다.

표제(表題)에 비검록이라고 쓰인 이 비급서를 빚 때문에 잠이 오지 밤이면 잠들기 위해 읽었다. 책을 읽는 것은 양의 숫자를 거꾸로 세는 것보다 불면에 훨씬 도움이 된다는 것을 그는 지난 경험으로 잘 알고 있었던 것이다.

그런데 비검록의 첫 장, 비검지서(飛劍之序)를 읽는 순간 정신이 번뜩 들었다.

믿으라! 너는 누구도 죽일 수 있다.

그것은 꽤 자극적인 문구였다.

'아미타불…… 살인은 옳지 않소' 라고 허풍은 중얼거렸지만, '어떻게 죽여? 라는 생각에 호기심이 급상승하는 것도 어쩔 수 없었다.

원래 이 비검록은 오래전에 이 땅을 살다 간 무간천사(無間天邪) 군대산(軍大山)의 독문검법이었다.

이미 역사의 한 귀퉁이에서조차 흔적이 사라진 이 인물은 사(邪)의 절대자이자 공포의 상징이며, 천사무영검의 또 다른 전인이었다. 지옥의 십팔마신(十八魔神)을 거느리고 악마를 추종했던 그는 천하에서 적수를 찾을 수 없었다.

그는 절대적인 위치에서 고독을 이기지 못해 자살했다.

그전에 자신이 살아온 세상에 흔적을 남겼으니, 그것이 바로 비검록이었다.

무공은 난해하여 평범한 사람이 본다면 그 오의를 파악할 수 없었다.

그러나 허풍은 그가 머물던 산사에서 백 년에 한 번 나올까 말까 한 천부적 자질의 소유자로 평가받고 있었다. 생사현관 또한 타통되었고 배움에 있어서 게으름을 피워본 적도 없었다. 만약 그가 평범한 스님에 불과했다면 동료 스님들의 전폭적인 지원 아래 산문을 내려올 수도 없었을 것이다.

하나를 보면 둘을 깨우쳤다.

비검록의 오의는 빠르게 허풍의 몸 안으로 스며들었다.

거기까지는 별문제가 없었다.

문제는 이 비검록이 마공(魔功)을 바탕으로 한다는 데 있었다. 익힐수록 패도적인 심성이 들어찼다. 자신도 모르게 강함을 추구하게 되었다. 그것이 심마(心魔)로의 진입임을 순진한 허풍은 알지 못했다.

무엇이든 처음이 어려운 법이다.

한 번 심마의 문이 열리자 놈은 급속도로 길을 열고 쓸며 닦았다.

마력은 눈덩이처럼 불어나기 시작했다. 문득문득 무서움이 들어 허풍 본인이 읽던 책을 내려놓을 정도였다.

산채의 연무장에서는 한 무리의 산적들이 무공을 연마하

고 있었다.

무공이라고 하기엔 부끄러운 꽤 조잡한 것이었지만 나름 땀을 뻘뻘 흘리며 열심히 익히는 모습이 보기 좋았다. 멀리 눈 덮인 산야는 아침 햇살에 오색 무지개처럼 빛을 뿌리고 있었다.

그야말로 부처님의 사랑이 가득한 세상이 아닌가.

그런데 허풍은 다른 생각이 들었다.

'정말 누구라도 죽일 수 있는 것인가?

확인해 보고 싶은 욕구가 들었다.

한적한 아침, 산채의 평화를 흩어놓고 싶다는, 뭔가 파괴하여 일신의 쾌락을 구해보고자 하는 욕망이 담을 넘는 구렁이처럼 허풍의 마음에서 스멀스멀 기어올라 왔다.

단 한 번도 경험한 적 없는 기묘한 욕구였다.

'아미타불…… 마음속에 마구니가!'

허풍은 자신이 그런 생각을 했다는 것 자체에 화들짝 놀라 그 자리에 털썩 주저앉고 말았다.

"뭐야? 사람 처음 봐? 왜 놀라고 그래?"

그때 지나가던 설군영이 허풍의 놀라는 모습에 걸음을 멈췄다.

그녀의 새하얀 목덜미가 아침 햇살에 반짝이며 허풍의 눈 속으로 쏘아져 들어왔다. 움켜쥐면 부러질 것 같았다.

"정말 부러질까?"

“뭐가 부러진다는 거야?”

“아미타불…… 아, 아니오! 소승이 배가 고파서 헛소리를…….”

“밥을 세 그릇에 닭 두 마리를 먹고도 배가 고파? 그것도 먹은 지 반 시진도 안 되었다고.”

“아미타불…… 사람은 각각 쓰임새가 다르듯 한 끼 식사량도 제각기 다른 법이오. 다른 사람의 기준으로 소승을 평가하지 마시오.”

“이봐, 중. 말투를 보니 오늘 상태 별로 안 좋은데, 무슨 일이 있는 거야?”

“일은 무슨…….”

허풍은 뒷말을 얼버무렸다. 하지만 곧 이런 경우 자신의 고민을 누군가에게 털어놓게 된다면 마음속이 후련해진다는 걸 알고 있었다. 산에 있을 때도 주지 스님은 그의 고민을 잘 들어주는 좋은 스승이었다.

그는 진도가 여기까지 나간 김에 설군영에게 고민을 털어놓아야겠다고 생각했다.

“흠흠, 사실 소승에게 말 못할 고민이 하나 있소. 괜찮다면 설 보살께서 들어주겠소?”

그가 본격적으로 말을 하겠다고 하자 설군영은 기겁했다. 한번 말을 들어주기 시작하면 꼼짝없이 반나절은 그의 말을 들어주어야 하기 때문이다.

'차라리 누워 자는 게 낫지.'

"그, 그게… 난 좀 바빠서. 월하 못 봤어?"

"보아하니 특별히 할 일도 없는 것 같은데, 소승의 말을 좀 들어주시오."

"바쁘다고 했잖아."

설군영은 잰걸음으로 걸어가기 시작했다.

허풍은 얼른 일어나더니 설군영의 뒤를 따라왔다.

"제발……."

눈에 눈물까지 글썽거렸다.

하지만 그녀는 허풍의 눈물 따위에 감정이 흔들릴 약한 여자가 아니었다.

"월하, 붕대 새로 감아야 하는데 어디 갔지? 야, 이월하! 어디 있는 거야?"

그녀는 뛰기 시작했다.

허풍은 도망치는 설군영의 뒷모습을 망연하게 바라보았다.

만약, 이날 그녀가 허풍의 말을 들어주었다면 그의 운명이 어떻게 변했을지는 아무도 모르는 일이다.

3

절벽 위, 아래로는 수많은 암초군(暗礁群)이 가파르게 형성되어 있었다. 한겨울의 폭포는 마치 시간이 정지한 것처럼 얼어붙어 있었다.

이월하는 바람이 출렁이는 폭포 위에 서 있었다.

바람은 그의 소맷자락을 거칠게 펄럭거렸고 머리카락은 앞으로 쏠리듯 휘날렸다.

발아래, 내려다보면 아득한 천장단애였다.

그는 금방이라도 떠밀릴 듯 위험천만한 모습이었으나 마치 석상처럼 움직이지 않았다.

이월하를 찾아 천장단애 위로 찾아온 설군영은 흩날리는 잔설 사이로 어렴풋이 보이는 이월하의 뒷모습을 감탄하듯 지켜보았다.

'가만히 보면 허우대도 멀쩡하고 괜찮긴 한데……'

사람은 감정의 동물이었다.

좋은 사람을 보면 이성과 동성을 떠나 호감을 느끼는 건 당연한 일이다.

설군영은 그가 꽤 괜찮은 사람이라고 생각했으나 그것이 이성적인 감정인지 그저 사람을 좋아하는 것인지 알 수 없었다. 그녀는 남녀 간의 미묘한 감정에 빠져 본 적이 없었던 탓에 자신의 감정에 충실할 수 있었지만 출처의 근원을 깨닫지 못했고 깨달을 생각도 하지 않았다.

단지 그와 함께 있으면 편안하다는 생각이 들 뿐이다.

"야! 이월하!"

설군영은 소리치며 그에게 가까이 가려 했다.

그런데 그 순간, 이월하가 혼자가 아님을 발견했다. 그의 옆에는 당자량이 앉아 있었다. 설군영은 이월하를 향했던 걸음을 멈췄다. 왠지 범상치 않은 분위기에 끼면 안 될 것 같은, 그녀 자신도 예상치 못한 행위였다.

그녀는 두 사람에게 들킬까 봐 다시 내려가지도 못하고 근처 바위 뒤에 몸을 숨겼다. 그리고 본의 아니게 두 사람의 대화를 훔쳐 듣게 되었다.

"복수를 하지 않겠다는 뜻이냐?"

은은한 살기마저 담겨 있는 당자량의 음성이 바람에 실려 설군영에게까지 다가왔다.

'복수!'

설군영의 가슴이 철렁 내려앉았다.

그것은 자식 된 자로서 반드시 이뤄야 할 숙명이다.

'하지만……'

설군영은 훅 하고 숨을 들이마셨다.

이월하를 처음 만났을 때는 그의 신분을 몰랐으니 생각하고 말고 할 것도 없었다. 당자량을 만난 후 그가 이군악의 아들임을 알게 되었다. 그렇다면 그는 설취산과는 한 하늘을 이고 살 수 없는 원수다.

'그리고 나는 원수의 딸……'

설군영은 무저혈에서 철삭에 온몸이 포박되어 있을 때 이월하가 했던 말을 떠올렸다.

"군영, 내가 널 밖으로 나가게 해주면 넌 내게 뭘 해줄 거야?"
"오빠라고 불러줄게."
"푸하하핫! 목숨이 왔다 갔다 하는 지경이야. 고작 오빠? 내가 널 구해낸다면 네 아버지를 만나게 해줘. 어때? 너로서도 손해가 없는 조건인 것 같은데."

'그때 그가 아버지를 만나겠다는 의미를 나는 바보같이 다른 쪽으로 생각했어.'
그녀의 전신이 와들와들 떨렸다.
'어떡하지? 난 아버지를 만나게 해주겠다고 약속했는데……. 아버지는 그가 이군악의 아들인 걸 알게 된다면 반드시 죽이려 들 거야. 안 돼! 두 사람이 만나선 안 돼!'
설군영은 이월하가 무슨 생각을 하고 있는지 궁금했다.
하지만 이월하는 긴 침묵 속에서 아무 말도 하지 않았다. 그녀는 바위 뒤에서 뛰쳐나가 이월하의 목을 움켜쥐고 흔들며 '어서 말해!' 라고 소리치고 싶을 지경이었다.
다행히 이월하는 설군영이 궁금해서 미쳐 죽을 때까지 기다리지는 않았다.
"처음 그것이 제게 왔을 때, 아버지의 피가 대지를 적셨어요. 어머니의 숨이 끊어지고 검후의 한이 하늘과 땅을 뒤덮었을 때, 원수들의 기억과 함께 제 심장에 와서 박혔지요.”

‘저 바보! 무슨 소리야? 복수에 대해서 말하라니까! 그런데…… 월하가 말하는 그것은…… 무영천!’

“검후의 피로 길을 만들고 열사의 사막을 건넜을 때, 북해검궁의 차디찬 얼음 속에 그분을 남겨두고 떠나야 했을 때, 그것은 항상 제게 속삭였습니다. 다 죽여 버릴까?”

“그래, 수많은 사람들이 죽었다. 아직 피어보지도 못한 북해검궁의 어린 제자들마저 핏물 속에 몸을 눕혔다.”

당자량은 당시의 한이 떠오르는 듯 부르르 몸을 떨었다.

“사부님을 만나게 되었습니다. 사부님은 제게 회정심공을 가르치며 항상 말씀하셨지요. ‘명심해라. 만에 하나 네 마음속에 심마가 침입한다면 모든 노력은 물거품이 되고 만다. 무공의 완성은커녕 최악의 경우 네 스스로 마성에 휩싸여 상상도 못할 결과를 초래할 수 있게 되는 것이다.’ 사부님께서 말씀하시던 심마는 무영천, 천사무영검이겠지요?”

“……!”

그렇다.

마성에 휩싸인 이월하는 살인광이 되고 말 것이다. 이것은 변할 수 없는 원칙이었기에 당자량은 차마 아니라고 말할 수 없었다.

“푸하하핫! 세상에 이런 일이 있습니까? 제 몸속에 검이 있다는 겁니다. 제가 가졌던 나쁜 생각들과 사악한 마음들이 전부 천사무영검 때문이라는 거예요. 제 생각이 아니라 천사무영검의 생각이라는 거예요. 그럼 다른 사람들은 나쁜 생각과 사악한 마음을 가지지 않고 살아가나 보죠? 눈앞에서 아버지가 살해당해도 '네, 잘하셨습니다. 그는 죽을 만한 사람이니 죽이신 거지요? 죄책감 따위는 가질 필요 없어요. 님아, 정말 훌륭하세요' 라고 말하나요?"

"일반인과 너는 달라. 같은 선상에서 비교한다면 오류만 있을 뿐이야."

"그렇다면 저는 그렇게 생각해야 하는군요. 설취산, 당신의 선택은 옳았소! 나는 영원히 당신 편이오! 사랑하오!"

이월하는 천장단애 아래로 소리치며 앙천광소를 터뜨렸다. 그의 광소가 메아리처럼 산중을 울려 퍼졌다.

'그는 천사무영검을 두려워하고 있어.'

웃음 뒤에 숨어 있는 그의 아픔이 설군영에게 전해졌다.

'자신이 강해지면 강해질수록 점점 더 공포로 다가오는 천사무영검을. 그것은 누구도 도와줄 수 없는 혼자만의 싸움. 결국 지치고 정신이 혼란해지고 미쳐 버릴 지경에 이르면 천사무영검은 악마의 미소와 함께 나타나겠지. 그래서 그는 인성을 상실한 채 피만 쫓는 살인광이 되어버리겠지. 그 모든 것을 감안하고서라도 복수를 해야 하는 걸까? 자신의 인생이 그렇게 허물어지는 것을 알면서도…… 후인들의 기억 속에 악마의 후예로 낙인찍히고…… 그 자신조차 자기를 인정 못

하는 지경에 이르러서라도…….'

그 어떤 대단한 대의명분을 내세운다 할지라도 강요할 수
없는 일이다. 그것은 오직 그 자신의 선택에 의해 넘어야 할
산이었다.

'그러나 천사무영검…… 가지지 않겠다고 생각하면 가지
지 않을 수도 있는 걸까?'

황일화와 대결에서 이월하의 미간에서 무형광검이 뽑혀
나오는 것을 설군영은 똑똑히 기억하고 있었다.

'그게 천사무영검이 아니었을까?'

설군영은 이월하의 모든 것이 궁금해 미칠 지경이었다.

당자량이 물었다.

"마령천의 개들을 처단할 때, 너의 미간에서는 검이 뽑혀
나왔다. 설마 그것이 천사무영검이 아니었더냐?"

"고금을 통해……."

이월하의 눈가에 씁쓸한 그림자가 졌다.

"놈의 실체를 보았다는 사람은 아무도 없습니다. 오직 천
사무영검의 전인만이 놈의 존재를 증명할 뿐입니다. 그러니
보였다면 놈이 아닌 게지요."

"……!"

"제 몸 안의 천사무영검은 검후께서 봉인시켰습니다. 봉인
은 완전하지 못했지만, 사부님의 회정심공은 그것을 완벽하
게 만들어주셨습니다. 하나 놈은 사람의 힘으로는 어찌할 수

없는 마물. 제 몸 안에서 숨 쉬는 피와 죽음과 분노와 절망의 사념들로 인해 조금씩 깨어나고 있습니다. 가끔 내공을 극성으로 끌어올리면 저의 공력과 놈의 편린적인 기가 충돌을 일으켜 또 다른 형태의 기를 만들어내기도 합니다. 그게 바로 할머니께서 보신 검이지요. 저는 그것을 제가 만들어낸 천사무영검이라고 생각하고 있습니다.”

“……!”

“놈은 분명 제 안에 존재하지만 아직까지 저는 놈을 볼 수 없고 놈도 저를 볼 수 없어요. 제가 놈의 진정한 실체를 대하게 되는 날, 저의 세상은 종말을 고하고 말 것입니다. 저는 그것이 두렵습니다.”

이월하의 음성은 처연했다.

죽음을 눈앞에 둔 시한부 인생을 살아가는 사람의 마음과 다르지 않았다.

‘그가 죽는다……?

설군영은 가슴이 답답했다. 할 수만 있다면 어떤 대가를 지불하고서라도 그를 살리고 싶었다.

‘아버지라면 방법이 있을지도 몰라.’

“그렇구나. 복수는 처음부터 물 건너에 있었구나.”

당자량은 길게 한숨을 내쉬며 장천(長天)을 올려다보았다. 인생무상이라더니 과연 그러했다.

“이 세상의 어떤 부모가 자신들로 인해 그 자식이 살인광이 되어 죽어가는 것을 원하겠느냐. 복수를 하는 것이야말로 불효다.”

그녀에겐 멋지게 복수하고 장렬히 산화하려는 꿈이 있었다. 오직 그 희망 하나로 이월하를 안고 대륙을 횡단하였으며 무저혈의 굴욕을 묵묵히 참아냈다.

그런데 다 부질없는 짓이 되고 말았다.

가슴이 텅 비었다.

빈 가슴에 쓸쓸히 고독이 들어찼다.

한순간에 목적을 잃어버린 그녀는 십 년은 더 늙어 보였다.

“하나, 하나 말이다. 비연은 이 순간까지 안배해 두었을지도 모른다. 그래서 너를 화룡상인에게 보냈고 내게 몇 마디 말을 남겨두었다. 성인이 된 너에게 비연의 말을 전하기 위해 나는 지금까지 목숨을 이어왔다. 너, 약속할 수 있겠느냐? 만약 천사무영검의 저주에서 벗어난다면…… 복수를 하겠느냐?”

“미친다면 왕왕 정상적인 사람보다 더 많은 즐거움을 느낄 수도 있게 되겠지요. 그래서 일부러 미친 노릇을 하는 사람도 적지 않다고 들었습니다.”

“……?”

“대장부는 은원이 분명해야 한다고 배웠습니다. 받았으면 돌려주어야 하지요. 그것이 은혜든 원수든.”

이월하는 빙그레 웃었다.

당자량의 얼굴은 여전히 무거웠다.

"나는 네게 선택을 강요할 여력이 없다."

"제가 알아서 하겠습니다."

"눈을 감으면 열사에 묻고 온 아이들의 핏물이 흘러내린다. 너를 대신해 묻힌 그 아이들의 뜻만은 잊지 마라."

그녀는 전음으로 조비연의 마지막 말을 이월하에게 전했다.

"죽지도 살지도 못한 자들이 손짓하는 길을 따라 어머니의 심장을 찾아라. 그것을 가르면 세상을 구할 것이다. 이 비밀을 풀어낼 수만 있다면 비연의 뜻이 어디에 있음을 알게 되리라."

그녀는 이월하에게서 등을 돌렸다.

'떠날 것이다.'

이월하는 당자량의 등을 보며 생각했다. 그는 침중한 어조로 그녀에게 말했다.

"마백이 올 것입니다."

당자량의 발걸음이 멈춰졌다.

"느낄 수 있단 말이냐, 그가 오는 것을?"

"그가 원하는 것은 오직 천사무영검이니까요."

"나의 마음은 이미 떠났다. 네 일은 네가 알아서 하거라."

"저는 여기서 마백을 기다릴 생각입니다. 그가 어떻게 천사무영검을 깨울 수 있는지 두고 보아야겠어요."

"나는 떠나겠다. 이것이 마지막일지 모르겠구나."

당자량은 산을 내려갔다.

이월하는 홀로 천장단애의 칼바람을 맞으며 중얼거렸다.

"너는 언제까지 거기 숨어서 엿듣고 있을 셈이야? 설마 네 아버지가 걱정되서 울고 있는 건 아니겠지?"

4

산중에 세 마리 호랑이가 있었다.

세 마리 호랑이는 각각 자신이 산중대왕(山中大王)의 위엄을 과시하며 산을 다스리고 싶었다. 하나 다른 두 마리 호랑이를 쫓아낼 수 없었다. 왜냐하면 이 세 마리 호랑이는 모두 힘이 비슷해 어느 한쪽이 다른 한쪽을 이기지 못했고, 싸움이 난다면 참여하지 않은 나머지 한쪽이 반드시 어부지리를 얻기 때문이다.

그렇다면 한 마리 호랑이가 다른 두 마리를 쫓아내고 산중대왕이 되는 방법을 없을까?

있다.

두 마리 호랑이가 연합하여 다른 한 마리를 쫓아내면 된다.

이때 주의할 점은 이 대 일의 싸움에서 힘을 아껴두어야 한다는 것이다. 이후 많은 힘을 소비시킨 동료를 물어뜯는 건 손바닥을 뒤집는 것만큼 쉽다.

'그리고 구룡산은 우리 흑룡회가 접수하는 거지. 이런 기발한 방법을 생각해 내다니! 호호호! 아무리 생각해도 난 머

리가 너무 좋아.'

흑룡회의 두령 임소리는 자신의 계획에 동참할 동료로 대호파의 두령 심대호(潘大虎)를 선택했다. 곰처럼 미련한 그놈은 가끔 만날 때마다 자신의 풍만한 육체를 힐끔거렸다. 누가 보지 않는다면 침이라도 질질 흘리며 달려들 태세다.

'그러니까 살살 추파를 던지면서 유혹한다면 덥석 물 게 틀림없지.'

과연 허벅지를 보일 듯 말 듯, 온몸을 꽈배기처럼 배배 꼬며 코맹맹이 소리로 장밋빛 미래를 흥얼거리자 심대호는 허기진 물고기처럼 낚싯밥을 향해 돌진했다.

하지만 여자가 몸을 헤프게 돌리면 못쓴다.

줄 듯 안 줄 듯 밀고 당기며 남자의 갈증을 최고조로 끌어올리는 것이 육체파 미녀(?)의 본분이다. 또 그렇게 남자를 달귀놓아야 원하는 것을 더 많이 얻을 수 있다는 걸 그녀는 지난 경험으로 잘 알고 있었다.

원래 그녀는 구룡산 아래 마을에서 소문난 미인이었다.

흑룡회 전대 두령인 조광필(趙廣弼)은 그녀를 납치해 와 애첩으로 삼았다. 둘은 불타는 사랑을 나눴다. 하루에 열 번도 좋고 스무 번도 좋았다. 결국 조광필은 삼 년 만에 양기가 고갈되어 죽었다. 그는 죽기 전 흑룡회의 대업(大業)을 임소리에게 넘겼다.

그렇게 그녀는 흑룡회의 두령이 되었다.

당연 반대자들도 있었다. 하지만 그녀의 육체 교섭은 반대자들의 입까지 모조리 막아버렸다. 흑룡회의 소두령 급 이상 중에서 그녀와 관계를 나누지 못한 자는 고자이거나 동성애자뿐이라는 소문이 나돌 정도였다.

하지만 이제 그녀도 사십이 넘은 나이였다.

육체는 나잇살을 먹어 점점 비대해졌고 산하를 뛰어다닌 다리통은 단단하게 알이 박혀 잘 자란 무를 보는 듯했다.

'남자를 유혹하는 데는 외모보다 더 중요한 것이 있지. 그건 바로 밤의 기술!'

거쳐 간 남자만 해도 일백에 가깝다. 그녀는 어떻게 하면 남자가 자지러질 정도로 환장하는지 잘 알고 있었다.

"호호호! 며칠 전 오빠가 주신 군자금으로 모조리 화약을 구입했어요."

코맹맹이 소리로 '오빠'라고 말하니 그녀 자신마저 온몸에서 닭살이 돋았다.

'오빠?'

나이 오십에 어디서 이런 말을 들어보았겠는가? 심대호의 입에 귀에 가서 걸리며 아랫도리에 불끈 힘이 들어갔다.

"녹수채의 주변에 화약을 묻어두었어요. 오빠가 명령만 내리면 놈들의 소굴은 순식간에 초토화가 되겠죠? 그다음은 호호호…… 나는 오빠만 믿어요."

"그, 그래. 으음…… 오빠 한번 믿어봐."

심대호는 그녀의 말은 한 귀로 듣고 한 귀로 흘렸다.

눈길이 자꾸 그녀의 허리 아래로 내려갔다.

'믿어? 믿긴 뭘 믿어? 이 세상에 가장 믿을 수 없는 부류의 인간들이 오빠야. 한마디로 이 세상 오빠 놈들의 말은 다 뻥이지.'

그녀는 앉은 자세에서 왼쪽 다리를 오른쪽 다리 위로 올렸다.

'허억!'

심대호의 눈이 커졌다.

"아이참, 오빠… 뭘 그렇게 보세요? 부끄럽게. 나중에 다 보여 드릴게요. 지금은 녹수채에 집중해 주세요. 일단 화약이 모자라서 좀 더 사야 하는데…… 자금 문제를 오빠가 해결해 주셔야……."

돈 문제가 나오자 심대호는 제정신이 돌아온 듯 쿵쿵거렸다.

그는 뭔가 불만족스러울 때 쿵쿵거리는 습관이 있었다.

"이미 만 냥을 줬는데도 돈이 모자란단 말야?"

"어머, 오빠! 제가 돈을 다른 데 썼다고 생각하시는 거예요?"

"아니, 그런 말이 아니라…… 화약이 너무 비싸다고. 나중에 적자가 나면 곤란하잖아."

'썩을 놈, 거기에 들어간 노력과 수고가 얼만데 내가 조금

남기긴 했지만 사내놈이 대범하지 못하고 쫀쫀한 수전노답게
과연 돈만 밝히는구나.'

애와 여자는 틈만 나면 칭찬을 해주어야 한다. 잘한 일은
잘했다고 해주고 잘못한 일도 잘했다고 해주어야만 남자는
사랑받을 수 있는 것이다. 그런 점에서 볼 때 심대호는 즉물
적이기만 할 뿐 꽤 여자를 다룰 줄 모르는 부류의 인간이었
다.

"오빠, 너무해요. 저는 한 푼이라도 아끼느라 파사국(波斯
國:페르시아)에서 새로 들려온 그 유명하다는 융단(絨緞)도 안
샀는데…… 흑흑."

"그게 얼만데?"

"몰라요. 비쌀 거 같아서 값은 물어보지도 않았다고요."

"알았어. 이번 일이 잘되면 융단 사줄게. 그거 몇 푼이나
한다고."

"정말요?"

"이런, 소리가 이 오빠를 거지로 알고 있는 거 아냐? 이래
보여도 나 꽤 벌었다고."

심대호는 어깨를 으쓱 폈다.

'아주 지랄을 해라.'

지랄을 떨면 경극이 공짜라는 마을 저잣거리의 광고 현수
막이 떠올랐다. 심대호를 제대로 써먹을 수 있는 곳은 거기뿐
인 것 같았다.

‘하긴, 이놈이 내 수고를 알아주든 말든 무슨 상관이야. 차라리 머리가 나빠서 그런 걸 모르는 게 데리고 놀긴 편하지.’

오죽 머리가 나쁘면 둘이 녹수채의 세력을 나눠 갖고 후일 두 산채를 통폐합해서 공동 두령 체재로 녹림방의 재가를 받자는 말도 안 되는 제의에 귀를 솔깃해하며 좋아라 박수까지 쳤겠는가. 물론 그 이면에는 두 사람의 혼례로 포함되어 있었지만.

어쨌든 그녀는 심대호의 비위를 맞추기 위해 박수까지 치며 ‘오빠, 멋져요’라고 말했다.

더욱 의기양양해진 심대호가 사나이답게 가슴을 풀더니 다가왔다.

“오늘 밤 어때? 마침 달도 으스름하니 사랑하기 좋은 날이야.”

“아직은…… 안 돼요.”

임소리가 의자에 앉은 채로 뒤로 조금 물러났다.

“왜? 오빠, 못 믿니? 나 사랑 가지고 장난 안 친다.”

“그게 아니라…… 나 목욕도 안 했고…….”

“괜찮아. 어차피 몸이 더워지면 또 목욕해야 해. 나중에 한 꺼번에 모아서 하면 되지.”

심대호는 더욱 바짝 임소리에게 다가갔다. 그 순간 지분 냄새가 코끝으로 확 스며들었다.

“컥!”

냄새가 너무 역겨워 하마터면 구토를 할 뻔했다. 심호는 얼른 돌아서며 탁자 위에 있던 독한 죽엽청을 병째 벌컥벌컥 들이켰다. 그제야 냄새가 좀 가셨다.

원래 산속 생활은 여자에게 여러모로 불편한 법이다. 남자들이야 시냇가에서 윗통을 훌훌 벗고 씻을 수도 있는 일이었지만 여자가 어디 그러한가? 더욱이 그녀는 산채의 두령이었다. 품위 유지가 필수이니 다른 자들처럼 아무 데서나 옷을 훌훌 벗고 씻기도 어려웠다. 자연 그녀는 씻지 않아서 나는 냄새를 희석시키기 위해 지분을 독하게 사용했다. 그게 뒤섞이면서 도저히 참을 수 없는 냄새를 유발하지만, 그녀는 자신의 몸에서 나는 냄새에 너무 익숙하여 무슨 냄새인지 모르고 있었다.

모르면 용감한 법이다. 그녀는 눈을 동그랗게 뜨고 물었다.

"왜 그러세요?"

"내, 냄새가……."

"무슨 냄새?"

"사람을 죽이는구나."

"아, 내 몸에서 나는 지분 향을 말씀하시는군요. 오빠, 냄새 좋죠?"

그녀는 소맷자락을 들어 올려 코에 대며 킁킁거렸다.

심대호는 아무 말도 못하고 환장하겠다는 표정으로 눈을

내리깔며 오른손으로 자신의 코를 막았다.

'지가 무슨 환충(環蟲:노래기)도 아니고, 무슨 냄새가 이렇게 지독하냐. 만져 보려면 씻기는 게 먼저이겠구나.'

산채에는 심대호의 애첩만 다섯이었다.

그중 임소리보다 예쁘지 않은 계집은 없다. 당연한 말이다. 예쁘지 않으면 애첩이 되었을 까닭이 없을 터이니.

그래서 심대호는 임소리의 육체에 별다른 성욕을 느끼진 않았으나 그녀의 배경이 애첩들과 달리 특별했다. 그것은 남자라면 대부분 느끼는 정복(?)의 욕구라고 할 수도 있을 것이다. 오직 그 일념으로 심대호는 수고를 아끼지 않고 있었다. 물론 부록처럼 딸려오는 부가적 요소도 생각하지 않을 수 없었지만.

'참고 먹어야 해!'

"하핫! 그, 그럼 일단 목욕부터……."

"같이할까요?"

"컥!"

그녀는 순수한 의도로 권했지만 심대호는 냄새 나는 물을 떠올리자 다시 구역질을 시작했다.

第四章　소심한 청구서

1

구룡산 자락에서 오십여 리 떨어진 이 마을은 성도에 비할 바가 아니지만 제법 큰 부락을 형성하고 있었다. 일백 가구가 넘는 촌락이 두 마장에 걸쳐 펼쳐져 있었으며, 그 중앙에는 저잣거리를 형성하여 오가는 사람들의 발길을 잡았다.

마을 주변에는 오래된 매화나무들이 울창한 숲을 이룬 채 신작로(新作路)를 내고 있었다.

신작로에는 차가운 바람이 윙윙 소리를 내면서 불어오고, 하늘에선 눈송이가 휘몰아치고 있었다. 양쪽 매화나무에서는 백화들이 잔뜩 피어 그 아름다움을 자랑하며 그윽한 향기를 뿜어내었다. 은백색의 대지에 붉고 흰 꽃잎들이 점점이 뿌려져 있어 기이하고도 멋진 광경을 이루었다.

이월하는 신작로를 걸어가고 있었다.

그는 마을로 내려가 이뤄야 할 두 가지 중요한 목적이 있었다.

그 하나는 마령천의 정보를 수집하는 것이다. 마백에 대한 정보는 편린적이었다. 그가 어떤 사람인지 좀 더 확실히 알아볼 필요가 있었다.

'일찍 일어나는 새가 일찍 먹이를 찾는 법이지. 음… 하지만 정보를 구하려면 돈이 필요한데……'

하다못해 찻값이라도 있어야 객점에 앉아 있을 수 있는 것이다. 더욱이 이월하는 필연적으로 돈이 필요했다. 그것이 이월하가 산을 내려온 두 번째 이유였다.

어제저녁이었다.

평범한 산적 하나가 두려운 얼굴로 쭈뼛쭈뼛 이월하에게 다가오더니 몸을 배배 꼬며 말을 꺼냈다.

"저기, 두령님이 은밀히 만났으면 하는데요."

"날?"

이월하가 손가락으로 자신을 가리켰다.

평범한 산적은 순진한 얼굴로 고개를 끄덕였다.

"청춘남녀 사이도 아닌데 왜 은밀히 만난단 말이오?"

되물었지만 심부름 온 산적이 그 까닭까지 어찌 알겠는가?

"흠, 나의 멋진 모습에 반해서 사랑을 고백하겠다는 건 아
니겠지? 그러면 큰일인데. 난 남자는 별로……."

이월하는 말도 안 되는 흰소리를 해대며 상관명을 만나러
갔다.

상관명은 항상 그렇듯 닭장 앞에 쪼그리고 앉아 있었다. 요
즘 그의 하루 일과는 닭이 몇 마리 남았는지 헤아리는 걸로
시작해서 닭이 몇 마리 남았는지 헤아리는 걸로 끝났다.

이월하가 막 다가가 그의 옆에 앉으며 '상관 두령, 날 보자
고 했소?'라고 말하려던 참이었다.

"하나, 두울, 세엣, 네엣……."

소가 되새김질을 하듯 닭의 숫자를 세고 또 세던 상관명의
얼굴이 순식간에 몰려든 먹장구름처럼 어두워졌다. 동시에
성난 곰처럼 양손으로 가슴을 쾅쾅! 치며 울부짖었다.

"으아아아아아─!"

호탕하게 다가가던 이월하는 그의 울부짖음에 깜짝 놀라
하마터면 엉덩방아를 찧을 뻔했다.

"저기, 무슨 볼일이……?"

처음의 호탕한 모습은 간데없이 그는 조심스럽게 상관명
의 옆에 쪼그리고 앉았다.

상관명이 그를 돌아보았다. 억울함과 분함으로 점철된 그
의 얼굴은 이루 형용할 수 없을 정도로 비통하게 보였다.

이월하는 그 자신이 잘못한 기억이 없었지만 비굴하게 웃

었다. 성난 사내는 건드리지 않는 것이 삶의 지혜다.

"아무리 울부짖어도 분이 풀리지 않아!"

"무, 무슨 일이신데……?"

상관명은 그의 물음 따위에는 아랑곳하지 않고 닭장 벽에 머리를 박기 시작했다.

쾅! 쾅! 콰쾅!

뇌성벽력이 몰아치는 것 같았다.

머리 위에서 별이 오락가락했다.

닭장 속의 닭들이 푸드덕 날아오르며 사방으로 닭털과 먼지가 휘날렸다. 닭똥 냄새가 그윽하게 이월하의 콧속을 파고들었다. 이월하는 슬쩍 옆으로 고개를 돌리며 코를 막았다.

상관명의 이마가 깨지고 주르륵 피가 흘렀다.

"저기…… 피가…… 나는데요."

"이까짓 피쯤 괜찮소!"

이마에 흐르는 피를 소맷자락으로 닦으며 드러나는 상관명의 얼굴엔 결연한 의지가 엿보였다. 죽는 한이 있더라도 이울분만은 뿜어내겠다는 그런 의지였다.

"이 소협!"

"네?"

"주인 된 입장에서 할 말은 아니지만 요즘 산채의 살림이 영 말이 아니오."

"그런데요?"

이월하는 무슨 말인지 모르겠다는 표정이었다.

그것이 조용히 대화로 풀어나가려 했던 상관명의 감정을 다시 자극했다. 그의 음성이 격해졌다.

"그런데요, 라니? 생각해 보시오. 그럴 수밖에 없지 않소? 이 소협 일행이 산채에 온 이후 제일 먼저 한 일이 뭐요? 우리의 녹림행을 금지시킨 거 아니오?"

"그야…… 밖에 나가게 되면 자유롭게 말을 하게 되고 말을 하다 보면 비밀이 새어나갈 수 있게 되니 어쩔 수 없는 고육지책 아니었소?"

"그렇다면 우리는 뭘 먹고살란 말이오?"

"며칠 일 안 했다고 굶어 죽는단 말이오?"

"이보시오, 이 소협! 나는 근면 성실을 신조로 오늘의 살림을 일구었소. 일하지 않는 자는 먹지도 말라는 신념을 가지고 오늘까지 살아왔던 말이오. 그런데 어느 날 무위도식(無爲徒食), 다시 말해 놀고먹는 것을 신조로 삼는 당신들이 왔소."

"으음."

이월하의 눈이 옆으로 쭉 찢어지며 등에서 식은땀이 주르륵 흘렀다.

"말인즉, 우리가 열심히 일하는 산적들의 등을 치며 놀고먹는다는 거요?"

"두말하면 입 아프지."

"하하하, 누가 들으면 건전하게 땀 흘려 돈을 버는 줄 알겠소? 어둠의 경로를 통해 버는 돈. 좀 나눠 쓸 수도 있는 거 아니오? 그래서 공유라는 좋은 말도 있지 않소."

"백수건달이 불우이웃 돕기 하는 거 봤소?"

"거기까진 관심이 없어서."

"우린 이 소협 일행에 의해 백수건달이 되었는데 무슨 돈이 있다고 불우이웃을 돕겠소?"

"음, 졸지에 불우이웃이 되었군."

"산채의 형제들과 그 식솔들까지 다 합하면 이백 명이 넘소. 그러니 한 달 생활비가 얼마나 많이 들겠소. 어지간히 벌어서는 입에 풀칠하기도 힘든 상황이오. 그래서 여자들은 부업이라도 하겠다는 요량으로 삼삼오오 조를 짜서 개도 키우고 닭도 키우고 있소."

"그건 좋은 일이오."

"그런데 요즘 닭들이 점점 줄고 있소."

"그래요? 하긴 산속이라 날짐승들이 많을 것이고 또 겨울이 긴 땅이라 먹이도 부족할 것이니 그놈들이 몰래 숨어 들어와 닭서리를 해가도 이상할 건 없지. 그래, 방비책은 세우셨소?"

"장난치오?"

"아니오?"

"아니오."

"그럼 뭐요? 닭들이 전염병이라도 걸린 거요? 요즘 조류독

감이 유행이라던데. 앗! 그럼 내가 조류독감 걸린 닭을……."
"농담할 기분 아니오."
"흠흠, 그것도 아니라면…… 뭘까?"
"다 드시지 않았소?"
"내가요? 에이, 무슨 말씀을. 난 닭 안 좋아해요. 아침에 영계 백숙 나온 것도 입에 대지 않았다고요."
"이 소협 말고 같이 온 그 대머리 총각 말이오!"
"아, 허풍 스님!"

이월하는 영계백숙 한 마리를 통째로 입에 넣고 뼈를 추려내던 허풍의 모습을 떠올렸다. 생각해 보니 그렇게 백숙 세 마리를 먹고 나서야 허풍은 아침 젓가락을 놓았다.

'하긴, 늑대 한 마리를 통째로 드신 스님인데, 닭 세 마리야 기본이지.'

하지만 허풍을 위해서 뭔가 변명을 해줘야 했다.

"흠. 우리 허풍스님이 대식가이긴 하지요. 하지만 한 끼에 세 마리밖에 안 드시던데……. 다른 드실 게 많아서 그런지."

'한 끼에 세 마리밖에!'

상관명이 눈에서 불똥이 튀었다.

'내가 힘만 있었어도!'

그는 주먹을 부르르 떨었다. 하지만 이월하가 무공을 연마하는 걸 몇 번 본 뒤였기에 주먹질할 용기는 없었다. 그는 분통을 누르며 다시 말했다.

"이 소협, 그게 적소?"

"적진 않지만…… 그래도 이백 명 대식구에 젓가락 네 개 더 올렸을 뿐인데 살림이 휘청거린다면 문제가 있지 않소?"

"이 소협, 사람 치사하게 만드는 데 일가견이 있구려!"

상관명은 더는 참지 못하고 버럭 소리 질렀다.

"내가 볼 땐 상관 두령이 더 치사한 거 같은데……. 일단 피 좀 닦으시고. 이마에서 계속 흘러요."

이월하는 주변에 흩날리는 닭털을 주워 상관명에게 내밀었다.

닭털을 받아 든 상관명이 이마의 피를 닦았다.

"얻어먹는 입장에서 그렇게 말하면 안 되는 거요. 내가 이 소협의 재산을 축내는 게 아니질 않소? 이 소협 일행이 우리의 재산을 축내고 있는 거요."

"상관 두령도 남의 살림 축내서 먹고사는 거 아니오? 아무도 구룡산을 지나가지 않으면 굶어 죽지 않겠소? 그리고 산적이 근면 성실하다는 게 말이 되오? 이거 뭐, 늦게 자는 도둑이 남의 집 담을 한 번 더 넘는다는 논리도 아니고."

"이것 보시오, 이 소협! 사람은 누구나 자신이 맡은 바에서 열심히 일해야 나라가 발전하는 법이오! 황제는 황제다워야 하고, 관리는 관리다워야 하며 부모는 부모다워야 하

고, 도둑놈은 도둑놈다워야 이 나라가 강성대국이 되는 법
이오! 산적이 산적답게 열심히 일하겠다는데 뭐가 불만이
오? 황제가 황제답고 관리가 관리다웠다면 경제가 망하고
사람들이 못살겠다! 에라, 산 도적이나 되자, 라며 산으로 꾸
역꾸역 올라오겠소? 우리 힘없는 백성들은 그저 열심히 사
는 것밖에 모르오. 배웠다는 사람이 그만한 이치를 이해 못
하는 거요?"

한 번 분통이 터져 나오자 상관명은 기다렸다는 듯 열변을
토했다.

이월하는 소맷자락으로 자신의 얼굴에까지 튄 상관명의
침을 닦았다.

"이 소협이라면 불법으로 돈을 벌었다고 해서 아무 연고도
없는 내게 마구 쓰겠소? 하루에 닭 일곱 마리와 돼지고기 열
아홉 근, 술 한 말을 사줄 수 있냔 말이오? 그럴 돈 있으면 차
라리 불우이웃 돕기 성금을 내지 않겠소? 그러면 뽀대도 나고
의적(義賊)이라는 아름다운 이름으로 사람들의 입에 오르내
리기라도 할 거요."

"으음…… 우리 허풍 스님이 하루에 닭 일곱 마리, 돼지고
기 열아홉 근, 술 한 말을 드시오?"

"몰랐소?"

"내가 음식을 장만하는 게 아니니 알 수 없지 않소? 과연
덩치에 걸맞게 장난 아니게 먹는군. 나라도 싫겠는걸. 남한테

베풀 돈 있으면 부하들에게 좀 더 질 좋은 의식주를 제공해주는 게 두령의 할 일인데 말이오."

"내 말이 그 말이오. 이 소협이 오랜만에 시원한 곳을 긁어주는구려."

상관명이 맞장구치자 이월하는 그의 비위도 맞출 겸 다시 말했다.

"어디 그뿐이오? 내가 두령이라면 당신들의 직업이 목숨을 걸어야 하는 것이니만큼 다칠 때를 대비해서 의료보험에 산재보험, 생명보험까지 들어주고, 늙어 힘 떨어질 때를 대비해 백성연금까지 확실하게 책임지어 주겠소."

"으으."

그 순간 귀가 팔랑거리며 이월하의 말에 추임새 맞장구까지 넣어주던 상관명은 입에서 게거품이라도 흘려낼 것처럼 파르르 떨었다.

"왜 그러시오?"

"내가 그거 때문에 산채로 기어들어 온 놈이오."

"그거라니……?"

"의료보험 말이오, 의료보험!"

"의료보험 때문에 왜 산에 와?"

무슨 말인지 도무지 이해가 안 됐다.

상관명은 이월하가 이해하거나 말거나 분노에 차 전신을 부르르 떨며 외쳤다.

“의료보험이 뭐요?”

“그야 매월 적은 돈을 내고 몸이 아플 때 큰돈 안 들이고 의원을 찾을 수 있게 국가에서 마련한 후생 복지 정책이 아니오?”

“잘 알고 있구려. 이 소협의 말대로 의료보험의 취지는 아주 좋소. 그런데 문제는 하루 벌어 하루 먹고살기 바쁜 놈이 매달 의료보험료를 낼 수 있소?”

“밥 굶으며 의료보험료를 내기는 어렵겠지요.”

“그런데 망할 놈의 황제가 백성을 위한다는 미명하에 강제로 의료보험료를 걷고 있소. 한마디로 돈이 없어도 내야 하고 밥을 굶어도 내야 하는 게 의료보험료요.”

“그래요?”

“나는 산 아래 있을 때 선량한 마부였소.”

‘그건 좀……’

선량한 마부가 산적 두목이 되었다는 건 그다지 신빙성이 없어 보였다. 하지만 이월하는 굳이 딴지를 걸 필요가 없어서 하고 싶은 말을 꾹 참았다.

“경기가 어려우니까 마차 운영이 잘 안 됩디다. 하루 종일 공치는 날도 있었소. 집에 들어오면 자식새끼들이 배고프다고 악악거리지, 마누라는 어디 가서 도둑질이라도 해오라고 바가지를 긁었소. 이 상황에서 의료보험료를 낼 수 있었겠소?”

"없었을 거 같소."

"그래서 의료보험 공단을 찾아갔소. 담당자를 만나 요즘 벌이가 안 좋아 의료보험을 못 내겠다고 했소."

"그랬더니요?"

"담당자가 말하길, 너 극빈자도 아닌데 왜 돈이 없지? 참 나, 극빈자만 돈 없으라는 법 있소?"

"극빈자가 뭐요?"

"직업도 없고 몸도 아프며 사돈의 팔촌까지 모조리 가난한, 한마디로 무지무지 가난한 사람을 일컫는 말이오."

"아아, 극빈자는 의료보험료를 안 내도 되는 모양이지요?"

"그렇소. 극빈자들은 의료보험료 면제요. 하지만 직업도 없고 몸도 아프며 사돈의 팔촌까지 가난한 사람이 얼마나 되겠소? 또 그런 사람들은 의료보험료는 문제도 아니오."

"그렇지요. 그렇게 가난하면 의식주가 문제겠지요."

"바로 그렇소. 세금은 그들보다 조금 덜 가난한 자들의 문제인 거요."

"그들보다 조금 덜 가난하다고 해서 먹고사는 문제가 해결되는 건 아니지 않소?"

"물론이오. 이런 사람들은 언제든지 극빈층으로 전락할 수 있어서 전문 용어로 잠재 빈곤층이라고 불리기도 하오. 하여간, 담당자가 말했소, 네 사정은 안됐지만 이건 국가 정책이니 내고 싶으면 내고 내기 싫으면 안 내도 되는 게 아니라고. 하도 화가 나서 싸우고 돌아왔소. 그런데 다음달에 차압이 들어옵디다.”

“음…….”

“우리 가정의 유일한 생계 수단인 마차를 빼앗겼소. 나는 졸지에 백수가 되었소. 어이없지 않소?”

“어이없군요. 백수가 되면 뭘 먹고살지요?”

“나도 그렇게 물었소.”

“그랬더니?”

“어차피 돈도 못 벌면서 마차는 있어서 뭐 하냐고 합디다. 사지육신이 멀쩡하니 어디 가서 막노동이라도 하라고. 참나, 그게 칼만 안 들었지 도둑놈 아니오? 내가 비록 먹고살기 힘들어서 산적이 되긴 했지만 그놈들이 나보다 더 큰 도적이오. 합법적으로 백성들의 물건을 강탈해 간다니까.”

국가에서 하는 일에는 뭔가 이유가 있을 거라고 생각하는 이월하였다. 더욱이 상관명은 자신의 입장에서 말했을 것이므로 그의 말에 무조건 동의할 수는 없었다. 하지만 이럴 때 동조해 주지 않는다면 상대는 버럭 화를 내게 마련이었다.

‘내가 국가도 아닌데 대신 욕을 먹을 필요는 없지.’

“거참, 우라질 황제로군요.”

“백성들이 배고프다고 밥 달라 하니 밥 없으면 고기 먹으면 되지, 라고 말하는 돌 더하기 아이 같은 황제요.”

“그런 후레자식은 광우병 걸린 소나 들입다 처먹여야 하오.”

“이 소협과 은근히 말이 통하는군. 유전자 조작된 두부는 어떻소?”

“후천성 면역 결핍증 걸린 후궁도 좋지요.”

“하하하하!”

상관명은 오랜만에 통쾌하게 웃었다. 황제를 욕하다 보니 십 년 묵은 체증이 싹 내려가는 기분이었다.

이월하는 백성들의 마음이 풀어질 수만 있다면 욕 아니라 돌팔매질이라도 묵묵히 참아내야 하는 것이 황제의 중요한 덕목 중 하나라고 생각했다. 하지만 고금을 통해 그러한 덕목을 가진 황제는 백에 하나도 없다.

“에… 그러니까 상관 두령의 말을 종합해 보면 나는 예전에 선량한 백성이었다. 나라에서 세금 안 낸다고 마차 빼앗아가는 바람에 홧김에 산적이 되었다. 그래서 돈에 환장했으니 닭 좀 그만 먹어라. 정 먹고 싶으면 돈을 내라. 이 말이지요?”

“대단하오, 대단해. 역시 이 소협이오. 어쩌면 내가 하고 싶은 말을 그렇게 일목요연하게 정리해 줄 수가 있소. 머리가 꽤 좋은 모양이구려.”

“하하하, 이래 보여도 소싯적에 머리 좀 돈다는 소리 듣고 자랐습니다.”

'다른 방향으로 돌았겠지.'

그러나 상관명은 속마음을 터놓고 까발려 이월하의 기분을 건드릴 필요가 없었다. 군자는 두 발 앞으로 나가기 위해 한 발 후퇴할 줄도 아는 법이다.

"휴… 내 주변에 이 소협 같은 사람이 한 명이라도 있다면 이번 녹림대회 때, 우리 녹수채가 구룡산을 차지하는 데 아무 문제가 없을 거요. 어떻소? 밥값 하는 셈 치고 좀 도와주지 않겠소? 우리 녹수채가 구룡산을 차지하기만 한다면 내 이 소협에게 단단히 한턱 쏘리다."

상관명의 칭찬에 이월하의 입은 귀에 가서 걸렸다. 그러나 이월하는 듣고 싶은 말만 골라 듣는 묘한 재주가 있다.

"이거 참, 상관 두령의 칭찬에 몸둘 바를 모르겠소. 한턱을 쏜다니 고맙게 받겠소만 공짜로 받을 순 없고……. 이거 어쩌나? 음, 말 나온 김에 백 냥만 융통해 주시오. 어차피 일이 있어서 산을 내려갔다 오려고 했는데, 내려간 김에 돈 좀 불려 오리다."

"백 냥으로 뭘 하려는 거요?"

"돈을 불리는 덴 도박이 최고요."

상관명의 일그러진 얼굴에 '뭐, 이런 미친놈이 있나?' 라고 쓰여졌다.

"먹고 죽을 백 냥도 없소."

"그럼 오십 냥이라도."

“없소.”

“열 냥은 있으시겠지?”

그렇게 이월하는 수중에 달랑 한 닢을 가지고 도박장에서 돈을 불려보겠다는 원대한 포부로 산을 내려오게 되었다. 물론 주목적은 마백 유잔양의 뒷조사를 하는 것이었다.

“이거야말로 일거양득, 도랑 치고 가재 잡는 격이지.”

이월하는 동전 한 닢을 위로 던졌다가 되받으며 매화나무가 길게 이어진 신작로를 걷고 있었다.

그렇게 얼마를 걸었을까?

하늘에선 함박눈이 펑펑 내리고 있었고, 그 눈을 맞으며 이월하가 지나 가야 할 신작로 앞에 길을 막고 우뚝 선 세 명의 검은복면인이 보였다. 손에는 팔뚝만 한 굵기의 몽둥이까지 들고 있는 기세가 제법 엄엄했다.

이월하는 한눈에 저 세 명의 검은복면인이 산적, 그것도 삼류인 녹수채의 산적들보다 못한 사류임을 알았다.

‘날씨가 추우니까 짐승들이 먹이를 찾아 산을 내려오는 것처럼 산적들도 마을 근처로 내려오는 건가?

이 세 명의 산적은 한 대의 마차를 가로막고 있었다.

마부는 이미 죽은 듯 땅바닥에 쓰러져 있었다.

이월하는 본의 아니게 산적들의 녹림행을 구경하게 되었다.

“너희들은 누구냐?”

마차 안에서 날카로운 여인, 아니, 여인이라기보다는 여자아이에 가까운 음성이 터져 나왔다.

'어쭈? 산적들이 길을 막았는데도 제법 당찬 음성인걸?'

이월하는 팔짱까지 낀 채 매화나무에 기대섰다.

"길을 막았으면 반드시 이유가 있을 터! 누구냐고 묻지 않아?"

이 세 명의 검은복면인은 위풍당당하게 마차 앞을 가로막았었다. 그리고 마부를 몽둥이찜질로 제압하는 데까지 성공했다. 이쯤 되면 마차 안의 인물은 오금이 저려 '그저 목숨만 살려주신다면 뭐든 내놓겠습니다' 라고 말해야 정상이었다.

그런데 전혀 동요하지 않는 음성이었다. 그녀가 동요하지 않자 오히려 세 명의 검은복면인이 당황했다.

"우, 우리는!"

세 명 중 가운데 서 있는 검은복면인이 나름 어깨를 당당하게 펴며 소리쳤다. 그러나 다음 대사가 생각나지 않는다는 듯 말끝을 흐리더니 품 안에서 주섬주섬 종이 조각을 꺼내 읽기 시작했다.

"우, 우리는……."

"무하령(無瑕嶺)의 산적님들이라는 거지?"

답답하다는 듯 마차 안의 계집아이가 말했다.

"그, 그렇다. 모, 목숨이 아깝거든……."

"순순히 너희들의 인질이 되라는 거지?"

“그, 그래.”

“오! 그렇다면 네놈들은 나처럼 귀여운 소녀를 유괴하여 부모님께 금품을 갈취하는 유괴범들이란 말이야?”

“마, 말해주지 않았는데…… 어, 어떻게 알았지?”

“너희들 산적질 처음이지?”

“그, 그렇…… 아니지, 무슨 소리! 우리는 우는 아이도 울음을 뚝 그친다는 무시무시한 무하령의 산적님들이시다!”

‘유괴범?’

이월하의 귀가 쫑긋 세워졌다.

“좌, 좌우지간…… 우리는 너, 너를 잡아가서 네 부모에게 배, 배, 배, 백만 냥을 요구할 참이다. 어, 어떠냐? 순순히 우리의 일에 도, 동참하지 않겠느냐?”

‘백만 냥!’

귀가 쫑긋 세워진 이월하는 눈까지 부릅떠졌다.

백만 냥은 뉘 집 애 이름이 아니었다. 그 돈이면 수십 개의 방이 있는 대궐 같은 성(城)에 방방마다 하녀복을 입은 수십 명의 쭉쭉 빵빵한 소녀들을 거느리고 십육 마력짜리 최신형 마차를 수십 대 굴릴 수 있는 금액이었다.

‘저 변변치 못한 놈들이 돈 버는 재주만은 타고났구나! 으으, 갑자기 심하게 배가 아파오는 것이 저놈들이 쫓아내고 내가 저 마차 안의 아이를 유괴하면……?’

백만 냥이 곧 손에 들어오기라도 한 것처럼 이월하의 입이 찢어졌다.

'그 돈을 나 혼자 쓰면 용서받지 못할 범죄지만, 허풍 스님의 빚도 갚아주고 불우이웃도 돕고 상관 두령의 미납된 의료보험료도 대신 내주면……. 좋잖아.'

이월하는 한 닢을 밑천 삼아 일확천금을 노리고 도박장을 향하던 자신의 신세가 비참해졌다. 그 한 닢마저 잃어버린다면 그는 굉장히 슬픈 얼굴로 터덜터덜 걸어 산채로 돌아갈 것이다. 물론 상관 두령을 볼 면목도 없다.

'이런 바보 같은 놈! 몸통 위에 달려 있다고 다 머리는 아니잖아. 너는 왜 돈 많은 집 아이를 유괴한다는 생각을 하지 못한 거야?'

그는 자신의 머리통을 쥐어박았다.

'그들의 집엔 돈이 넘쳐흐르고, 그걸 좀 나눠 쓸 뿐이니까 이건 용서받을 수 있는 사소한 범죄일 뿐이야. 아이를 유괴한다고 해서 반드시 해코지를 하는 것도 아니고. 그 애 부모가 돈을 줄 때까지 맛있는 것도 사주고 재미있는 놀이도 같이하면… 그런데 가만있자, 맛있는 것을 사줄 돈도 없는데. 그럼 또 다른 아이를 유괴해서 그 돈을 벌어야 하나?'

유괴도 밑천이 필요했다. 이월하는 역시 도박을 해서 돈을 버는 수밖에 없다고 생각했다.

"그러니까 너희 무하령의 산적님들께서 나를 유괴하여 내 어머니에게 백만 냥을 달라고 할 참이었단 말이야?"

마차 속 계집아이의 음성은 상황을 즐기고 있는 듯 조금의 무서움도 없었다. 아니, 무섭기는커녕 이런 일이 자신에게 벌어져서 즐거워 돌아가시겠다는 음성이었다.

"그, 그렇다. 우리도 언제까지 남의 뒤치다꺼리를 할 순 없잖아. 사람답게 살고 싶단 말이다!"

"하하하!"

계집아이가 사내아이처럼 웃었다.

"너! 가운데 있는 놈!"

그녀가 가운데 검은복면인을 지목하자 그는 화들짝 놀라며 '네?' 하고 대답했다. 본능적으로 몸에 배인 공손한 태도였다.

"조금 전 설류인객점(雪流人客店)에서 내가 주문한 어향 쇠고기말이에 손가락을 담가 갖다준 점소이하고 목소리가 똑같은데!"

"무, 무슨 소리! 우리는 무하령을 주름잡는 산적님들이시라니까!"

검은복면인은 황급히 부인했으나 이미 목소리에 당황한 기색이 역력했다. 그러자 옆에 있던 검은복면인이 말했다.

"형님, 이미 드러난 마당이니 변명할 것 없소. 그렇다, 꼬마야. 우리가 바로 평상시엔 부지런한 설류인객점의 점소이 삼 형제! 그러나 그 실체는 무하령의 주인님들이시다!"

"오라! 너희들이 설류인객점에서부터 나를 따라왔구나!"

“두말하면 잔소리!”

점소이들이 일제히 몽둥이를 높이 쳐들며 마차를 향해 달려들었다.

이월하는 끼어들까 하다가 피식 웃고 말았다. 보아하니 산적들은 마차 안의 계집아이를 이길 수 없을 것 같았다.

몽둥이가 마차를 향해 쏟아지기 직전이었다.

“유괴범들, 동작 그만!”

마차 안에서 날카로운 음성이 다시 터져 나오자 점소이 겸 산적들인 세 명의 검은복면인은 덤비려는 자세 그대로 얼어붙어 버렸다. 그중 한 놈은 마차를 막 내려치려던 찰나였던지 손의 몽둥이가 위로 올라갔고 왼쪽 다리마저 지면에서 떨어져 있었다.

“푸하하하핫!”

우스꽝스런 자세로 유괴범들이 정지하자 이월하는 터져 나오는 웃음을 참을 수가 없었다.

“너!”

마차 안에서 누군가를 지명하는 소리가 들렸다.

“누, 누구?”

검은복면인들이 서로의 얼굴을 바라보았다.

“웃고 있는 너 말야, 너!”

검은복면인들 중 웃고 있는 자는 없었다. 있다면 오로지 눈물까지 찔끔거리며 박장대소를 터뜨린 이월하뿐이었다.

“나?”

매화나무 아래에서 이월하가 모습을 드러냈다.

“웃고 있는 놈이 너밖에 더 있어?”

이월하가 주변을 둘러보자 다시 정지 자세의 유괴범들이 눈에 들어왔다.

“크크크.”

그들의 우스꽝스러운 자세는 도무지 웃음을 참을 길이 없었다.

“나같이 아리따운 아가씨께서 유괴를 당하려고 하는데 보고만 있어? 네가 사람이긴 한 거야?”

그녀의 꽤 당돌한 말에 이월하는 간신히 웃음을 그쳤다.

“널 구해달라는 건가?”

“응.”

“싫은데. 나 바쁘거든.”

“그럼 이렇게 깜찍하고 귀엽고 사랑스러운 소녀가 납치되어 기루에 팔려가 어느 귀족과 왕족의 사랑 사이에서 갈등하다가 자살을 해도 넌 괜찮다는 거야? 앙?”

배가 산으로 가듯 그녀의 상상력은 날개를 펴고 창공을 훨훨 날았다.

‘흠! 이야기 꾸미기에 천부적인 소질이 있는 아이로군.’

뭐라고 대꾸하려는 순간, 정지 자세의 유괴범들은 이월하에게 간절한 눈빛을 보냈다.

그들은 눈으로 말하고 있었다.

저기, 제발 좀 살려주세요! 흑흑흑!

그들은 마치 벌을 받는 것처럼 온몸을 파르르 떨면서 정지 자세를 유지하고 있었다. 복면은 이미 그들의 땀과 분비물로 얼룩져 있었고 눈에는 눈물이 가득 고여 있었다.

'살려줘야 할 쪽은 저쪽이 아니라 이쪽인걸.'

그냥 지나치기엔 검은복면인들의 눈빛이 너무 애절했다.

"누굴 구하는지는 잘 모르겠지만 사랑스런 소녀의 자살을 막기 위해 내 한 몸 희생하기로 하지."

"호호호, 잘 생각했어. 거기 유괴범들, 다시 덤비고, 넌 저 놈들이 덤비면 정의의 흑기사처럼 내 앞에 번쩍 나타나 유괴범들을 물리치는 거야. 알았지? 자, 다들 준비해."

유괴범들이 정지 자세를 풀고 나란히 줄을 섰다. 이월하에게 감사를 듬뿍 담은 눈빛을 보내는 것도 잊지 않았다.

남자들의 정감 어린 눈빛에 이월하는 구토가 밀려왔지만 잘 참아냈다.

"시— 작!"

마차 안에서 명령(?)이 떨어졌다.

"순순히 잡힌다면 목숨만은 살려주겠다!"

검은복면인들이 고래고래 소리치며 일제히 마차를 향해 달려들었다.

"어머, 어머! 무서워요. 누가 좀 구해주세요!"

마차 속 계집아이의 내숭이 절정에 달했다.

이월하도 뭔가 한마디 해야 할 것 같았다.

"사랑과 정의의 이름으로 당신을 구해주겠소!"

이월하의 신형이 마차 앞에 내려섰다. 그 역시 이 어이없는 놀이에 참가하게 된 것이다.

산적들은 인정사정없이 몽둥이를 휘둘렀다.

하지만 상대가 될 리 없었다.

주먹을 휘두르면 휘두르는 대로 검은복면인들, 아니, 점소이들은 '으악!' 소리를 지르며 눈 위로 나자빠졌다. 어디를 맞았는지 그중 한 놈은 피까지 질질 흘렸다.

"미안, 미안. 힘 조절이 안 돼서."

이월하는 진심으로 사과했다.

마지막 남은 점소이가 쓰러진 두 점소이를 보더니 뒷걸음 질치며 소리쳤다.

"이놈, 두고 보자! 나의 형제들을 쓰러뜨리다니! 여기서 기다려! 꼭 복수하러 돌아오겠다!"

그러나 그의 눈에는 결코 돌아오지 않겠다는 결연한 각오가 담겨 있었다. 또 이월하 덕분에 목숨을 건졌다는 듯 감사와 고마움의 빛이 가득했다.

점소이는 재빠르게 동료들을 이끌고 도망쳤다.

"이런 놀이가 재미있나?"

이월하는 가볍게 손을 털며 혼자 중얼거렸다.

뭐, 어쨌든 놀이를 시작했으니 마무리를 할 차례였다. 이월하는 무엇보다 마차 안의 아이가 궁금했다. 그는 목소리를 최대한 낮게 깔고 정중한 어조로 말했다.

"산적들이 모두 도망쳤으니 아가씨께서는 나오셔도 됩니다. 많이 놀라지는 않으셨는지요?"

'흠! 꼭 호위무사가 된 것 같아. 그런데 호위무사는 돈을 잘 버나? 어? 그런데 내가 왜 자꾸 돈에 연연하는 거지? 옛날에는 돈 보기를 돌같이 했는데. 이게 다 그 상관 두령 때문이야.'

"이 녀석."

그때 마차 안에서 예의 계집아이의 음성이 들려왔다.

"앞뒤 분간 못하는 것이 좀 짱인 듯한걸."

"내가 좀 짱이긴 하…… 지."

생각없이 맞장구를 치던 이월하는 마차 문이 열리자 머리 끝까지 쭈뼛 설 정도로 놀라 입을 떡 벌렸다.

마차 안에서 나오는 계집아이는 이제 겨우 열두 살 남짓이었다.

사실 그녀의 말대로 예쁘고 귀엽고 깜짝하기는 했다. 하지만 그건 그거고 이월하는 머리에 털 난 이후로 이처럼 어린 소녀에게 이 녀석이란 말을 들어본 적이 없다. 안 봤을 때는 몰랐는데, 직접 대면하자 울컥! 치밀어 올랐다.

'네 이 녀석! 도대체 네 녀석의 집구석은 어떤 집구석인데 장유유서가 물구나무를 서서 나돌아다닌단 말이냐? 라는 말이 목까지 올라왔으나 이월하는 삼키고 말았다.

마치 살아 있는 인형처럼 귀여운 이 소녀가 이월하의 코앞에 자신의 얼굴을 바짝 들이댔기 때문이다. 깜짝 놀란 이월하가 말하는 것도 잊어버리고 눈을 동그랗게 떴다.

소녀는 배시시 웃더니 붉은 입술을 이월하의 볼에 갖다 대었다. 보드라운 입술의 촉감과 함께 아찔한 장미향이 이월하의 후각을 마비시켰다.

"뭐, 뭐지?"

"고맙다고."

"어?"

"감사의 표시야. 어쨌든 날 구해주었잖아. 그런데 네 이름이 이월하 맞지?"

"……!"

이월하의 눈이 커졌다.

"난 장미령이야. 이제 넌 내 거야. 그렇지?"

2

"내가 왜 너의 마차까지 몰아야 하지?"

이월하는 기가 막히다는 듯 소리쳤다.

"그럼 누가 몰아?"

장미령은 그것이 당연하다는 듯 눈을 동그랗게 떴다.

"마부는 죽었고 너는 내 목숨을 구했어. 사내대장부는 자신이 한 일에 대해 끝까지 책임져야 하는 거라고. 당연히 날 안전한 곳까지 모셔다 줘야 할 의무가 네게 있지."

"내 이름을 어떻게 알았는지 말해준다면 너의 부탁을 들어주지."

"하하, 내가 너에 대해서 아는 것이 이름뿐일 거라고 생각하는 거야?"

"그럼 또 뭘 아는 거지?"

"너 돈 필요하지?"

"앗! 그걸 어떻게?"

이월하는 찔끔했다.

장미령이 화사하게 웃으며 말했다.

"날 우리 어머니가 있는 곳으로 데려다 주면 넌 돈을 벌 수 있을 거야. 원하는 만큼 말야. 어때? 구미가 당기지?"

"우린 초면인데, 넌 어떻게 나를 아는 거지?"

이월하의 얼굴에 굳었다. 강호에서 조심해야 할 상대가 여자와 아이와 늙은이다. 눈앞의 이 장미령이란 계집아이는 여자이며 아이였다. 특별히 경계할 필요가 있었다.

"하하하, 왜 궁금해?"

"말하지 않는다면 넌 죽을지도 몰라."

이월하는 어느새 장미령의 손목을 잡고 있었다.

“아얏!”

장미령은 고통스럽다는 듯 인상을 썼다. 만약 좀 더 힘을 가한다면 그녀의 가는 손목은 부러져 나갈 것 같았다.

“힘을 더 줄까?”

“왜 나한테 이러는 거야?”

그녀의 눈에 눈물이 고였다.

“여긴 너와 나 단둘뿐인데, 너 아니면 누구한테 그래? 어서 말해. 이 오빠, 은근히 성질 더럽다. 어쩌면 널 거꾸로 매달고 볼기를 칠지도 몰라. 원해?”

“폭력을 쓰면 내가 말할 거라고 생각해?”

“안 쓰는 것보단.”

이월하는 섬전처럼 손을 움직였다. 어느새 그의 손이 장미령의 발목을 낚아챘다. 장미령은 눈 깜짝할 사이에 거꾸로 들어 올려졌다.

“아악! 마, 말할게. 내려줘. 토할 것 같아!”

“먼저 말해.”

“네 등을 봐.”

“장난쳐? 자기가 자기 등을 어떻게 봐?”

“등에 종이가 붙어 있다고.”

“……!”

이월하의 손이 황급히 등으로 갔다. 자신의 등, 그러니까 손이 잘 닿지 않는 곳에 아무렇게나 막 갈겨쓴 종이가 붙어 있었다.

"이월하에게 받을 돈……?"

종이에 쓰여진 글은 그렇게 시작되고 있었다.

"닭 사십이 마리, 돼지고기 백이십 근, 소고기…… 이, 이런……."

그것은 이월하에게 받을 금액이 차곡차곡 쓰여 있는 청구서였다.

이월하의 얼굴이 자동적으로 일그러졌다.

어린 시절 보편적인 장난질이 '바보 똥개 멍청이'라고 쓴 종이를 친구의 등에 붙이는 것이다.

소심한 상관명은 차마 대놓고 돈을 달라고 하지 못하고 예전의 기억을 되살려 이월하의 등에 청구서를 붙여놓았던 것이다. 마을에 내려가면 금방 사람들의 눈에 뜨여 그가 볼 수 있도록.

'상관 두령, 내 이자를 그냥……!'

"그런데 너 푸줏간 하는 거야?"

"시끄러워!"

"너만 하겠어?"

"쪼그만 게 자꾸 야자할 거야?"

"듣기 싫으면 귀를 막아. 좌우지간 그 빚 청산하려면 우리 어머니께 가는 게 좋을 거야."

"네 엄마가 꼭 돈을 준다는 보장도 없잖아?"

"하하, 우리 어머니는 돈을 아낄 만큼 가난하지 않아."

이월하는 그녀에 대한 의심은 제법 풀렸으나 왜 자신을 끝까지 데려가려 하는지에 대해서는 의문이었다.

'세상엔 우연이 없는 법이지.'

이월하는 장미령을 쳐다보았다.

장미령은 문득 생각났다는 듯 자신의 의복 이곳저곳을 살펴보더니 절망적으로 소리쳤다.

"뭐야, 옷이 더러워졌잖아. 나쁜 놈. 거꾸로 들었으면 조용히 내려놔야지, 날 떨어뜨려? 너 때문에 옷이 더러워졌잖아."

"그 정도면 깨끗해. 눈이 쌓여서 그다지 흙이 묻지도 않았잖아."

"난 이렇게 더러운 옷을 입어본 적이 없어."

"알았어. 이거 입어."

이월하는 입고 있던 짐승 가죽옷을 벗어 더러운 이물질이 묻은 장미령의 어깨에 걸쳐 주었다.

장미령은 짐승 가죽옷의 퀴퀴한 냄새에 짐짓 미간이 찌푸려졌다. 그녀는 세상에 나온 이후로 이처럼 후줄근한 옷을 난생처음 걸쳐 보는 중이었다.

"이따위 싸구려 옷을 왜 나한테 입히는 거야?"

"네 옷이 더럽다며?"

"이 옷은 냄새 나."

"으음, 가죽옷은 원래 빠는 게 아니라서. 그리고 진짜 가죽은 냄새가 나. 모조품이 아니라는 증거지."

궁색한 변명이었다.

장미령은 짐승 가죽옷을 이리저리 살펴보았다.

"이 부분은 호랑이 가죽인데, 소맷자락은 늑대 가죽이네. 어라, 주머니는 곰 가죽인걸? 목의 털은 여우 털인데? 뭐야, 이거!"

"하핫!"

이월하는 어색하게 웃었다.

"요즘은 개성시대야. 한 가지 가죽으로 만드는 건 너무 밋밋하다고."

"그게 아니라 팔고 남은 가죽 조각들을 모은 거지?"

"그, 그런가⋯⋯?"

"게다가 몇 번이나 덧댔잖아!"

"하⋯⋯ 하하! 나도 얻어 입은 거라⋯⋯."

'상관 두령, 이런 옷을 입으라고 준 거야?'

이월하의 가슴속으로 상관명에 대한 살의가 활활 불타올랐다.

"이런 서민들의 의복을 입어본 적이 없어."

'서민!'

"하지만 뭐, 성의를 생각해서 한번쯤은 입어보도록 하지. 자, 됐으니 이제 가자고. 나는 집에 가고, 너는 돈을 벌고."

비검록은 익히면 익힐수록 무서울 정도로 내공력이 급상승했다.

원래 허풍은 금강대나이신공(金剛大挪移神功)을 기반으로 무공을 배웠다. 그런데 지난 십여 년간 익혀왔던 금강대나이신공이 비검록의 내력에 빨려 들어가듯 흡수되는 것이다. 몸이 느낄 정도로 빠른 변화다.

그제야 비검록의 신공—허풍은 마공이라 생각하지 못했다—이 천하에 다시없는 기막힌 것임을 실감한 허풍은 더럭 겁이 났다. 변하고 싶지 않았는데 마음부터 변화가 왔다. 처음 그는 환경의 변화가 마음까지 변화시켰다고 생각했으나 그게 아니었다. 변화는 비검록을 익히면서 시작되었다.

단전에 마력이 쌓일수록 감정이 메말라 갔다.

신경질이 늘고 사소한 일에도 욱하는 감정과 함께 주먹이 부르르 떨었다.

'아미타불…… 부처님께서 아시면 난 죽음이다.'

허풍은 더 이상 비검록을 익히면 안 된다고 생각했다. 하지만 그것은 금단의 열매를 가지고 싶어하는 원죄의 인간처럼 참을 수 없는 유혹으로 그를 찾아왔다.

그럴 때면 허풍은 밖으로 나가 찬바람을 쐬었다.

그는 불경을 읽으며 마음을 다스리고 싶었으나 도적놈의 소굴에서 불경을 구하기란 나무에서 물고기가 주렁주렁 열리는 것만큼 불가능한 일이었다.

'아무래도 주변 사람들을 계도하며 내 마음도 다스려야 할 것 같다.'

불가에 몸을 담고 있는 자는 언제 어디서든 어떠한 악조건 속에서라도 중생 구제를 업으로 삼아야 한다. 허풍은 그런 부처님의 말씀을 누구보다 신봉하는 중이었다.

청정한 산사와 달리 세상에는 죄를 짓는 사람들이 흘러넘칠 정도로 많았다. 그중에서도 허풍이 몸을 유하고 있는 이 산채는 죄를 짓지 않은 자가 단 한 명도 없는, 그야말로 구제받아야 할 자들로 득실거렸다.

한 무리의 죄인들이 햇빛 좋은 연무장 구석에 모여 앉아 하라는 무공 연습은 안 하고 자신들이 지은 죄를 자백하고 있었다.

"내 최고의 전성기는 전대 두령님을 모시고 관부에 쳐들어갔을 때였지. 그때 내 칼이 관리 놈들의 목을 수도 없이 베었다고. 카! 그놈들 땅에 얼굴을 처박고 와들와들 떨던 걸 생각하면 지금도 웃겨."

"하하, 그때 현감 놈 한쪽 팔을 벤 건 나였어. 자네가 조무래기들을 상대할 때, 나는 현감 놈을 베었지. 피보라가 허공에 좍악 뿌려지는 게, 손맛이 죽음이었어."

"난 뒷채를 급습했네. 현감 놈 첩이 셋이라는 소문을 들었거든. 내가 갔더니 모두 한자리에 모여 비 맞은 참새처럼 오들오들 떨고 있더군. 흐흐흐…… 이 어르신네가 누군가?"

"우리 녹수채에서 둘째가라면 서러워할 변태지."

"난 촛불이나 채찍 따위를 사용하지 않는데 왜 변태라고 하는 거지? 영웅본색(英雄本色)이라는 좋은 말을 놔두고 말야."

"꼭 촛불과 채찍을 들어야 변태는 아냐. 작년 산채 망년회 때, 자네가 백화루(百花樓)의 기녀 풍향(風香)이 넌 가랑이 사이에 술을 담갔다고 자랑했지?"

"물론."

"그 술 어쨌나? 다 마셨나?"

"마셨지. 한 방울도 남김없이."

"변태 맞잖아."

"아니, 그런데 자네는 왜 아무 말도 하지 않나? 무슨 일 있나?"

대화를 하는 그들 사이에는 얼굴 가득 구레나룻을 기른 전형적인 산적 차림의 사내가 고개를 푹 숙인 채 앉아 있었다.

"사실은……."

모두 쳐다보자 그가 숙인 고개를 들어 올렸는데, 그 얼굴이 심각했다.

"뭔데 그래? 마누라랑 한바탕하기라도 한 거야?"

"실은… 그걸 끊어야 할 거 같아."

구레나룻사내가 처절한 표정으로 말했다.

"그거라니?"

"자네도 하고 나도 하고 우리 모두가 하는 그거 말일세."

"그러니까 자네도 하고 나도 하고 우리 모두가 하는 그게 뭐냐고?"

"탁탁탁일세."

"……!"

"……!"

모인 자들의 얼굴에서 뜻밖의 정적이 흘렀다.

하지만 정적은 오래가지 않았다. 한 사람이 낄낄거리며 웃기 시작하자 순식간에 참을 수 없는 폭소가 터져 나왔다. 어떤 자는 배꼽을 잡고 데굴데굴 구르기까지 했다.

"푸하하하핫!"

"크카카카카! 그 거짓말… 진짠가?"

"진짤세."

"식후 일탁은 영생불사란 말도 있는데 그 좋은 걸 왜 끊어?"

"들켰어."

"탁탁탁을?"

"누구에게?"

구레나룻사내는 참담하게 다시 말했다.

"솔직히 하고 싶지 않았지만 어젯밤은 참을 수 없었네. 한번 달라고 하니까 마누라가 그날이라고 안 된다고 하질 않나…… 제기랄."

"그래서?"

"뭘 그래서야? 안 준다니 혼자 놀아야지. 한참 즐기고 있는데 마누라가 불쑥 들어왔네."

사람들이 입을 쩍쩍 벌렸다.

"휴… 그때 심정이란……. 차라리 오입을 하다 걸리는 게 낫지, 탁탁탁을 하다 걸리니 사람이 할 짓이 못되더구먼."

"뭐라 할 말이 없군."

"끊을 만해. 나라도 끊겠네."

"자네들도 조심하게. 걸리면 정말 쪽팔리네."

산적들이 모여 앉아 하는 짓거리가 이러할진대, 어찌 허풍이 계도하지 않겠는가.

"다들 기체 후 일향만강하신지요?"

멀리서부터 합장배례하며 걸어온 허풍은 그들 사이에 엉덩이를 끼우며 털썩 주저앉았다.

이야기가 음담패설로 넘어가며 한참 재미있어지려던 찰나였다.

허풍이 불쑥 끼어들자 산적들은 못마땅한 표정이 역력했다. 하지만 대놓고 '넌 가라!' 라고 말할 자신도 없었다. 주먹은 법보다 가깝다.

"무슨 말씀들을 그리 재미있게 하는지요? 소승도 좀 끼어 주십시오,"

눈치없는 허풍은 산적들을 향해 실실대며 웃었다.

산적들은 그의 눈을 피했다.

"흠흠, 별거 아니오. 요즘 하도 추워서 언제쯤 날씨가 풀리려나 이야기를 하고 있었소."

"오면서 듣다 보니 뭘 끊었다고 하시는 것 같던데……."

'중놈이 귀도 밝군.'

"술을 끊었다는 말이었소."

"오! 그래요? 그거 잘하셨습니다. 술은 백해무익한 음식이니 되도록 가까이 하지 않는 게 좋지요. 아참, 그건 그렇고, 소승이 듣기론 여러분들께서 살면서 쌓은 죄가 굉장하다던데……."

"하하핫! 좌라니요? 그런 게 있을 턱이 없지요. 이보게들, 안 그런가? 하하핫!"

"그, 그렇고 말고. 법없이도 살 수 있는 우리들이 아닌가."

산적들은 부인했으나 얼굴에는 당황의 기색이 역력했다.

허풍은 눈을 가늘게 뜨며 '내가 너희들의 머리 위에 앉아 있다' 라는 근엄한 태도로 말했다.

"아미타불…… 반야심경(般若心經)에 보면 이런 구절이 있습니다. 아참, 반야심경은 우리가 흔히 짧게 불러서 그러한

것이고 원래 이름은 마하반야바라밀다심경(摩訶般若波羅蜜多
心經)입니다. 다들 아시죠? 관자재보살 행심반야바라밀다실
조견오온개공…… 으로 시작하는.”

'다들 아시죠?' 라고 물었으나 가방 끈 짧은 산적들이 알
까닭이 없었다. 산적들은 얼굴은 난감하게 일그러졌다. 몸은
비비 꼬여 비틀어지기 시작했다.

중생 계도의 제일목표만이 정신세계를 지배하고 있는 허
풍에게 산적들은 '짜증나 죽겠다' 라는 표정은 들어오지 않았
다.

“부처님께서 제자인 사리자(舍利子)를 상대로 설법한 반야
심경의 내용은 다음과 같이 시작됩니다. ‘사리자여, 물질이
허공과 다르지 않아서 물질이 곧 허공이며 허공이 곧 물질이
니라’. 이 말의 뜻은… 음, 너무 쉽기 때문에 소승이 설명드리
면 여러분을 무시하는 처사가 될 터이니 따로 설명은 않겠습
니다.”

“스님, 난 바쁜 일이 있어서…… 스님의 고귀한 설법은 나
중에 듣지요.”

변태라고 불린 자가 손가락으로 귓구멍을 파더니 귓밥을
땅에다 패대기쳤다. 그리곤 슬금슬금 자리에서 일어났다.

“나도 약속이 있어서…….”

탁탁탁을 끊어야겠다는 자도 허풍의 눈치를 살피더니 슬
그머니 엉덩이를 들었다.

"허, 난 마누라가 뱀을 잡아오라고 했는데 깜박 잊고 있었어. 스님, 먼저 일어납니다."

"여보게! 이 겨울에 어딜 가서 뱀을 잡는단 말인가? 힘들 텐데, 내가 도와주겠네. 우린 친구 아닌가!"

산적들이 약속이나 한 듯 모두 자리를 털고 일어났다.

"시주님들, 잠시만. 소승의 말씀을 좀 들어보세요. 다 피가 되고 살이 되는 부처님의 말씀이라고요!"

허풍이 다급하게 외쳤다.

'피가 마르고 살이 빠지는 말들이겠지!'

산적들은 일제히 귓구멍을 후비며 총총히 사라졌다. 산적들 중 한 사내가 귓구멍 대신 콧구멍을 파다가 동료들에게 얻어터지는 모습이 보였다. 사내는 코피를 줄줄 흘렸다.

'아, 설법의 길은 멀고도 험하구나! 부처님께서는 이런 내 마음을 알고 계실지……'

허풍은 하늘을 보며 주르륵 눈물을 흘렸다.

하지만 그 길이 아무리 멀고 험하다 해도 포기할 수 없었다. 왜냐하면 그는 중이기 때문이다.

그러다가 그는 생각했다.

'좋은 말을 해주겠다는데 저들은 왜 거부하는 것일까? 이 세상의 나쁜 놈들은 모조리 없애 버려야 해. 다 죽여 버릴까?'

허풍은 자신의 생각에 스스로 깜짝 놀라며 양손으로 빡빡 대머리를 쥐어박았다.

"미쳤구나, 미쳤어! 드디어 내가 미쳤구나! 아, 이 시주에게 가서 상담을 한번 받아야겠다. 그런데 그는 아침부터 보이지 않던데 또 어딜 간 거지?"

第五章 엄마는 여기 있단다

1

“도대체 왜 밥을 안 주는 거야? 내가 굶어 죽을 때를 기다리겠다는 거야?”

산하가 떠나갈 듯 쩌렁쩌렁한 그 음성은 눈으로 뒤덮인 언덕 아래에서 들려왔다. 언덕 밑에는 철창(鐵窓)이 내려진 산굴이 있었다. 산굴 속은 빛 한 점 없이 어두컴컴한 가운데 희뿌연 물체 하나가 좁은 사방을 선불 맞은 멧돼지마냥 뛰어다녔다.

물체는 사람이었다.

머리는 산발한 듯 헝클어져 있었고 의복은 이곳저곳이 찢어져 누더기와 다름없었다.

어둠 속에서 그의 얼굴은 자세히 볼 수 없었다.

"배고파 죽어버리면 아귀(餓鬼)가 되어서 영원히 네 곁을 떠나지 않겠어! 밤이면 밤마다 꿈에 나타나 네 간을 빼먹겠다고 달려들 거야!"

장미령은 세상 어느 누구로부터도 이토록 지독한 악담을 들어본 적이 없었다. 사람들은 누구랄 것 없이 그녀에게 꼬리를 흔들며 입속의 혀처럼 굴었다. 그런 의미에서 이월하의 욕은 꽤나 신선했다. 그녀 자신이 살아 있음을 느낄 정도로.

하지만 아무리 신선하다 해도 계속 듣고 있으면 은근히 신경질이 났다. 그녀는 철장 문을 발로 걷어차며 소리쳤다.

"좀 닥쳐 주면 안 되겠어? 시끄러워서 다른 생각을 할 수 없잖아!"

"배가 고파 죽을 지경인데 닥치게 생겼어? 네 얼굴이 잘 부풀어오른 왕만두 같아 보여."

"내 얼굴이 크다고 욕하는 거지?"

"뭐든 작은 거보다 큰 게 나아. 여자들은 가슴과 엉덩이가 커지기를 바라면서 왜 얼굴은 작아지길 바라는 거야?"

"그걸 내가 어떻게 알아? 흥! 목소리가 쩌렁쩌렁한 걸 보니 죽으려면 아직 멀었어! 도대체 사람이 얼마를 굶으면 죽을 수 있는 거지?"

"난 밥을 안 먹어도 백 년은 버틸 수 있어."

"배가 고파서 죽어버릴 지경이라며? 죽어버릴 지경으로 백 년을 버티는 거야?"

"밥을 반드시 살기 위해서 먹는 건 아냐. 너도 배가 고플 때만 밥을 먹고 과일을 먹고 군것질을 하는 건 아니잖아. 많은 사람들은 뭔가를 먹으면서 행복을 느껴. 먹지 못한다면 불행하다고 생각하지. 그런 의미에서 난 지금 굉장히 불행해."

"그렇다면 넌 백 년을 버티기 전에 홧병으로 죽어버릴 거야."

"그렇지. 난 벌써 하루를 굶었어. 내공도 잃어버려서 극도로 불안정한 상태라고. 난 내 신세를 비관하여 자살을 결심할지도 몰라."

"그런 협박은 통하지 않아."

"미령, 너도 내가 죽는 걸 원하지 않잖아."

"그걸 네가 어떻게 아는데?"

"죽일 거라면 벌써 죽였어야지. 귀찮게 지금까지 살려둘 필요가 없었지. 미령, 난 네가 귀엽고 예쁘고 착한 소녀라는 걸 잘 알고 있어. 다만 너는 다른 사람과 달리 특이한 놀이를 좋아하지. 하지만 이런 놀이는 별로야. 세상에는 재미있는 놀이가 굉장히 많아. 어때? 우리 동정호(洞定湖)로 놀러가 배도 타고 물장구도 치면서 놀지 않을래? 곤륜산에서 개 썰매를 타도 재미있을 거야. 오빠가 널 위해 준비해 줄게. 돼지우리에 가둘 사람이 필요한 거라면 그 역시 준비해 줄게. 난 돼지와 정말 잘 어울리는 사람도 알고 있어. 그런데 그 사람, 중이야.
어때? 돼지처럼 생긴 중? 정말 웃기겠지?"
　"내가 단순한 재미로 널 가뒀다고 생각하는 거야?"
　"응."
　"난 그렇게 한가하지 않아."
　"그렇다면 왜 가둔 건데?"
　"알고 싶어?"
　"사람은 누구나 자신의 운명에 관심이 있는 법이야."
　"한 사람이 널 원하니까."
　"원한다면 나를 그에게 데려다 줘야지."
　"그는 나의 원수야!"
　"……!"
　"그가 영원히 너를 갖지 못하게 할 거야. 그러려면 흥! 네
가 죽어버리는 게 제일 좋은 방법이지."
　"푸하하하핫!"
　이월하는 참지 못하고 폭소를 터뜨렸다.
　"그러니까 너는 그 사람에게 소심한 복수를 하는 것이로
군."
　장미령의 눈썹이 꿈틀거렸다.
　"복수의 방법으로 생각해 낸 것이 겨우 나를 굶겨 죽이겠
다는 거야? 그렇게 하면 그가 가슴이 아프기라도 한 거야? 아
니면 내가 죽으면 그도 따라 죽는 건가? 좌우지간 이놈의 인

기는 언제 어디서나 식을 줄을 몰라.”

“넌 정말 특이해.”

“다른 사람과 같다면 그건 나라고 할 수 없지. 사람은 누구나 특이해.”

“난화산분에 중독된 채 철장에 갇혀 죽기를 기다리고 있으면서도 이토록 침착하게 웃는 배짱을 보일 사람이 천하에 몇 명이나 될까? 나는 많은 사람을 죽였어. 죽는 자들은 하나같이 살려달라고 애걸복걸해. 그럴 때 나는 희열을 느껴. 한 사람의 목숨을 좌지우지할 수 있다는 건 정말 굉장한 특권이거든.”

“겁쟁이들만 보았나 보군.”

“그럴까?”

“그게 아니라면 내가 어떤 역경 속에서도 굴하지 않는 사나이 중의 사나이라는 거지. 음, 역시 그렇군. 난 멋진 놈이었던 거야.”

“자뻑도 그 정도면 지존 급인데.”

“비관적으로 세상을 사는 것보다는 터무니없는 자신감이 낫지.”

이월하는 으쓱거리며 어깨를 폈다.

“나 같은 미남자는 흔치 않아. 머리는 또 얼마나 좋다고? 아, 제갈공명과 같은 시대에 태어나지 못한 것이 한스러울 뿐이야.”

장미령은 기가 막힌 듯 썩소를 보였다.

"그렇게 머리 좋은 자가 왜 나의 형편없는 계책에 걸려든 거지?"

"그건 네 말대로 계책이 너무 형편없었기 때문이야."

"……!"

"추운 날씨에 몸을 녹이라며 준 엽차에 수작을 부리는 건 삼황오제(三皇五帝) 시대 이후 아무도 안 쓰는 낡은 계책이야. 설마 그렇게 대놓고 수작을 부릴 거라고는 생각하지 못했어."

"그게 아니라, 넌 스스로 독에 자신이 있다고 생각했기 때문에 경계를 하지 않은 거겠지. 그러나 세상에는 독만이 사람을 상하게 할 수 있는 건 아냐. 좋은 약도 독이 될 수 있어. 난화산분은 일반인이 먹으면 아무 상관이 없지. 하나, 무림인이 먹는다면 움직일 때마다 조금씩 무기력해지는 자신을 알게 돼."

"네가 구덩이를 파고 죽은 마부를 묻어달라고 했을 때 난 눈치 챘어. 현기증이 나더라고. 공력을 운용해 봤더니 잘 모이지 않는 거야. 너를 의심했지만 너도 현기증을 일으키고 있었지. 맥을 짚어봤더니 너 역시 중독이 되어 있었어."

"내가 너와 같지 않다면 속일 수 없었을 거야."

"그 말은 맞아."

"하지만 난화산분은 독약도 아니고, 게다가 난 해약을 가지고 있었으니까 아무 상관이 없었어."

"그 선택은 제법이었어. 만약 네가 중독되지 않았다면 난 결코 마부석에 앉아 쉬지 않았을 거야."

"마부석에는 기관 장치가 되어 있었어. 엉덩이가 의자에 닿으면 즉각 칼날이 날아오게 조작해 두었지. 원래 의도는 마차를 납치하려는 자가 있다면 그놈을 암습하기 위한 장치였는데 불행하게 네가 걸려든 거지."

"하나 내가 계속 앉아 있을 줄은 몰랐겠지."

"난 내가 기관 장치를 안 열었으면서 열었다고 착각한 게 아닐까 생각했다고."

"마부석에 앉으려는 순간 나는 그 아래 요철 장치가 있다는 건 발견했어. 세상의 그 어떤 마차에도 요철(凹凸) 장치를 해놓지는 않아. 그래서 앉은 것같이 보였지만 사실은 앉지 않았어."

"내가 그래서 속은 거잖아. 난 별수없이 시비들까지 동원하여 너를 잡으라는 명령을 내려야 했어."

"너의 그 열두 시비는 무공은 대단했지. 하마터면 난 죽을 뻔했다고."

"네 무공도 만만치는 않았어. 난화산분에 공력을 구 할이나 잃었으면서도 조금도 뒤로 밀리지 않았지."

"하지만 나는 결국 한 발 한 발 네가 원하는 장소까지 밀렸잖아."

"거기에는 천잠사로 줄을 묶어놓았지. 네가 천잠사를 건드리면 양쪽에서 칼날이 튀어나오고 위에서는 그물이 떨어지게 말야."

"내가 그걸 모를 줄 알았어?"

"알고 있었다고? 그건 말이 안 되는데……."

"의도적으로 유인하지 않았다면 눈치를 못 챘을지도 모르지. 하지만 너는 남을 속이기엔 아직 어리고 경험이 부족해. 난 어릴 때부터 수많은 생사의 혈투에서 그런 상황들을 몸으로 익히며 자라왔다고."

"그런데 왜 당한 거지?"

"동귀어진을 노렸다고 해둘게."

"네가 목숨을 버릴 생각을 했다고?"

장미령은 고개를 갸웃거렸다. 이월하를 안 지 얼마 되지 않았지만 그는 결코 동귀어진을 할 위인이 아니었다. 그녀는 가만히 생각해 보더니 다시 말했다.

"그게 아니라, 너는 몇 개의 칼에 맞는다 해도 죽지 않을 자신이 있었던 거겠지. 그 덕에 나는 열두 명의 시비를 잃었고 말야. 시비들이 다 죽는 바람에 너를 여기까지 옮기느라고 내가 얼마나 고생했는지 알아?"

"나를 죽이는 게 목적이었다면 그 자리에서 죽여 버리는 게 더 쉬웠을 텐데?"

"누굴 바보로 알아?"

“……?”

“너는 일부러 정신을 잃은 척한 거잖아. 만약 너를 죽이려고 했다면 오히려 내가 죽었을지도 몰라. 넌 내 신분이 궁금해서 순순히 따라온 거잖아.”

“제법인데.”

“그리고 내 목적은 너를 죽이는 게 아니었어. 나는 그자를 죽이고 싶었던 거야. 하지만 나는…… 그래, 네 말대로 아직 어리고 경험이 부족해. 무공도 턱없이 모자라. 나 대신 그를 죽여줄 사람이 필요한 건지도 몰라.”

“오! 좋은 생각이야. 나를 이곳에서 꺼내준다면 즉시 그를 죽여주겠어!”

“하하하. 너 따위가?”

“이봐, 난 네 생각보다 훨씬 강해.”

“그는 네 생각보다 훨씬 강해!”

“그가 누군데?”

“그는…….”

장미령은 잠깐 생각하더니 다시 말했다.

“말할 수 없어. 너 따위를 믿고 함부로 발설할 수는 없지.”

“내가 궁금해하지 않는다면 넌 말하고 싶어 견딜 수 없겠지.”

“역시 넌 여기서 죽는 게 좋겠어. 너무 위험해.”

“나를 죽을 수 있을 거 같아? 나는 너의 속임수에 두 번 속지 않아."

"그래서 굶겨 죽이려는 거잖아. 손 안 대고 사람을 죽일 수 있는 유일한 방법이야."

"굶어 죽기 전에 누군가 나를 구하러 올걸."

"네가 여기 있다는 걸 아는 사람은 아무도 없어. 누가 널 구하러 온다는 거야?"

이때 돌연 뒤에서 한 사람이 음산하게 웃으며 말했다.

"정말 아무도 없을까?"

장미령은 깜짝 놀라 뒤를 돌아보았다.

얼굴을 복면으로 가린 한 사람이 언덕을 내려오고 있었다.

"누구냐?"

"신분을 밝히려면 복면을 했을 까닭이 없지."

쒜애애애액!

강렬한 바람 소리가 일었다. 날카로운 암기가 장미령을 향해 밀려들어 왔다.

장미령은 열심히 무공을 배웠으나 그 성취는 일류고수에 비할 바가 못 됐다.

그에 반해 복면괴한의 무공은 상상 이상이었다.

죽음의 위기는 순식간에 찾아왔다.

하나 복면괴한은 장미령의 목숨을 빼앗지 않았다.

암기는 허초였다. 어느새 장미령의 옆으로 다가온 복면괴한은 그녀의 아혈과 마혈을 점해 버렸다.

이월하조차 복면괴한이 어떻게 손을 썼는지 볼 수 없었다. 그만큼 신속했다.

복면괴한은 장미령의 발목을 잡고 거꾸로 들더니, 이리저리 흔들었다. 그녀의 품에서 열쇠와 몇 개의 약병이 떨어졌다.

장미령은 너무 분해 뭐라고 소리치고 싶었으나 아혈이 제압당해 말을 할 수 없었다.

복면괴한은 그녀를 휙 집어 던졌다.

장미령의 신형이 눈 쌓인 나뭇가지 위에 걸렸다.

복면괴한은 떨어진 열쇠를 이월하의 발밑으로 던졌다.

"당신은 나를 구하러 왔소?"

그는 싸늘한 눈초리로 이월하를 노려볼 뿐 아무 말도 하지 않았다.

"누군데 나를 구하러 온 거요? 말하지 않는다면 여기서 한 발자국도 나가지 않겠소."

"말은 때와 장소를 가리는 법이다."

복면괴한의 음성은 쇳소리가 묻어났다.

이월하는 복면괴한의 변조된 음성을 들으며 그가 장미령의 앞에서 말하기를 꺼린다고 생각했다.

'그녀와 알고 있는 사이로군.'

"저 아이가 누군지 말해주면 나가겠소. 이것이 나의 거래 조건이오."

“그녀는…….”

복면괴한은 나뭇가지 위에 걸려 있는 장미령을 힐끗 쳐다보았다. 그녀는 분한 기색이 역력했지만 아무 말도 할 수 없었다.

“마령천 대공녀의 딸이다.”

“그렇다면 그녀가 죽이고 싶어하는 자는 이공녀겠군. 하지만 그녀는 여잔데. 너 ‘그’라고 하지 않았어?”

이월하는 열쇠로 철장 문을 땄다.

“따라와라.”

복면괴한은 마치 나는 것처럼 가볍게 몸을 움직였다.

이월하는 나뭇가지에 걸려 있는 장미령을 향해 다가갔다.

“내가 말했지? 구해줄 사람이 있다고. 저 사람이 어떻게 알고 왔는지 말해줄까?”

장미령은 여전히 말할 수 없었다. 그러나 그녀의 두 눈은 그것이 궁금해 미칠 지경이라고 쓰여 있었다.

“혈도가 풀린다면 마부가 묻은 구덩이를 파보도록 해. 그는 죽은 게 아니라 죽은 척을 하고 있더라고. 다음부터는 주변 사람들을 너무 믿지 마. 그럼 또 봐.”

이어 그는 복면괴한의 뒤를 따라가며 소리쳤다.

“나는 내공이 회복되지 않아 그렇게 빨리 갈 수 없소. 좀 천천히 갑시다!”

2

산 뒤의 은밀한 곳에 한 대의 마차가 세워져 있었다.

아무 장식도 없는 그 마차는 거리에서 흔히 볼 수 있는, 그래서 누구도 마차의 주인을 궁금해하지 않는 종류의 것이었다.

마차 옆에 백설보다 흰옷을 입은 여인이 뒷짐을 진 채 서 있었다. 면사로 얼굴을 가린 그녀는 파뿌리처럼 하얗고 가는 손가락이 소맷자락 속에서 살짝 드러나 있을 뿐이었다.

손가락 끝에는 한눈에 보아도 진귀한 것임을 알 수 있는 검(劍)이 걸려 있었다.

복면괴한의 뒤를 따라 이곳까지 와 면사여인을 보는 순간 이월하의 심장은 마치 고수(鼓手)가 힘차게 북을 내려치듯 둥둥둥 울렸다.

"이월하를 데려왔습니다."

복면괴한이 그녀를 향해 말했다.

면사여인이 이월하를 향해 등을 돌렸다.

면사 속, 그녀의 시선은 보이지 않았으나 위엄과 힘이 이월하를 압박해 들어왔다.

'으음, 천안통(天眼通)을 전개할 수 있다면 그녀의 얼굴을 살필 수 있으련만.'

하나 난화산분은 그의 내공 구 할을 앗아갔다. 당분간 그는 천안통을 전개할 수 없었다.

'쯧!'

이월하는 내심 혀를 찼다.

미녀를 앞에 두고도 얼굴을 볼 수 없는 것은 전생에 지은
죄가 그만큼 많기 때문이다.

복면괴한이 나지막하게 소리쳤다.

"무릎을 꿇어라!"

이월하는 어떻게 하면 그녀의 면사를 벗겨낼 수 있을까를
생각하느라 그의 목소리가 마치 꿈결에 스쳐 지나가는 바람
소리같이 들렸다.

복면괴한이 다시 한 번 소리쳤다.

"무릎을 꿇어라!"

다리가 휘청거렸다. 그가 내가중수법으로 이월하의 양쪽
무릎을 내려친 것이다.

이월하는 즉시 다리에 힘을 주고 꼿꼿하게 버티고 섰다.

명색이 화룡상인의 제자다. 그는 무릎을 꿇는다는 걸 대수
롭지 않게 생각했지만, 힘에 굴복해서 꿇는 것은 치욕이었다.

"내가 이곳에 온 것은 누군가 나를 보고 싶어한다고 했기
때문이지, 붙잡혀 온 건 아니질 않소? 처우가 바르지 않다면
나는 떠나겠소."

면사여인이 고개를 끄덕였다.

"이 소협의 말씀이 옳아요. 그는 꽤 피곤해 보이니 의자를

갖다 주세요."

복면괴한이 마차에서 나무로 만든 간이 의자를 가져와 이월하 뒤에 놓았다.

나무로 만든 간이 의자에는 어떤 장치도 할 수 없음을 알고 있는 이월하는 면사여인의 세심한 배려에 놀라움을 금치 못했다.

이월하는 의자에 앉으며 말했다.

"우리는 초면이오?"

"그럴 수도 있고, 아닐 수도 있고…… 그건 오직 당신의 기억력에 달렸어요."

"초면이 아니라는 말이군."

이월하는 그녀의 음성을 어디서 들었는지 기억하려고 애썼다. 하지만 기억나지 않았다.

"무영천은 아직 각성하지 않았군요."

"당신도 무영천에 관심있는 사람이었소?"

"강호에 몸을 의지한 자라면 누구나 관심이 있지요."

"십 년이나 걸려 무영천을 갈았소. 서릿발 같은 그 칼을 언제고 시험해 보려고 했으나 아직 시험해 보지 못하고 있소."

"어제 바다였던 곳이 오늘은 뽕밭으로 변하는 법이에요. 곧 좋은 소식이 있겠지요."

"망나니의 손에 칼이 들리면 세상을 망하게 할지도 모르오."

“아⋯⋯.”

면사여인, 사유리의 음성이 짙은 감회에 젖었다.

“어제의 소년이 오늘은 어른이 되었군요.”

“어제의 소녀는 아직도 소녀에 머물러 있으니 소년이 늙은 이가 되어도 소녀에 머물러 있을지 궁금하군요.”

“젊음이 얼마나 오래가겠어요.”

“학문에 충성된 자는 노쇠하지 않는 법이오.”

“나는 황하(黃河)의 물이 맑아지기를 기다리고 있어요.”

“청산(靑山)은 녹수(綠樹)의 푸름을 묻지 않소.”

“과연 호랑이는 고양이를 낳지 않는다더니, 그 기백은 대단하군요. 우리 십사 년 만인가요?”

‘두 사람이 알고 있었단 말인가?’

복면괴한 장소기의 얼굴에 의혹이 서렸다.

“누님께서 손을 쓰시겠다면 지금 써도 무방하오. 어차피 죽어야 할 운명이라면 누님의 손에 죽는 것이 낫소.”

“나를 기억해 냈군요.”

“누님께서 내게 베푼 따뜻한 배려는 난생처음 받아보는 것이었소. 난⋯⋯ 예전 마음 그대로요.”

“운명은 사람을 슬프게 하지요. 우리는 서로 호의를 가지고 있으나 그대의 운명이 내 손에 달려 있는 것처럼.”

“난 호락호락하게 죽을 생각이 없소.”

“나는⋯⋯.”

사유리는 말을 하려다 멈췄다. 그리고 이월하를 노려보았다. 전신에서 세상을 뒤엎고도 남을 만한 서늘한 기세가 피어올랐다.

이월하는 그녀의 시선을 마주하고 미소 지었다.

사유리는 복면괴한 장소기에게 말했다.

"마차에 술을 데워놓았어요. 가져다주세요."

장소기가 따뜻한 술 주전자를 사유리에게 바쳤다. 그러나 술잔이 없었다. 사유리는 바닥에 쌓여 있던 눈뭉치를 격체신공으로 끌어당겼다. 눈은 사유리의 손으로 날아오는 동안 놀랍게도 술잔 모양으로 만들어졌다.

"적당한 잔이 없으니 이것으로 그대와의 만남에 대해 화답할까 해요."

이월하는 그녀가 내력의 조예를 드러내는 것이라고 생각하고 미미하게 웃었다.

그녀는 술 주전자의 매화주를 눈으로 만든 잔에 따랐다.

술은 따끈하게 데워졌으니 설배(雪杯)에 붓는다면 녹아내려야 정상이다. 그러나 술잔은 조금도 녹지 않았다. 시유리가 한가닥 진화로 잔을 녹지 않게 보호한 것이다.

눈으로 만든 술잔이 허공을 둥둥 떠 이월하의 앞으로 다가왔다.

술잔은 이월하의 한 자 앞에서 멈췄다. 그가 손을 뻗는다면 능히 잡을 수 있는 거리였다. 그러나 이월하는 움직이지 않았다.

아무도 움직이지 않으니 시간이 정지해 버린 것 같았다. 짧은 순간이 마치 수백 년이나 되는 것처럼 길고 고요하게 느껴졌다.

이월하의 이마에서 땀방울이 맺혔다.

그녀는 지금 한 잔의 술을 이월하에게 건네며 그의 공력을 가늠하고 있었다.

그런데 술잔의 무게는 공력을 잃은 이월하가 감당할 수 있는 것이 아니었다. 이월하는 죽을힘을 다해 그녀와 맞섰다.

사유리는 힘을 늦춰주었다.

주위 공기가 팽팽하게 곤두섰다.

팟!

한순간 팽팽하게 당겨진 줄이 끊어지는 것처럼 사위가 공기가 터져 나갔다. 술잔의 술이 허공으로 쏟아졌다. 이월하는 기다렸다는 듯 입을 벌렸다. 술은 이월하의 입속으로 빨려 들어왔다. 뒤이어 술잔이 물처럼 녹아내리더니 역시 이월하의 입속으로 빨려들었다.

면사 속 사유리의 눈빛이 깊어졌다.

“홀로 왔으니 흔적을 남길 필요는 없지 않겠소?”

“공력이 아직 회복되지 않았군요. 미령은 장난이 심해서 탈이에요. 그녀에게 얼마의 공력을 잃은 거죠?”

“구 할.”

“그만하면 마백에게 쉽게 목숨을 내주지는 않겠군요.”

“죽지 않으려고 사력을 다해 배웠소.”

“죽지 않으려고…….”

사유리의 음성에 쓸쓸함이 묻어났다.

세상에서 가장 아름답고 가장 강했던 사부, 조비연.

그녀가 목숨을 걸었던 남자, 이군악.

그리고 이군악의 아들, 이월하.

사유리는 자신이 조비연의 유일한 제자이기를 원했다.

하지만 이월하가 나타나고 더 이상 그녀의 유일한 제자가 아니었다. 그것도 모자라 그녀의 의발전인은 이월하가 되었다.

‘그러나 그분은 한 가지만은 내게 남기셨지.’

“명심해라. 만약 월하가 천사무영검의 지배를 받게 된다면…… 그래서 이성을 상실하고 천사무영검의 의지로 세상을 피로 물들이게 된다면…… 천사월만이 그 아이를 베어낼 수 있다. 오직 천사월만이. 부탁한다, 그런 날이 오면 네가 월하를 죽여라.”

그것은 사유리에게 남긴 조비연의 유언이었다.

‘처음부터 검후께서는 그 점을 의식하여 천사월을 내게 주

고 마령천에 보낸 것이다. 하지만 정해진 운명대로 살아간다
면 사람이 살아갈 의미가 없는 법. 정해졌다면 바꿀 수도 있
겠지요, 사부님.'

"원한다면 내 곁에 있어도 괜찮아요. 아무도 당신을 괴롭
힐 수 있을 거예요."

"거친 황야에 발을 딛고 섰으니 이제 와서 따뜻함을 구하
긴 어렵소. 우리 몇 사람의 운명을 송두리째 바꿔놓은 자들에
게 두려움을 주고 싶소. 때가 되면 누님도 나를 도와주겠지
요?"

"내 곁에서라면 그때가 좀 더 일찍 올 거라는 생각은 하지
않나요?"

"구룡산에 두 명의 친구를 두고 왔소. 내가 사라지면 그들
이 봉변을 당할 거요. 더 볼일이 없다면 나는 가겠소."

이월하는 천천히 의자에서 일어났다.

"월하."

사유리가 처음으로 정을 담아 이월하의 이름을 불렀다.

일어서던 이월하의 신형이 움찔거렸다.

"너와 마찬가지로 나도 네가 처음이었어."

"……!"

"그 의미가 뭔지 알아?"

이월하는 먼 산을 바라보며 길게 한숨을 내쉬었다.

"나를 구해주었다는 공치사를 하려는 것이라면 이쯤에서

그만두는 게 좋소. 누님도 그때는 어렸소.”

이월하는 등을 돌렸다.

천사월을 쥔 그녀의 손이 파르르 떨려왔다.

“천사월과 무영천, 그 비극적인 사랑을…… 나까지…… 답습하고 싶지 않소.”

사방엔 어둠이 가득하고 하늘에선 사박사박 눈이 내리고 있었다.

위치를 가늠할 수 없었던 이월하는 무조건 몸부터 날렸다. 사유리에게서 되도록 빨리 도망치기 위함이었다.

“우욱!”

내력이 진탕 치며 피가 쏟아졌다. 내공이 소실된 상태에서 과도하게 기력을 쓴 까닭이었다. 그는 설원에 핏물을 남기지 않기 위해 억지로 피를 삼켰다.

3

“어머니! 안 돼…… 요! 안 돼! 제발…… 저는 살고 싶단 말이에요.”

귀 기울여 듣지 않는다면 알아들을 수 없는 단어의 나열이었다. 하지만 그 얼마나 처절한 말들이란 말인가. 그것도 겨우 예닐곱 살밖에 되지 않은 어린아이의 입에서 나온 말이라는 것이.

'어머니……'

사유리는 식은땀에 경련까지 하며 잠들어 있는 이월하를 내려다보았다.

그녀도 철이 들기도 전에 부모를 잃었다.

어머니 대신 조비연이 있었지만, 그리고 조비연이 그녀에게 쏟은 정성이 눈물겨울 정도로 대단한 것이었지만, 어머니의 정은 가슴에 사무쳤다. 이 세상 어느 누구도 당신의 자궁을 허락하고 열 달간 정성으로 품어온 어머니를 대신할 수 없는 것이다.

'어머니와 아버지를 동시에 잃고 죽음보다 더한 피의 바다를 온몸으로 헤치고 온 이 아이에게 어머니는 어떤 존재일까? 하늘이 무너지고 세상을 모조리 잃어버린 고통이 거기에 비할까.'

악몽을 꾸고 있는 것일까?

애절하게 어머니를 부르는 이월하의 눈에 수정 같은 눈물이 맺혀 흘렀다. 아마도 열에 들떠 어머니의 모습을 본 모양이었다.

사유리는 호기심과 걱정이 교차하는 눈빛으로 침상 위의 이월하를 내려다보았다.

"어, 어머니…… 제발…… 나를 두고…… 떠나지 말아요. 죽지…… 말아요!"

눈물은 울음이 되었다. 그는 엉엉 소리 내어 울면서도 고열에서 깨지 못했다.

사유리는 가슴이 뭉클해졌다.

사무친 그리움에 대한 아련함이 저 가슴 깊은 곳에서 아지랑이처럼 피어올랐다.

"그, 그래."

사유리는 자신도 모르게 손을 들어 이월하의 눈물을 닦았다.

"어, 엄마는…… 여기 있단다. 아무 데도 가지 않아. 항상 네 옆에 이렇게 있단다."

사유리의 음성도 이월하만큼 젖어 있었다.

그가 했던 말, 그것은 바로 그녀가 그녀의 어머니에게 하고 싶었던 말이었다. 사유리는 이월하의 모습에서 어머니를 그리워하는 자기 자신의 모습을 투영했다.

그녀는 침상 위로 올라가 뜨겁게 달아오른 이월하를 가슴으로 안았다. 그리고 다정하게, 진실에서 우러나온 음성으로 자장가를 부르기 시작했다.

사랑스런 우리 아기 잠이 드네.
엄만 언제나 네 곁에 있단다.

어린 시절 조비연이 사유리를 재울 때 불렀던 자장가였다.

사유리는 제목도 모르는 그 자장가를 누구를 재우기 위해 그녀 자신이 부르게 될 줄은 꿈에도 몰랐다.

그녀의 마음이 통했던 것일까?

이월하의 울음이 잦아들었다.

사유리는 이월하가 가슴을 파고들어 아팠지만 피하지 않았다.

문득 사유리의 가슴에 얼굴은 묻은 이월하가 희미하게 눈을 떴다.

어머니가 느껴졌다.

어머니는 아무 곳에도 가지 않고 바로 그의 곁에 있었다.

한바탕 엄청난 악몽을 꾼 모양이었다. 나는 따뜻한 곳에 누워 있고 어머니는 바로 내 곁에서 나를 끌어안고 자장가를 불러주고 있다. 그리고 다정한 음성으로 속삭인다.

"엄마는 아무 데도 가지 않는단다. 그러니까…… 한숨 푹 자고 일어나렴. 그러면…… 모든 것이 다 좋아질 거야."

이월하는 마음이 편해졌다.

어머니의 다정한 음성은 하늘을 떠가는 구름처럼 포근했다.

그는 다시 눈을 감았다. 어머니의 따뜻한 체온이 피부를 통해 전해졌다. 이월하는 사유리를 으스러져라 끌어안았다.

第六章　예정에 없던 일

1

쏴아아아아아아!

비가 내렸다. 예정에 없던 겨울비가 한여름의 폭우처럼 쏟아지고 있었다.

"제기랄! 도무지 되는 일이 없구나!"

공력의 구 할을 잃고 내상도 입었는데, 처량하게 비까지 내려 온몸이 쫄딱 젖자 이월하는 지지리 복도 없는 자신의 운명에 상심이 컸다. 돌부리에 걸려 엎어지자 오줌 바다였고, 그걸 피해 옆으로 몸을 굴렸더니 똥 밭인 더러운 경우가 바로 이런 경우였다.

이월하는 구룡산을 향해 최대한 빨리 뛰어갔다.

마백과 당당하게 대항하려 했지만 지금은 빨리 도망치는 게 상책이었다. 이 상태로는 그의 일초지적도 되지 못할 것이다.

쏴아아아아!

세찬 바람 속에서 빗줄기는 사정없이 내리쳤다.

그 속에서 잠식해 들어오는 안개처럼 피비린내가 풍겨왔다.

"……!"

가까운 곳에 사람의 죽음이 있었다.

이월하는 걸음을 멈췄다. 주변을 경계했다. 멀지 않은 곳에 화전민(火田民)의 마을이 보였다. 피비린내는 바로 그곳에서 흘러나오고 있었다.

'산적들이 득실대는 구룡산에 화전민 마을이라……?'

그렇다면 그곳은 일반적인 화전민 마을이 아니다. 산적들과 공존공생하는 마을일 것이다. 마을의 몇 가구는 산적들의 가족 혹은 끄나풀일 가능성이 농후하다.

'오라, 그녀가 나의 행동을 어떻게 알고 있었나 했더니 여기서 정보가 새어나가는 거였어.'

마을에 들어서자 이월하는 숨을 쉴 수가 없었다. 역겨운 피비린내가 빗물에 씻겨 내렸음에도 불구하고 아직 심하게 남아 있었던 것이다.

입구에서부터 십여 구의 시체가 나뒹굴고 있었다.

그들의 몸에서는 아직도 피가 흘러나오고 있었다.

'오래되지 않았어. 불과 삼 각 내외.'

이월하의 신경이 곤두섰다. 그는 피를 밟지 않도록 주의하며 마을 안으로 들어갔다.

마을은 오직 시체만이 난무할 뿐, 텅 비어 있었다.

존재하는 모든 것이 죽어버린 듯 개 짖는 소리조차 들리지 않았다.

이월하는 몇 구의 시체를 살폈다. 어떤 자는 단칼에 죽었고, 어떤 자는 걸레처럼 난도질당했다. 어떤 자는 가슴에 장력을 맞았고, 또 어떤 자는 머리가 깨져 얼굴을 알아볼 수 없었다.

이들은 대부분 무공을 모르는 사람이었지만, 또 몇 명은 무림인이었다. 쌍방이 죽고 죽인 듯 상흔은 일정하지 않았다.

'난투극이 벌어졌음이 분명해!'

사건을 짐작할 수 있었다.

도망자가 마을로 들어왔고 추격자가 뒤를 따랐다. 이들은 마을에서 한바탕 피를 뿜었으며 그 와중에 화전민들도 모두 죽고 만 것이다. 그나마 마을을 보존할 수 있었던 건 비가 왔기 때문이리라. 그렇지 않다면 모두 불타 버렸을 것이다.

이월하는 가슴이 섬뜩했다.

'아무리 살인멸구라 하지만 이건 너무 잔인하군. 여자와

아이는 살려두어야 했어.'

닥치는 대로 죽이는 건 인간백정들이나 할 짓이었다.

이월하는 더 이상 살펴볼 것 없다는 듯 일어났다. 그때, 누군가 자신을 훔쳐보고 있는 것 같은 시선을 느껴졌다. 이월하는 멈칫했다. 마을 안에 살아 있는 생명체가 있었다.

시선은 의외로 강렬하지 못했다.

그것은 곧 일류고수의 시선이 아니라는 것.

이월하는 시선이 있는 쪽으로 고개를 돌렸다.

싸리나무로 쳐진 울타리가 반쯤 허물어진 집이었다. 그곳에 채 육칠 세가량 되었을까? 두 눈에 잔뜩 겁을 집어먹은 계집아이가 와들와들 떨고 있었다.

아이의 공포가 이월하에게 전달되어 왔다.

이월하는 아수라지옥에서 아이가 죽지 않고 살아남았음에 안도했다. 그러나 아이의 부모는 죽었을 것이다. 아이는 평생 그리움과 고독 속에 살아갈 운명이 되었다.

사유리가 이월하의 슬픔을 느꼈듯, 이월하는 아이의 슬픔을 느꼈다.

그는 아이를 향해 손짓했다.

"애야, 이리 와."

아이는 오히려 뒷걸음질을 쳤다. 살인을 직접 목격했음이 틀림없었다. 그렇다면 아이의 공포를 치유하기 위해서는 꽤 많은 노력과 시간이 필요할 것이다.

이월하는 최대한 부드러운 표정을 지어 아이를 놀라게 하지 않으려 하였다. 그는 나지막하게 노래를 불렀다.

사랑스런 우리 아기 잠이 드네.
아빠 언제나 너의 곁에 있단다.

그것은 사유리가 이월하를 재울 때 불렀던 자장가였다.

이월하는 제목도 모르는 그 자장가를 당시 자신의 나이만 한 아이에게 불러주게 될 줄은 꿈에도 몰랐다.

아이의 뒷걸음질이 멈췄다.

이월하는 아이가 경계를 늦출 때까지 쉬지 않고 자장가를 불렀다.

아이의 눈가가 울먹거렸다.

"이리 와."

이월하는 팔을 벌리며 부드럽게 웃었다.

아이가 와락 달려와 안겼다.

이월하는 아이를 꼭 껴안으며 다시 노래를 불렀다. 아이의 부모도 이렇게 가슴에 안고 노래를 불러주었을 것이다. 아이가 잘 자라 훌륭한 사람이 되기를 기원하며 말이다.

부모의 염원을 생각하자 이월하는 목이 메였다. 이 세상에 홀로 아이를 남겨놓고 죽은 부모들은 오매불망 자식 걱정에 죽어서도 눈을 감지 못할 것이다.

아이는 이월하의 품에서 비에 젖은 참새처럼 와들와들 떨었다.

"네 이름이 뭐니?"

이월하가 물었지만 아이는 실어증이라도 걸린 것처럼 말을 하지 못했다.

그때였다.

그의 귓전으로 풀잎 스치는 소리가 들려왔다. 이월하는 공력을 돋구어 기척을 살폈다. 누군가 풀잎 위를 뛰듯 날아오고 있었다.

'고수다! 초절정에 달한 고수가 펼치는 경공술이야!'

이월하는 비록 일 할밖에 남지 않은 공력이었지만, 그거라도 최대한 모아 주변을 경계했다.

'하나, 둘…… 모두 열 명……'

그의 안색이 엄중하게 굳었다.

동시에 개 짖는 소리가 들려오기 시작했다.

'추적자들이다!'

추적자들은 아직 근처를 떠나지 않고 있었던 것이다.

이월하는 아이의 수혈을 짚었다. 아이는 순식간에 깊이 잠들었다.

그는 지붕을 뜯고 그 안에 몸을 숨겼다.

개 짖는 소리가 점점 가까워지고 있었다.

2

쏴아아아아!

흔치 않은 겨울비가 왔다. 단단하게 얼어붙은 대지가 물처럼 흘러내리기 시작했다. 사람들은 비를 피해 모두 집으로 돌아갔다. 인적이 끊어진 천지는 비 오는 소리만 가득했다.

그러나 여기 집으로 돌아가지 않은 사람들이 있었다.

그 사람들은 죽립을 깊이 눌러쓰고 검은복면으로 얼굴을 가리고 있었다. 두 마리 말이 선두에 섰는데, 마상 위의 사람은 바로 임소리와 심대호였다.

녹수채를 단박에 날려 버릴 거사는 자시(子時)에 거행된다.

이들은 해시(亥時)에 만나 작전을 맞춰보기로 했다. 그래서 약속했던 장소에서 은밀히 만났다. 물론 그때까지는 비가 오지 않았다. 비는 시간을 맞추기라도 한 것처럼 그들이 만나자마자 후드득 소리를 내더니 곧바로 떨어지기 시작했다.

"비다."

심대호가 죽립 사이로 하늘을 올려다보며 중얼거렸다.

임소리도 하늘을 올려다보았다. 가늘게 내리던 빗줄기가 그녀가 올려다보기를 기다렸다는 듯 굵어지기 시작했다.

"하하하, 겨울비가 잘도 내리는걸. 아무래도 올 농사는 대풍(大豊)이겠어."

임소리는 잡아먹을 듯 심대호를 노려보았다.

"심 두령."

"왜?"

"몰라서 물으세요?"

"뭘?"

"내가 심 두령를 왜 불렀는지."

"내가 부른 것도 아닌데 어찌 알아."

죽고 못 살던 두 사람의 관계가 어색해져 있었다.

'오빠'라는 호칭은 어디론가 사라지고 그녀는 꽤 사무적인 어투로 '심 두령'이라 불렀다. 두 사람 사이에서 무슨 일이 있었던 게 분명했다.

"비가 오면 화약이 다 젖어요."

"땅속에 묻힌 화약이 왜 젖어?"

심대호가 되묻자 복면 속의 임소리는 이를 갈았다.

'머리도 덜떨어지고 야중대사(夜中大事)도 형편없던 이런 놈을… 내가 미쳤지!'

그렇다.

목적을 위해서는 모든 것을 다 용서할 수 있었지만, 밤일이 허섭스레기인 것만은 용서할 수 없는 여자가 바로 임소리였다. 그와의 하룻밤은 다시 기억하고 싶지 않을 정도로 최악이었다.

'그 짓을 하다가 가슴에 구토를 하는 놈이라니! 이럴 줄 알

았으면 상관명하고 손을 잡는 건데.'

그러나 배 지나간 다음 손 흔들어봤자 팔만 아프다. 지금은 무사히 일을 마치는 게 중요했다.

임소리는 치밀어 오르는 화를 가라앉히고 어린아이에게 설명하듯 차근차근 비가 오면 왜 땅속의 화약이 젖는지에 대해 설명하기 시작했다.

"화약이 폭발하려면 뭐가 있어야 하죠?"

"불이지. 사람을 바보로 아는 것도 아니고, 그걸 질문이라고 하는 거야?"

"비가 오면 화약에 불을 붙나요?"

심대호가 고개를 저었다. 아무리 머리나 나쁘다 해도 그 정도 상식은 가지고 있었다.

"작전을 다음으로 미뤄야 할 것 같아요."

"그렇다고 미룰 것까지야 없잖아."

"그렇다면 방법을 말해보세요."

"화약은 땅속에 있잖아."

"그렇죠."

"그럼 우산 쓰고 가서 불이 물에 안 젖게 한 다음 화약에 붙이면 되는 거잖아."

'너 멍청이지?'

임소리는 버럭 소리를 지르고 싶었지만 억지로 참았다. 참다 보니 속에서 천불이 날 지경이었다.

흑룡회의 졸개들이 킥킥거리고 웃었다.

대호파 졸개들은 두령의 무식이 마치 자신들의 죄인 양 일제히 얼굴이 빨개져 고개를 푹 숙였다. 다행히 복면 속이라 얼굴은 보이지 않았다.

"화약 남은 거 있지? 하나 가지고 와봐."

임소리는 억지로 분을 참으며 수하에게 말했다.

졸개가 남은 화약을 바쳤다.

임소리는 그 화약을 심대호에게 주었다.

"가지고 가서……."

그녀는 참을 인(忍) 자를 머릿속에서 수십 개 그리며 조용히 말했다.

"비가 오면 왜 화약이 안 터지는지 잘 연구해 보세요. 터지면 날 부르세요. 우린 그만 가자. 심 두령, 비가 그치면 보죠!"

3

좌라라랏!

빗방울을 튀기며 한 사람이 허공을 날아왔다.

그 사람은 온몸에 피칠을 한 채 손에는 금환장도(金幻長刀)를 든 백미노인(白眉老人)이었다.

이월하는 그의 얼굴이 낯익었다.

'어디서 봤을까?

생각은 오래 걸리지 않았다.

육자개를 처음 만난 객점에서 뒤늦게 들이닥친 청해성 고수들 중 한 명, 장미어옹이 바로 그였다. 하얀 눈썹이 인상적이라 쉽게 잊을 인상이 아니었다.

그는 쓰러질 듯 비틀대며, 그러나 사력을 다해 달려오고 있었다.

그의 뒤를 십여 마리의 맹견들이 쫓고 있었다. 놈들은 모두 금빛 털을 가지고 있었고 두 눈은 피를 칠한 듯 붉게 번쩍였다. 게다가 덩치는 송아지만 해 보는 것만으로도 위압적이었다.

"우욱!"

달려오던 장미어옹은 허공에 피를 토했다.

그 찰나를 놓치지 않고 맹견들은 장미어옹을 포위했다. 놈들은 갈기를 세우고 흉측한 이빨을 드러냈다.

장미어옹은 더 이상 도망치는 것을 포기했다.

"오너라! 얼마든지!"

주먹을 불끈 쥐며 전의를 다졌다.

맹견들은 사냥감에 대해 인정사정없다. 장미어옹을 물어 뜯기 위해 비호처럼 몸을 날렸다.

한낱 짐승에 불과하나 만만히 볼 수 없는 상대다.

쉭!

장미어옹의 핏물 흐르는 손이 최선을 다해 한 마리 맹견의 목을 움켜쥐었다. 동시에 얼음 바위를 향해 패대기쳤다.

비명과 함께 피가 튀었다.

맹견의 살과 뼈가 으스러지며 눈발 위로 점점이 피가 뿌려졌다. 동료의 피를 보자 맹견들의 눈에 광기가 돌았다. 청해성을 호령하던 장미어옹마저 두려움이 들 정도로 무서운 광기였다.

금모마견(金毛魔犬)이란 이름을 가진 이놈들은 토번 특산으로 곰도 물어 뜯어버린다는 사나운 맹견들이었다.

놈들은 십여 마리가 무리를 지어 사냥을 했다. 그래서 연수 합격이 뛰어난 놈들이었다.

먹잇감을 놓친다면 금모마견이 아니다. 흉포한 이빨과 날카로운 발톱이 장미어옹을 사정없이 갈겼다.

금환장도가 신속하게 움직였다.

개와 사람이 뒤엉켜 피가 튀고 처절한 비명이 터졌다.

부상당한 자답지 않게 장미어옹의 신형이 비쾌했다. 사방으로 칼바람 소리가 난무했다. 금모마견들이 삽시간에 피떡이 되며 빗속에 누웠다.

아무리 호랑이를 사냥하는 마견들이라 해도 한 명의 상처 입은 무림 고수를 당해내지 못한 것이다.

사방은 역한 피비린내 속에서 산산이 조각난 금모마견들의 시신만이 참혹하게 널려 있었다.

장미어옹은 무리하게 힘을 쓴 듯 창백한 안색으로 비틀거렸다.

“늙은이, 제법이군.”

그때 쇳소리 같은 음성이 들렸다.

전면에서 말을 탄 피풍의 펄럭이는 검은인영들이 나타났다. 그들은 고도로 훈련된 살수들이었다. 한순간에 장미어옹의 퇴로를 모조리 차단했다.

장미어옹의 눈에 죽음의 그림자가 졌다. 하지만 곧 사라졌다. 그는 사악하게 웃었다.

“종자기(宗子基), 이따위 잡종견들로 노부를 어떻게 할 수 있다고 생각했다면 착각이야.”

“늙은이, 개들은 사냥감을 쫓는 역할일 뿐이야. 몇 마리를 잡았다고 특별한 의미를 부여할 필요는 없어. 그런데 동료들은 모두 어디 갔지? 너무 무서워서 모조리 도망치고 만 것인가?”

“푸하하하핫!”

장미어옹이 앙천광소를 터뜨렸다.

마상 위에서 피풍의를 펄럭이는 검은인영들은 영문을 몰랐다.

“마령천의 개들이 개를 끌고 사냥을 한단 말이냐! 말을 할 줄 안다고 다 사람은 아니지. 푸하하하핫!”

‘마령천!’

숨어서 광경을 지켜보고 있던 이월하의 귀가 번쩍 떠졌다.

“쿡쿡쿡, 개는 최소한 주인을 배신하진 않아. 하지만 너의 제자들은 개만도 못하더군. 자기 목숨을 구할 수만 있다면 사부의 마누라까지 팔아먹을 놈들이야.”

“개소리!”

번쩍!

장미어옹의 금환장도가 예고도 없이 제일 선두에 선 종자기를 공격해 들어갔다. 상대로 하여금 방비할 틈을 주지 않는 신쾌무비한 선제공격이었다.

종자기는 마상에서 조금도 움직이지 않은 채 검을 뽑았다. 핏빛 광채가 눈송이를 가르고 지나갔다.

“헉!”

공격해 들어오던 장미어옹은 오히려 세 걸음이나 뒤로 밀려 나갔다.

“그따위 이 빠진 칼로는 두부도 으깨지 못해!”

마상 위 종자기의 신형이 장미어옹에게 쇄도했다.

검이 순식간에 일곱 번 변화를 일으키며 장미어옹의 요혈을 급습하자 그는 사방을 막기에 급급했다.

까까까깡!

빗속에서 불꽃이 튀었다.

장미어옹은 연속해서 세 걸음이나 뒤로 물러났다. 그는 종자기의 상대가 되지 못했다.

절망했다. 죽음이 눈앞에 다가와 있었다. 하지만 후회는 없다. 이 땅의 사내로 태어났다면 무영천을 얻어 천하제일의 자리를 한번쯤 노려볼 만하지 않은가.

"지옥으로 가라, 늙은이!"

위…… 잉!

종자기의 검은 그대로 장미어옹의 양손을 자르고 배를 갈랐다. 피와 살점이 후두둑 떨어졌다.

일격에 상대의 숨통을 끊어버린 종자기는 다시 마상으로 되돌아가 있었다.

숨어 있던 이월하의 눈이 부릅떠졌다. 그는 인간의 배 안에서 내장이 쏟아져 나오는 걸 난생처음 보고 말았다. 그것은 두 번 다시 보고 싶지 않은 끔찍한 광경이었다.

"크하하하핫!"

종자기는 득의의 광소를 터뜨렸다.

장미어옹의 갈라진 복부에서 피와 내장들이 쉬지 않고 쏟아졌다.

천하제일을 노렸으나 이루지 못한 한 늙은이가 구룡산의 이름없는 봉오리에서 이렇듯 덧없는 생을 마감했다.

종자기는 수하들에게 외쳤다.

"놈들은 목적을 달성하지 못하는 이상 결코 구룡산을 떠나지 않을 것이다. 우리의 임무는 마백의 명에 따라 누구도 구룡산에 오르지 못하게 하는 것이다. 찾아라! 다른 조에게 공을 빼앗겨서는 안 된다!"

"존명!"

검은 인영들은 일제히 대답하더니 쾌속한 신법으로 사방으로 흩어졌다.

이월하는 그들이 완전히 사라지고 난 후에야 지붕을 뚫고 몸을 일으켰다.

'전체적으로 종합해 볼 때, 저들은 우리를 찾아 구룡산에 온 것 같은데…….'

녹림방주가 허풍의 빡빡 대머리에 소변을 갈기지 않았다면 이월하 일행은 구룡산을 떠났을지도 몰랐다. 그 말은 곧 누구도 예상하지 못한 우연으로 구룡산에 숨어 있게 되었다는 뜻이었다.

'그런데…… 우리가 여기 있다는 걸 어떻게 알았을까? 백 번 양보해서 마령천의 정보력이라면 알 수도 있다고 치자. 하지만 장미어옹까지라면……?'

이해할 수 없었다.

그래서 생각에 생각을 거듭하자 머리가 터질 것처럼 아팠다.

'그런데 놈들이 구룡산을 완전히 포위하고 있으면 우리는 어디로 도망치지?'

생각이 여기에 미치자 이월하는 마음이 급해졌다.

혼자라면 훌훌 털고 갈 수도 있겠지만 그는 혼자가 아니었다.

'제길! 오늘처럼 긴 밤은 다시 없을 거야!'

그는 도살장에 끌려가는 소처럼 절대 움직이고 싶지 않았지만, 이대로 당하고 있을 수만 없었다.

4

"초환성, 너의 경공술이 천하제일로 알려졌다 한들 내 손을 벗어나지 못해!"

어디선가 일진광소가 울려 퍼졌다.

초환성은 주변을 돌아보았다.

화월노태태 진교홍, 무영잠비 탁대일, 참혼마객 제무극 등이 쓰러진 채 벌레처럼 꿈틀거리고 있었다. 그나마 병기를 들고 적과 대적할 수 있는 자는 철검옥린 악천과 혈륜왕 도패륵뿐이었다.

그 역시 피투성이가 되어 서 있기도 어려웠다.

수십 명의 흑의인이 주변을 샅샅이 포위하고 있었다. 퇴로는 완전히 차단되어 있었다.

'아…… 우리 대동회도 이것으로 끝이란 말인가?

새로운 강호를 만들고자 하는 야심이 있었다. 그래서 육자개, 팽숙 등과 함께 세력을 만들었다. 하지만 제대로 피워보지도 못했고 대형 육자개는 행방불명이 되었다. 그리고 그 역시 육자개의 생사를 추적하던 중 구룡산에서 뼈를 묻어야 할 위기에 처했다.

'천사무영검 따위는 노리는 게 아니었어.'

그는 허리춤에 차고 있는 술통을 풀러 단숨에 술을 들이켰다. 마지막 가는 길 마음껏 마시고 크게 싸워보리라.

그는 청해성 고수들 앞에 가로막고 당당히 외쳤다.

"마령천에서 누가 나와 싸우겠느냐?"

이미 적과 손발을 휘두를 수 없을 정도로 지치고 부상당해 있었으나 음성만큼은 기백이 넘쳤다.

"초환성! 무기를 버리고 투항한다면 편안하게 죽여주겠다!"

"편안하게 죽을 생각이었다면 무사가 되지도 않았어!"

초환성은 흑의인영을 향해 달려가며 벽공장을 후려쳤다.

"초 대협, 나도 돕겠소!"

천검옥린 악천의 검이 사방 여섯 갈래로 나눠지며 검광을 뻗었다. 그는 초환성과 달리 청해성의 고수들과 구룡산에 올랐으나, 이제 마령천이란 공동의 적을 만나 연수합격을 하게 된 것이다. 삽시간에 삶과 죽음만이 결정되는 악전고투가 벌어졌다.

이월하는 언덕 위에 몸을 숨기고 있었다.

그 아래에서는 수십 명의 무림인이 목숨을 걸고 생사의 대전을 벌이고 있었다.

대세는 이미 저물어 있었다.

초환성이 고군분투했으나 역부족이었다.

천검옥린 악천의 검이 세 토막으로 부러졌다. 뒤이어 오른 팔에서 피가 튀었다. 사방에서 마령천의 무사들이 몰려오고 있었다.

이월하의 품에는 '대동 일'이라고 쓰인 육자개의 옥패가 있었다. 대동회의 첫 번째 주인임을 말해주는 옥패다.

"자네에겐 필요없는 물건일지도 모르지. 하나 누군가의 도움이 절실히 필요할 때가 온다면 한 번쯤 생각해 보게. 초환성을 찾아가면 그가 도움을 줄 걸세."

죽어가던 육자개가 말했다.

그가 죽은 후 설군영이 말했다.

"이 늙은이는 끝까지 나를 괴롭히더니 네게 짐을 주고 갔어. 그 옥패, 대동회가 널 도와줄 거라고 말했지만 결국 네가 대동회를 돕게 될 거야. 늙은이가 교묘하게 널 속인 거야. 설마 그걸 모르고 받은 건 아니겠지?"

이월하는 육자개를 봐서라도 초환성을 구해주고 싶었다. 물론 그전에 이들을 모두 구룡산에서 쫓아내야 했다. 퇴로를 열려면 그 자신이 미끼가 되는 수밖에 없었다.

"멈추시오!"

이월하는 언덕 위에서 모습을 드러내며 소리쳤다.

산을 쩌렁쩌렁 울리는 그 음성에 모두가 깜짝 놀라며 싸움이·거짓말처럼 멈췄다.

갑자기 남루한 옷차림의 소년이 언덕을 뛰어내려 오기 시작했다.

"풋!"

누군가가 억지로 웃음을 참았다.

그것이 신호였기라도 한 듯 엄엄한 살기만이 폭사되던 장내에 순식간에 폭소가 터져 나왔다.

"푸하하하핫!"

"쿠헬헬헬!"

웃지 않는 자들은 상처 입은 자들뿐이다.

이월하가 장내에 우뚝 섰다, 연분홍 색깔의 포대기를 메고.

그렇다. 장내에 나타난 그는 꽃무늬가 수놓인 연분홍색 포대기를 메고 있었다. 그래서 사람들은 어울리지 않는 장소에 어울리지 않는 모습으로 나타난 그를 보고 폭소를 참지 못했던 것이다.

포대기.

갓난아기들을 업을 때 어머니들이 사용하는 물건이다.

포대기는 역할에 충실했다, 이월하의 등에는 포대기에 싸인 계집아이가 눈을 동그랗게 뜨고 어깨 너머로 사람들을 구경하고 있었으니.

"사람이 살 수 없는 척박한 산에 곡마단(曲馬團)이라도 들어온 건가?"

누군가 조롱의 말을 던졌다.

그러나 결코 조롱의 말로 들리지 않았다. 꽤 지저분한 소년이 아기를 업고 공을 굴리며 호랑이의 등에서 온갖 묘기를 선보인다면, 그야말로 폭소 만발한 즐거운 공연이 될 것이기에.

그러나 이월하가 곡마단원이 아니라는 건 초환성에 의해 밝혀졌다.

"너, 너는……."

"하하하! 초 대협, 그간 꼴이 말이 아니게 변했구려. 그렇소. 소생, 이월하요."

"이월하!"

마령천 무사들의 눈빛이 대변했다.

이월하가 무영천의 전인이라는 걸 모르고 있는 자는 아무도 없었다. 이 싸움도 결국 그를 차지하기 위함이 아니었던가.

그런데 찾지도 않았는데 나타난 것이다.

5

새벽이 왔다.

상관명은 변함없이 우리로 향했다.

지난밤 사이 사라진 가축들을 점검해 보기 위함이었다.

닭장에서 닭의 숫자를 세어보던 상관명은 갑자기 입을 쩍 벌리며 뒷덜미를 잡았다.

그는 산채의 두령이었으나 그리 대범한 편은 아니었다. 좋게 말하자면 섬세하고 여린 편이었다.

그는 산채의 자급자족을 부르짖으며 각종 짐승들을 사육했다. ‘산적이 무슨’ 이란 얼굴로 부하들이 난색을 표하자 그는 인상까지 와락 쓰며 열변을 토했다.

“수입이 없을 때를 대비해야지. 닭도 키우고 오리, 개, 염소, 돼지 다 키우란 말이야.”

“두령님, 우린 직업은 산적이지, 축산업(畜産業)이 아니에요.”

퍽!

돌아오는 건 주먹뿐이었다.

“두령님, 소도 키울까요? 그래서 밭도 갈고.”

한 놈이 상관명의 비위를 맞추고자 아부했다.

“쓰벌!”

나머지 산적들은 부르르 주먹을 떨었다.

상관명은 귀가 솔깃해졌다.

“우리가 밭이 있나?”

“힘 됐다 어디다 씁니까? 개간을 하면 되죠. 산을 일구어 밭을 만들면 반찬 값은 나오지 않겠습니까?”

“멋지군. 그럼 오늘부터 너는 밭을 만든다.”

“네? 저 혼자요?”

“그럼, 이 나이에 내가 하리?”

그는 일 년째 새벽이면 일어나 밤늦도록 혼자 산을 파고 있었다. 산적들은 아무도 그를 도와주지 않았다.

어쨌든 그렇게 애지중지 가축들을 사육했는데 이월하 일행이 미친 듯 먹어대자 상관명의 가슴은 갈기갈기 찢어지고 말았다.

“밤사이에 또 세 마리가 줄었군.”

닭똥 같은 눈물이 뚝뚝 떨어졌다.

허풍은 매일 새벽 상관명이 닭장을 부여잡고 목놓아 우는 것을 보면 미안한 마음이 들었다. 남의 재산을 눈에 띄게 축내고 있으니 인간인 이상 어찌 미안한 마음이 들지 않겠는가. 하지만 무소유(無所有)를 근본으로 삼고 있는 허풍이었으니, 그의 것이 나의 것이고, 나의 것이 그의 것이었다. 문제는 그는 줄 것이 없다는 데 있었지만.

“곧 아침 식사 시간인데……”

멀리서 울고 있는 상관명을 바라보며 허풍은 쩝쩝 입맛을 다셨다.

“넌 어떻게 먹는 것밖에 몰라? 그만큼 먹었으면 됐지, 염치 좀 있어봐."

설군영이 길게 하품을 하며 거처에서 걸어나왔다.

"아미타불…… 소승은 요즘처럼 잘 먹은 적이 없소. 배 터지게 먹는다는 게 뭔지 실감하고 있소."

"그래서, 좋아?"

"하핫! 좋다기보다는 먹을 수 있을 때 먹어둬야 힘을 쓸 게 아니오?"

"중이 힘쓸 데나 있나? 그런데 월하는 어디 간 거야? 벌써 이틀째 코빼기도 안 보이던데?"

"아미타불…… 상관 두령 말에 의하면 돈 벌러 갔다던데."

"돈?"

"워낙 식비가 많이 드니까 한 푼이라도 벌러 간 게지요. 그 성격에 취직이나 할 수 있을는지 원."

허풍은 끌끌 혀를 찼다.

결국 이월하는 허풍의 식비를 보태기 위해 돈벌이를 나갔다는 말이 아닌가. 빈대도 이만하면 지존 급이었다. 설군영은 허풍의 얼굴을 보며 혀를 찼다.

"당 노선배도 떠난 마당에 이러다 우리 둘만 남는 게 아닌지 모르겠소. 아미타불, 소승도 소림사에 가봐야 하는데. 여기서 마냥 이 시주를 기다릴 수도 없고…… 고민이오."

"야! 이월하!"

그때 이월하가 피곤이 온몸에서 뚝뚝 떨어지는 얼굴로 나타났다.

반갑게 이월하를 향해 달려가던 설군영은 움찔거렸다. 그의 모습이 정상적으로 보이지 않았던 것이다. 얼굴도 얼굴이지만 포대기에 아이를 업고 나타난 이월하의 모습은 충분히 놀라웠다.

설군영만 놀란 것이 아니었다.

허풍도 입을 쩌억 벌렸고, 주변의 산적들은 두 번 다시 볼 수 있는 재미있는 구경거리라도 되는 양 그의 주변으로 몰려들었다.

"뭐, 뭐야…… 어떻게 된 거야?"

"뭐?"

밤새 아이를 등에 업고 산을 날아다녔으니 피곤해도 이만저만한 것이 아니었다. 거기에 먹은 것도 없고 공력은 아직 일 할도 회복되지 않았다. 그는 말할 기운도 없었다.

"이 시주 돈 벌러 갔다더니…… 보모(保姆)라도 된 거요? 이 아이는…… 누구요?"

"안녕, 난 화정(花晶)이라고 해."

어디서 구했는지 막대사탕 하나를 물고 있던 아이가 이월하의 등에서 생글생글 웃으며 말했다.

"어? 말할 줄 아네."

그녀가 입을 열자 오히려 이월하가 놀랐다.

밤새도록 화정을 업고 뛰었으나 그녀는 입도 뻥끗하지 않았던 것이다. 그런데 언제 그런 일이 있었냐는 듯 웃고 있는 얼굴이라니. 이월하는 자신의 정성이 화정을 감복시켰다고 생각하며 흐뭇했다.

"그런데 다 큰 애를 왜 업고 있는 거야? 변태처럼."

설군영은 내심 못마땅한 듯 쏘아붙였다. 화정은 적어도 일곱 살은 되어 보였다. 그렇게 큰 여자 애를 업는다는 건 상상도 못할 일이다.

화정이 눈을 동그랗게 뜨고 설군영을 아래위로 훑었다.

설군영은 기분이 나빠졌다. 원래 그녀는 아이들을 좋아하는 성격도 아니었다.

"뭘 봐?"

그래서 말이 좋게 나가지 못했다.

"오빠, 앤 누구야?"

"애?"

"신경 쓰지 마. 성격이 꽤 안 좋은 여자야. 널 물지도 몰라."

"그럼 개야?"

"……!"

얘까지는 참아줄 수 있었다. 그런데 개라니!

설군영은 분명히 자신이 잘못 들었다고 믿었다. 그런데 산적들이 키득거리며 웃었다. 예의를 근본으로 하는 허풍의 안색은 좋지 못했다.

"히히, 그건 좀 심한데. 개는 아냐."

이월하는 실없이 웃으며 부연 설명(?)했다.

'잘못 들은 게 아니었어!'

허파가 뒤집어진다.

"죽을래?"

그녀는 차마 어린아이에게 죽을래, 라고 할 순 없어서 그 아이를 데려온 이월하를 노려보며 주먹을 쥐었다.

그때 화정의 입에서 결정적인 한마디가 터졌다.

"생긴 건 꼭 고양이 같아. 저런 여자는…… 밝힌다던데."

뜨거운 피가 머리 위로 확 올라왔다.

"못 참아!"

설군영은 분노의 주먹을 날렸다.

원래 이런 싸움은 이월하가 한 대 맞아준 후 굉장히 불쌍한 표정으로 자초지종을 말하면 끝난다. 하지만 이틀간 죽도록 고생을 한 이월하는 너무 피곤해서 그럴 생각이 없었다.

대충 피하면 되지 뭐, 라는 생각으로 슬쩍 몸을 비틀며 그녀의 주먹을 피했다.

설군영의 주먹이 바람 소리와 함께 허공을 갈랐다.

"거칠기까지 하네. 오빠, 제대로 시집도 못 갈 거 같아."

"흥! 그에게 같이 살자고 하지 않을 테니 네가 신경 쓸 것 없어!"

설군영은 검을 뽑았다. 그녀의 검이 이월하의 머리를 향해 내려쳐 왔다.

"오빠는 친절한 여자가 좋다고 내게 말했어!"

"내가 언제!"

이월하의 오른손이 중지를 튕겼다.

탕!

쇳소리가 나며 설군영의 손아귀에 은은한 통증이 왔다. 그녀는 억지로 통증을 참으며 이월하의 사방으로 바람을 일으켰다.

"난 이래서 애들이 싫어. 너무 싸가지가 없어!"

"애들을 싫어하는 것들은 다 늙은 것들이야."

"저것 봐!"

"아미타불…… 소승은 만물을 고르게 사랑하오. 젊게 사는 거지요. 하하핫!"

제대로 한 대 맞아주고 화정의 입만 막아준다면 그나마 화가 풀리겠는데, 이월하가 미꾸라지처럼 요리조리 피하면서 하하 웃어대자 설군영은 점점 더 화가 났다.

갑자기 두 사람이 싸우기 시작하자 주변에 구경꾼들이 점점 모여들었다.

보는 눈이 많아지자 설군영은 더 화가 났다. 헛손질만 해대고 있으니 나름 창피하기까지 했다.

'일단 얼려 버리자!'

설군영은 오른손으로 검풍을 일으켜 이월하의 운신 폭을

좁힌 후 왼손으로 냉한장을 내질렀다. 그가 얼면 쫓아가서 마구 패버릴 생각이었다.

"우리 오빠는 방어만 하고 있는데 비겁하게 두 가지 공격을 해와?!"

"누가 네 오빠야!"

사방이 칼바람에 막힌 이월하의 신형이 허공을 날았다.

그녀의 냉한장을 피하기 위해서 땅밑으로 꺼지던가 하늘로 솟아오르는 수밖에 없었다.

냉한장의 차가운 기운이 그의 발밑을 지나갔다.

그런데 '윽!' 소리가 들렸다.

이월하가 피한 냉한장이 그대로 날아가 닭장 앞에서 꺼이 꺼이 울고 있던 상관명에게 적중된 것이다. 상관명은 외마디 비명과 함께 영문도 모른 채 허연 서리를 뿜으며 빙인(氷人)이 되었다.

"으악! 두령님!"

구경하던 산적들이 깜짝 놀라 상관명을 향해 달려갔다.

설군영은 일이 잘못되었다고 생각했다. 상관명이 비록 별 볼일 없는 산적 두령에 불과했으나 이곳은 그의 산채였으며 그녀는 손님이었다. 손님이 주인에게 한 방 크게 먹였으니 일이 잘못되어도 한참 잘못된 것이다.

"미, 미안! 고의는 아니었다고!"

당황한 그녀는 공격을 멈추고 산적들을 향해 두 팔을 저었다.

"쯧쯧! 자기 성질 못 이겨 생사람 잡았네."

"너, 계속 이죽거릴 거야?"

"군영, 이제 그만 하자. 애가 몇 마디 한 거 가지고 왜 이렇게 흥분하는 거야? 이 녀석, 불쌍한 애라고."

이월하가 노골적으로 화정의 편을 들자 설군영은 와락 설움이 밀려왔다. 그녀가 이곳까지 오는 동안 믿은 사람은 이월하뿐이었다.

"정말 못 참겠어!"

그녀는 다시 팔을 들었다.

"허어! 이번에는 또 누굴 얼리려고!"

이월하가 펄쩍 뒤로 물러났다.

"두 분! 사랑싸움은 그만 하고 어서 우리 두령님을 녹여주시오!"

산적들 중 누군가가 분노에 찬 음성으로 외쳤다.

이월하를 공격하기 위해 준비하고 있던 설군영이 소리친 산적을 향해 냉랭하게 말했다.

"사랑싸움? 너 지금 누구한테 한 말이야?"

"여기서 사랑싸움하는 사람이 당신들밖에 더 있소? 나머지는 다 사내놈들인데 당신들이 아니라면 사내놈들끼리 사랑을 한단 말이오?"

"난 여잔데."

화정이 끼어들었다.

"하! 내가 사랑싸움을 한다고?"

"그럼 아니오? 정말 죽기 살기로 싸우고 있다는 거요?"

"그건…….."

아니었다. 단지 화를 참지 못했던 것뿐이다.

"하하! 우리는 원래 사랑하는 사이오. 그녀가 성격이 좀 거칠어 주먹질을 자주 하는 습성이 있어 그렇지, 원래 나쁜 여자는 아니오."

"우리가 언제 사랑을 했다는 거야?"

"지금 하고 있잖아, 군영."

이월하는 세상에서 가장 느끼한 음성으로 설군영의 이름을 불렀다.

"욱!"

"우욱!"

곳곳에서 산적들이 헛구역질을 하며 온몸에서 기름을 짰다.

그녀는 너무 창피했다.

"죽여 버리겠어!"

설군영이 무슨 억하심정이 있다고 이월하를 죽여 버리겠는가? 하지만 지금 이 순간 그녀는 반드시 이월하를 죽여 버리겠다고 생각했다. 그래서 그녀는 내공을 최대한 끌어올렸고 매 초식이 그를 죽이기 위한 살초의 연속이었다.

쿠아아아앙! 펑펑!

기물은 파손되고 땅바닥이 거북이 등처럼 금이 갔다. 사람들이 그녀를 피하기 위해 분주히 움직였다. 어떤 자는 갈라진 땅바닥에 넙죽 엎드렸고, 어떤 자는 부서진 기물에 다리가 걸려 우당탕탕! 소리를 내며 재빨리 도망쳤다.

"으아악! 사, 살려줘! 군영, 우린 서로 사랑하는 사이잖아! 그러니 제발……!"

이월하는 허공을 마구 날며 고래고래 소리쳤다. 그러나 표정은 절박한 음성과 달리 희희낙락이었다.

모옥 안에 있던 사람들도 그 둘의 난동에 놀라 밖으로 뛰어나왔다.

아직 잠에서 덜 깬 마철이 부스스한 모습으로 눈곱을 떼며 나오더니 허풍에게 물었다.

"스님, 저 두 분 뭐 하는 거요?"

"아미타불…… 그, 글쎄요."

바른 생활이 몸에 밴 허풍은 합장배례하며 허리를 숙였다.

"두 분이 사귀는 사이인가 보죠? 그런데 저 아이는…… 설마, 딸?"

"아미타불. 소승은 남녀 관계에 대해서는 아는 게 없소."

"쯧! 남녀 관계뿐이겠어요?"

"네?"

"스님들은 원래 아는 게 없어요."

“그렇지요.”

허풍의 눈이 가늘어지며 옆으로 쭉 찢어졌다. 그의 말에 불만이 가득하다는 표현이었다. 사실 허풍은 그 자신도 세상사에 별로 아는 게 없다고 생각하고 있었다. 하지만 모든 걸 다 모르는 것은 아니다. 부처님 모시는 법에 대해서는 그도 제법 알고 있었다. 하지만 ‘스님은 원래 아는 게 없어요’ 라고 말한 사람에게 ‘부처님 모시는 법에 대해서는 제법 압니다’ 라고 말하는 게 조금 치사한 것 같아 참았다.

“그런데 말려야 하지 않겠습니까? 저러다 이 소협 죽겠습니다.”

“소승도 그렇게 생각하오.”

허풍이 두 사람을 뜯어말리기 위해 장내로 들어가던 바로 그 순간이었다.

콰콰콰콰쾅!

녹수채 사방에서 천지번복의 대폭발이 일어났다.

땅속에 매장된 수백 근의 화약이 동시에 터진 것이다.

허공에 뜬 채 ‘하하!’ 웃고 있던 이월하가 ‘악!’ 소리를 내더니 썩은 짚단처럼 뚝 떨어졌다.

눈 깜짝할 사이에 벌어진 일이었다.

第七章　내, 내가……사람을 죽였소

1

콩! 콰콰쾅! 쾅쾅!

폭음이 산채를 뒤흔들었다. 지진을 만난 것처럼 가옥들이 무너지기 시작했다. 곳곳에서 시뻘건 불기둥이 치솟았다.

"으아아악!"

"아아악!"

그 속에서 죽음을 부르는 비명들이 이어졌다.

산적들의 팔다리, 그리고 몸통이 갈가리 뜯겨져 허공에 뿌려졌다.

곳곳은 시커멓게 타오르는 불기둥과 함께 아수라장으로 변해 버렸다.

흑룡회와 대호파의 도발이 시작된 것이다.

천하의 이월하라 할지라도 이 일만은 대비할 수 없었다.

"허억!"

'외마디 비명이 터져 나왔고 신체는 본능적으로 회정심공을 운용했다. 그러나 허공에 떠 있는, 전혀 준비가 안 된 상태에서 회정심공은 그 위력을 십분 발휘할 수 없었다. 보고, 느끼고, 눈 한 번 깜박거리는 그 찰나의 순간에 폭약의 파편들이 몸 안으로 쑤셔 박혔다.

불에 데인 듯 화끈한 통증이 찾아왔다.

이월하는 썩은 짚단처럼 지면으로 추락하며 화룡상인의 말을 생각했다.

"한 번도 자랑해 본 적은 없지만 너는 사랑스러운 제자니까 특별히 말해주마. 회정심공은 천하무쌍이야! 네가 회정심공을 십이성까지 연성한다면 도검수화만독불침이 되는 거야."

공력의 구 할을 잃었으니 도검수화만독불침은 물 건너간 일이다.

죽지만 않으면 다행이었다.

폭약의 파편들이 몸에 박혔다.

거기까지는 인정할 수 있었다.

'그런데…… 뭐지? 이건!'

자석이 쇳가루를 끌어당기듯 이월하의 신형이 주변에 퍼져 나가는 파편의 기(氣)를 끌어당기고 있었다. 공중을 떠도는 파편 조각들이 이월하의 몸으로 휘감겨들었다. 파편들은 거대한 회오리처럼 그의 신형을 중심으로 거세게 휘몰아치며 타타타타타탁! 소리와 함께 터졌다.

지면으로 급락하던 이월하의 신형은 바람개비처럼 어지럽게 돌며 오히려 허공으로 솟아올랐다.

'회정심공의 기류를 타고 몰려들고 있어!'

파편들은 끝없이 터지고 타올랐다. 이월하는 순식간에 백회혈에서 시작해 용천혈까지 삼백육십오 개 혈도에 타격을 받았다. 순식간에 가슴이 답답해졌다. 물에 젖은 솜뭉치처럼 몸은 무거워졌다.

하나 아프지 않았다. 꿈을 꾸는 것처럼 정신이 몽롱할 뿐이다. 현실이 아닌 듯했다. 이월하는 정말로 그 자신이 꿈을 꾸고 있다고 생각했다. 그게 아니라면 왜 아프지 않겠는가.

"월하!"

절규하듯 부르는 소리가 들렸다.

일어나려 했으나 몸이 말을 듣지 않았다.

그 순간에도 화정이 다치지 않게 몸으로 감쌌다.

이름을 부르짖으며 달려오는 설군영의 모습이 흐릿하게 보였다.

쾅! 콰콰쾅!

폭약은 그녀의 주변에서도 사정없이 터졌다.

설군영은 두 팔로 얼굴을 감쌌다. 하나 도망치지 않았다. 그녀는 이월하를 구해야 한다는 일념에 사로잡혀 있었다. 그에게 달려가 무엇을 어찌해야 한다는 판단은 없었다. 함께 있어야 한다. 죽음은 지척으로 다가왔지만 그것을 느낄 시간적 여유가 없었다.

"저러다 다칠 텐데……."

이월하는 설군영의 주변에서 폭약이 터질 때마다 가슴이 덜컥 내려앉았다.

"크아아악!"

"사, 사람 살려! 아악!"

죽은 자의 마지막 비명과 아직 죽지 않았지만 곧 죽을 자들의 절규가 난무했다.

한겨울 바짝 마른 목옥(木屋)들은 폭약에 초토화된 채 활활 타올랐다. 검은 연기가 대낮의 하늘을 시커멓게 뒤덮었다.

퇴로를 찾는 사람들은 정신이 나간 듯 고삐 풀린 망아지처럼 날뛰었다. 일단의 무리들이 넘어지고 그 위로 또 다른 사람들이 짓밟고 지나갔다.

이월하와 설군영의 사이는 오 장(五丈)이 채 되지 않았다.

달려간다면 단숨에 달려갈 수 있는, 결코 멀지 않은 거리였다. 하나 폭약이 터지는 그 길은 너무 멀었다. 술 취한 사람처

럼 갈 지(之) 자로 얼굴을 감싼 채 달려오는 설군영은 점점 절
망하기 시작했다.

"위험하닷!"

그녀가 죽음을 도외시한 채 이월하가 쓰러진 곳을 향해 달
려가자, 허풍은 기겁했다.

그는 단 한 번도 설군영에 대한 자신의 감정을 정리해 본
적이 없었다. 또한 이성과 동성에 관한 사랑이 판이하게 다르
다는 것도 몰랐다. 다만 그는 설군영이 위험해지는 걸 원치
않았다.

허풍은 천상비(天上飛)의 신법을 전개하며 두 발로 허공을
밟았다. 쭉 뻗은 갈고리 손이 설군영의 한쪽 어깨에 얹히며
마치 독수리가 하늘 위에서 병아리를 낚아채 듯 그녀의 신형
을 들어 올렸다.

쾅! 콰쾅!

폭발은 멈추지 않았다.

허풍은 설군영을 낚아챈 팔을 몸 안으로 휘감으며 그녀를
보호했다. 그의 장삼 자락이 파편에 맞으면 부욱 찢겨 나갔
다.

"중! 뭐 하는 짓이야? 월하가, 월하가…… 저기 있다고!"

허풍의 두툼한 팔에 사로잡힌 설군영은 악을 썼다.

이월하를 죽여 버리겠다고 싸웠다. 하지만 그건 진심이 아
니었다. 이월하의 등에 업힌 계집아이가 약을 올리지만 않았

다면 이런 일은 벌어지지 않았을 것이다.

"그를 구해야 하잖아! 그, 그가 저기 있다고!"

설군영은 허풍의 품에서 와들와들 떨며 손가락으로 쓰러진 이월하를 가리켰다.

이월하는 있는 힘을 다해 포대기의 화정을 허풍에게 던졌다.

허풍의 다른 한 손이 화정을 받았다.

"중! 어서 가서 그를 구해!"

시커먼 화염 속에서 이월하는 온몸으로 피를 토했다. 검붉은 핏물이 깨진 바가지에 담긴 물처럼 줄줄 새어 나왔다. 외상뿐 아니라 내상까지 엄중한 듯 보였다.

'그는 혼자서는 움직일 수 없어 보이는구나.'

하지만 그의 양쪽 팔에는 두 사람이 안겨 있었다.

물론 그렇다 해도 이월하를 구하려고 한다면 전혀 불가능한 일은 아니었다. 하지만 그를 구하려면 한 가지 방법이 있는데, 설군영과 화정을 안전한 곳에 먼저 내려놓은 다음이라는 것이다. 허풍의 능력은 꽤 출중한 편이었지만, 폭약이 터지는 아수라지옥 속에서 양팔로 두 사람을 안고 또 한 사람은 업고 달릴 수 있을 정도는 아니었다. 그는 이월하에게도 꽤 깊은 정을 가지고 있었지만 하나를 포기해야 한다면 아직 구하지 못한 이월하다.

'이 시주는 대운(大運)을 타고난 사람이니, 알아서 살아나

갈 수 있을 것이다. 하나 그녀가 위험해진다면…… 나는 왠지…… 슬퍼질 것 같다.'

이월하가 대운을 타고났는지 아닌지 허풍은 알지 못했다. 다만 그렇게 생각해 두는 편이 자신의 감정 정리에 도움이 되는지라 그는 그렇게 생각한 것뿐이다.

"일단 보살님을 안전한 곳에 모신 후 그를 구해내겠소."

마음을 굳게 먹은 허풍의 신형이 되돌아서며 허공을 도약했다.

이월하의 희미한 눈동자에 사라지는 허풍의 뒷모습이 보였다.

"아, 안 돼! 그를 내버려 둘 수 없어! 난 아직 해결 못한 일이 있단 말이야!"

설군영은 발버둥쳤다.

"지랄을 해라. 경극이 공짜다."

화정은 설군영을 비웃었다.

"아미타불…… 청산의 녹수가 다하지 않는 이상 두 분이 싸울 시간은 얼마든지 있소."

허풍은 한가롭게 그녀의 말을 듣고 있지 않았다. 폭약도 폭약이지만 불길이 점점 거세지고 있었다. 불에 타버린 산채의 모옥들이 무너지면 어느 곳 하나 안전하지 못했다. 허풍은 빠르게 산채를 벗어나 산을 내려가는 것만이 유일한 살길이라고 생각했다.

휘익.

그가 다시 허공으로 몸을 날렸을 때, 시커멓게 타 들어간 불기둥이 눈앞을 덮쳤다. 허풍은 급급히 장력을 내지르며 길을 열었다. 타다 남은 목조물이 그의 몸에 부딪쳤다.

설군영은 여자처럼 축 늘어진 허풍의 가슴에 얼굴을 묻었다.

대개의 사건 사고는 예고없이 찾아오는 법이다. 만약 사건 사고가 생길 것을 미리 예측할 수 있다면 사람들은 그 피해를 절반 이하로 대폭 줄여 나갈 수 있을 것이다. 예고되지 않은 사고로 인해 녹수채는 회생불능의 엄청난 피해를 입었지만, 아주 사람이 없는 것은 아니었다.

"당황하지 마라! 전열을 정비해!"

수십 년 산채를 지키며 관군과 대적해 온 역전의 노장들은 아직 죽지 않았다.

오장명은 막장생 부두령의 친구라는 이유로 산채에 공이 없음에도 불구하고 소두령이 된 자다. 하나 십여 년간 소두령이란 직책으로 많은 싸움을 겪고 보며 살았다.

그의 축적된 경험이 위험한 순간에 빛을 발했다. 오장명은 칼을 뽑아 들며 우왕좌왕하는 산적들을 빠르게 정비시켰다.

"물을 뿌려라! 불을 꺼라! 적들의 암습에 대비하라!"

몇 명의 산적들이 화마(火魔) 사이를 뛰어다니며 우물가에서 물을 퍼 날았다. 또 몇 명의 산적들은 부상자들을 구출해

냈으며, 다른 몇 명은 무기를 뽑아 들고 적의 암습에 대비했
다.

쾅! 콰콰쾅!

그러나 바로 옆에서 다시 폭발이 시작되자 산적들은 혼비
백산해 뿔뿔이 흩어졌다. 전문적으로 훈련을 받은 자들이 아
니다 보니 위기 대처 능력이 현저히 떨어졌다.

"으악!"

"으아악!"

다시 몇 명이 죽고 드높았던 비명이 조금씩 낮아지고 있었
다. 비명을 지를 수 있는 자가 점점 줄고 있다는 증거였다.

2

임소리는 여러 개의 값비싼 개인 소장용 보물을 가지고 있
었는데, 그중 제일 아끼는 것 중 하나가 서역(西域)에서 비단
길을 타고 들여온 천리경(千里鏡)이었다.

이 물건은 천 리 밖을 볼 수 있다고 해서 천리경이라 이름
붙여진 것인데, 사실 천 리를 내다본다는 건 과장된 표현이고
수십 장 밖의 물체들이 주먹만 하게 보이긴 했다.

마상에 앉아 그 비싼 천리경으로 녹수채를 내려다보는 그
녀의 기분은 날아갈 듯 상쾌했다. 눈엣가시 같은 놈들이 피를
토하고 죽어 자빠지는 모습이 실감나게, 아주 생생히 천리경

을 타고 쏟아져 들어왔다. 그야말로 박진감 넘치는 한 편의 활동사진이었다.

한 번 터진 폭약이 불기둥이 되어 허공으로 치솟아오르자, 하늘 위에선 다시 한 번 화려한 불꽃놀음이 펼쳐졌다.

손에 땀을 쥐게 하는 생생한 사건 사고의 현장이었다.

이제 남은 일은 내려가서 살아남은 녹수채의 잔당들을 패 죽이는 일뿐이다.

'와! 요즘 기술이 발전해서 폭약의 성능이 너무 좋아졌구나. 내가 어릴 때만 해도 저 정도는 아니었는데…….'

그녀는 흐뭇한 미소를 감추지 못했다.

"나도 좀 보자고."

심대호가 임소리의 천리경을 빼앗듯 가로채더니 눈에 대었다. 곧 입이 찢어져 귀에 가 걸렸다.

"호호호! 이것 봐라. 저놈들 미친개처럼 허둥거리잖아. 이거 뭐, 쓸고 말고 할 것도 없겠는걸."

'기다려! 다음은 너야!'

임소리는 심대호의 좋아하는 옆모습을 힐끗 보더니 주먹을 부르르 떨었다. 아무리 잊으려 해도 가슴에 구토를 하던 놈의 얼굴이 잊혀지지 않았다. 여자에게 그것은 평생 지울 수 없는 자존심의 상처였다.

"크크크! 냄새나는 산적 놈들이 번갯불에 콩 튀기듯 통통 튀는구나! 슬슬 내려가서 장내를 정리해야 하지 않을까?"

"이런 싸움에 우리가 직접 갈 필요 있겠어요? 밑의 아이들이 알아서 잘할 테니 우리는 편히 구경하는 것이……."

"흐흐, 나도 편하게 구경하고 싶지만 오늘 상관명의 면상을 보지 못한다면 앞으로 영원히 보지 못할 것 아냐?"

"그건 그런데……."

"마지막 가는 길에 모든 번뇌를 훌훌 털고 있는 것, 없는 것 다 내놓고 가라고 말이라도 해줘야 그가 게거품을 물지. 크카카카카!"

'돈에 관해선 치밀한 놈! 결국 비밀창고의 열쇠를 직접 빼앗겠다는 거 아냐! 흥! 내가 네놈에게 그걸 넘길 거 같아?'

심대호가 천리경으로 다시 녹수채를 살펴보더니 말했다.

"인간사 어차피 공수래공수거야. 갈 때 다 주고 가는 게 맞지. 음, 폭약 공격도 다 끝난 모양인걸."

'공수래공수거? 이 자식이 어디서 문자 공격이야!'

배움이 짧은 임소리는 인간사 공수래공수거라는 말의 뜻을 알지 못했다. 자연 자격지심이 들고 기분은 더욱 나빠졌다.

"후발대의 공격이 시작될 거요."

"오! 우리 아이들이 삼십 명 투입됐는데 지금 공격을 하게 되는 거야?"

임소리를 고개를 끄덕였다.

"폭약으로 대부분 몰살시켜 놓았으니 살아남은 놈들을 정리해야 하지 않겠어요?”

“투항하는 놈들은 죽이면 안 돼!”

“……?”

“그놈들은 우리의 좋은 부하가 될 거야. 그리고 쌓인 재물도 가져와야 하니 마차도 몇 대 끌고 가야지. 상관명은 욕심이 많아서 창고마다 재화(財貨)가 가득할 거야.”

‘상관명의 욕심이 너만 하겠느냐?

임소리는 속으로 다시 한 번 심대호를 욕했다.

그러나 아직은 심대호와 관계를 유지해 두는 편이 좋았다.

“호호호.”

그녀는 억지로 웃으며 말했다.

“심 두령, 녹수채가 없어진 이후 우리에게 떨어질 이득을 생각하면 그까짓 재화는 아무것도 아니에요.”

“하핫! 다다익선(多多益善)이야. 재화란 많으면 많을수록 좋은 거니까.”

‘다다익선? 많으면 많을수록 좋다는 뜻인가? 음, 나중에 녹림행을 나가서 수입이 적은 부하들에게 나도 써먹어야겠다. 다다익선. 다다익선. 다다익선. 외우자.’

“아참, 그런데 흑룡회에서도 후발대로 삼십 명을 투입한 거야?”

“우린 열 명만 보냈어요.”

“열 명? 우린 삼십 명인데 흑룡회는 왜 열 명만 보낸 거지?”

더 많은 숫자가 투입된다는 건 그만큼 수고를 더해야 한다
는 것이니, 좋은 일이 아니었다. 즐거워하던 심대호의 얼굴이
대번에 불만의 기색이 역력했다.

"다 이유가 있어요."

"무슨 이유? 나하고 사전에 이야기가 된 부분이 아닌 것 같
은데…… 그렇다면 이건 계약 위반 아닌가?"

"우리 아이들은 뒤에서 대기 중이에요."

"무슨 대기를 또 해?"

"소란한 틈을 타고 도망치는 놈이 있을 테니, 그놈들마저
잡아야 하지 않아요."

그놈들 중 재화를 가지고 도망치는 놈이 있을지도 모른다
는 말은 하지 않았다.

심대호는 이해가 간다는 듯 고개를 끄덕였다.

"듣고 보니 그렇긴 한데. 하지만 미리 이야기를 했어야
해."

심대호는 나름대로 염두를 굴렸다.

'보아하니 쉬운 일은 자기들이 하고 어려운 일은 우리 대
호파를 시킨 것 아닌가? 그건 안 되지. 아무래도 녹수채에서
나온 재화를 투입된 부하들 숫자대로 나누자고 우겨야겠
다.'

만약 우기는 게 잘 안 된다면 숫자를 앞세워 몰래 빼돌리기
라도 해야겠다고 심대호는 생각했다.

"그럼 슬슬 후발대를 투입해 볼까요?"

"그렇게 하자고. 노획품이 많아야 할 텐데."

"시작해라."

임소리는 옆의 부하에게 명령했다.

명령을 받은 사내가 붉은 깃발을 흔들었다. 총공격의 신호였으나, 거기에는 심대호가 모르는 다른 암호 하나가 더 숨어 있었다. 임소리는 녹수채에서 도망치는 놈들을 일망타진하기 위해 부하들을 매복해 놓았지만 그것만이 목적이 아니었다. 그녀는 녹수채를 공격하는 열 명의 수하를 제외한 나머지 수하들을 모두 대호파의 공격 대기조로 돌려놓았다.

'녹수채 공격에 놈들의 주력이 모두 출동하였으니, 대호파의 본진을 초토화시키는 것은 그리 어려운 일이 아니지. 본진이 모조리 부서진 다음에도 지금처럼 웃을지 있는지 어디 두고 보겠다.'

임소리의 이러한 음모를 머리 나쁜 심대호가 알 길이 없으니 그는 다만 지금이 즐거워 웃고 있을 뿐이다.

그런데 그때 즐거운 마음으로 풍경을 구경하던 심대호의 시선 속으로 자욱한 눈보라가 보였다. 심대호는 천리경으로 눈보라 속을 살폈다. 한 떼의 인마다.

3

“와아아아아!”

“죽여라! 모조리 죽여 버려라!”

흑룡회와 대호파의 졸개들이 밀려들었다. 여기저기서 죽음을 부르는 단말마가 이어지며 녹수채는 아비규환 속으로 빠져들었다. 마음먹고 기습을 강행한 자와 신체의 일부를 잃어버린 채 전의를 상실한 자와의 싸움은 처음부터 상대가 되지 않았다.

싸움이라기보다는 도륙(屠戮)에 가까웠다.

아직 죽지 않은 자들은 도망치기에 바빴다.

“뭐, 뭐야? 저것들은?”

허풍의 품에서 설군영이 소리쳤다.

허풍은 일단 설군영과 화정을 안전한 곳에 내려놓았다.

연후 이월하를 구하기 위해 고개를 돌린 순간 일망타진당하고 있는 녹수채 산적들이 눈에 들어왔다. 허풍의 가슴이 섬뜩하게 내려앉았다.

“이 시주는?”

이월하는 피를 토하며 벌레처럼 꿈틀거리고 있었다.

온몸은 폭약 파편으로 뻥뻥 구멍이 뚫려 피가 흘렀다.

보여지는 것만으로 따지자면 곧 죽어도 이상할 것이 없었다. 여전히 정신은 아득했고 온몸은 축 늘어졌다.

‘사람이 쓰러졌으면 얼른 달려와 일으켜 세워주며 ‘괜찮소?’라고 물어보는 게 정상이건만!’

화정만이라도 살리고자 허풍에게 그녀를 던진 이월하였다. 하지만 세 번 사양할 때까지 상대가 물어봐 주는 것이 예의이듯, 살 생각이 없다 해도 구해주어야 하는 것이 예의가 아닌가.

'내가 누구 때문에 밤새도록 고생했는데! 이렇게 될 줄 알았으면 그놈들을 그냥 올라오라고 하는 건데, 고생은 고생대로 하고 낙은 없구나.'

이대로 확 죽어버린다면 허풍은 평생 죄책감을 가지고 살아갈지 모른다는 생각이 들었다. 하지만 허풍에게 죄책감을 심어주기 위해 목숨을 초개와 같이 던진다면 그의 손해가 너무 막심했다.

'살아야지.'

누구도 구해주지 않으니 스스로 살길을 찾아야 했다.

일단 몸을 추슬러야 도망치든 적을 맞아 장렬히 싸우든 선택할 수 있었다.

이월하는 일어서기 위해 무릎을 구부리고 양손으로 땅을 짚었다. 상체를 들었다. 그 순간 우두둑 소리가 들리며 다시 픽 고꾸라졌다.

"윽!"

머리끝이 쭈뼛 설 정도의 고통이 찾아왔다.

갈비뼈가 석 대는 부러진 모양이었다. 이 정도면 일어선다 해도 뛰기는커녕 걷기도 힘들 것이다.

그래도 도망치려면 어쩔 수 없었다.

뛸 수 없으면 걸어야 하고 걸을 수 없으면 기어야 했다.

'하하, 천상천하유아독존초절정쾌남아인 이월하가 산적들의 소굴에서 개죽음을 당했다는 소문이 나게 할 수는 없지.'

이월하는 살길을 찾아 부지런히 기었다. 한번 기기 위해서 팔꿈치를 움직일 때마다 온몸이 쑤시며 상처 속으로 흙이나 작은 돌멩이들이 스며들어 쓰라려 미칠 것 같았다.

"죽어라!"

"살려줘! 으악!"

"죽여 버리겠다!"

"으아악……!"

여기저기서 악다구니와 함께 병장기가 번쩍거렸고 피가 튀었다. 시뻘건 화마 속에서 녹수채의 산적들은 비명 소리를 드높이며 까맣게 타죽었다.

살기 위해 기고 있던 이월하의 시선 속으로 보여지는 것은 아수라참마도(阿修羅斬魔圖)였다. 피아의 구분이 모호한 가운에 적들은 여자나 어린아이들을 베는 것도 망설이지 않았다. 칼끝에 걸리는 모든 것들이 베어졌고 쓰러졌으며, 피를 뿌렸다.

이월하는 그 자신만을 생각할 때는 꽤 낙천적인 성격의 소유자였다. 그래서 열심히 기다 보면 좋은 결과가 있지 않겠는가, 라고 생각하던 중이었다.

하지만 주변을 돌아보자 결코 낙천적일 수 없었다.

한 여자가 적들의 칼에 베이는 것이 보였다.

이월하의 눈이 부릅떠졌다.

그 여자에게 업혀 있던 어린아이가 밭에서 무가 뽑히듯 어미의 등에서 쑥 뽑혀 나갔다.

"으아아아아앙!"

자지러지는 울음소리가 터졌다.

놈은 한 점 가책없이 아이를 땅에 패대기쳤다.

이월하의 눈에서 피가 튀었다.

'마령천 놈들!'

이월하는 이것이 산적들과의 세력 싸움이라고는 생각하지 못했다. 당연히 쳐들어온 자들은 마령천의 주구(走狗)라고 믿었다. 그래서 사건은 대화와 흑룡회가 벌였으되, 욕은 마령천이 먹었다.

'놈들을 유인하기 위해 밤새도록 산하를 헤집고 다녔건만…… 남은 잔당들이 있었던 모양이다.'

이월하는 자책했다.

오늘의 비극은 그로 인해 벌어진 것이었다.

'내가 좀 더 세심하게 행동했더라면……'

마도제일문파라면 정보력 역시 마도제일일 것이다. 그렇다면 그들을 좀 더 과대평가해 주어야 했다.

조금만 생각해도 알 수 있는 일이었다.

‘사람이 몸을 움직이려면 적어도 세 번은 생각해야 한다, 라는 말도 있지 않은가.’

하지만 어떤 일을 행함에 있어서 세 번의 생각도 많은 것이 아니었다. 확신이 서지 않는다면 세 번 아니라 열 번, 스무 번, 백 번이라도 생각해야 했다. 돌다리도 두들겨 보고 안전한지를 확인한 후 건너야 한다. 만약 두들겨 보고도 미심쩍다면 건너지 말아야 한다.

그것만이 혹시 있을지도 모르는 중대한 실수를 미연에 방지하는 길이다.

‘이만하면 되었다, 라는 안이한 생각이 화를 불렀다. 그러니까…… 죄없는(?) 산적들의 죽음은 모두 내 탓이야.’

이월하는 전혀 맞지 않는 사실로 과도하다 싶을 정도로 자책했다.

그러다 문득 생각했다.

‘반드시 내 탓이라고 할 순 없지. 난 최선을 다했다고. 이렇게 된 건 모두 마령천 놈들 탓이야. 내 이놈들을 그냥!’

분연히 일어나 적과 싸워야 한다.

“이놈들!”

분노한 이월하는 소리치며 몸을 일으켰다.

그러나 그건 마음뿐이었지 몸은 움직이질 않았다.

대호파의 졸개 하나가 ‘이놈들!’ 이라는 이월하의 외침에 ‘왜?’ 라고 대답하며 고개를 돌렸다. 놈의 손에는 시퍼렇게 날이 선 귀면도(鬼面刀)가 들려 있었다. 도신(刀身)에서는 금방 사람을 죽인 듯 뜨거운 핏물이 뚝뚝 떨어졌다.

놈의 섬뜩한 귀면도를 보자 이월하는 눈앞이 아찔해졌다.

놈의 귀면도에 흐르는 피는 짐승의 피가 아니라 인간의 피였다. 그것도 방금 살인을 하여 아직 식지 않은 뜨거운 인간의 피!

"네가 나를 불렀냐?"

놈은 이월하를 보며 히쭉 웃었다. 맛있는 먹잇감을 앞에 둔 맹수의 눈빛처럼 놈의 눈에서 즐거운 광채가 번뜩였다.

"이, 이봐."

일어나지도 못한 이월하는 기어서 뒤로 물러났다.

"설마 부상자를 건드리겠다는 건 아니겠지? 부상자를 건드리는 건 적십자(赤十字) 정신에 정면으로 위배되는 사항이라고!"

"적십자? 개풀이나 뜯어 먹어라!"

하늘로 올라간 귀면도가 허공을 가른 건 순간이었다.

4

세상을 살다 보면 여러 가지 재수없는 일들이 생기게 마련이다.

그중 하나가 그 자신의 능력은 안중에 두지 않은 채 자신보다 훨씬 센 자를 상대로 싸움을 거는 것이다. 특히 그 센 상대는 싸울 마음도 없는데 말이다. 그런 부류의 인간들을 조롱하기 위해 하룻강아지 범 무서운 줄 모른다는 속담이 있는데, 이 귀면도를 든 자가 바로 그 하룻강아지였다.

비록 이월하는 내공이 구 할이나 소진되었고 몸도 제대로 가눌 수 없을 정도로 만신창이였지만 무림의 일류고수였다. 졸개 산적과의 일 대 일 싸움에서 깨진다면, 그야말로 지나가던 개가 웃을 일이었다.

쐐애애액!

귀면도는 이월하의 머리통을 반으로 갈라 버릴 듯 섬뜩한 파공음을 내며 짓쳐 내렸다.

"아악!"

멀리서 지켜보던 설군영은 두 손으로 얼굴을 가리며 비명을 질렀다.

"아미타불!"

허풍의 얼굴은 핼쑥해졌다.

그는 즉시 신형을 움직였다.

떨어지는 귀면도의 속도에 비해 허풍과 이월하의 거리는 너무 멀었다. 그가 아무리 신출귀몰한 능력의 소유자라 해도 결코 막을 수 없을 것이다.

슈가가가각!

더욱이 달려오는 허풍을 발견한 주변의 산적들이 그를 향해 병기를 뻗었다. 허풍은 허공에 신형을 띄운 채 무영각(無影脚)으로 짓쳐드는 병기를 연속적으로 쳐냈다.

그때, 이월하의 머리 위에서 픽! 소리가 났다.

허공에 떠 무영각을 운용하고 있던 허풍의 머릿속이 하얗게 변했다. 눈앞이 캄캄했다.

그가 마지막으로 본 것은 이월하가 한 팔을 들어 놈의 귀면도를 막는 장면이었다. 그것은 위험에 대한 본능적인 행위였다. 그러나 금강불괴가 아닌 이상 피와 살과 뼈로 이루어진 사람의 신체가 쇠붙이, 그것도 인명을 살상하기 위해 제련된 날카로운 병장기를 어찌 막아낼 수 있겠는가.

그런데 막아냈다.

허풍이 들었던 픽! 소리는 이월하의 팔이 귀면도에 부딪치며 두부 조각처럼 잘려 나가는 소리가 아니었다. 귀면도는 마치 부드러운 솜뭉치 속에 빨려 들어가듯 이월하의 팔뚝에 쑤욱 빨려들었다가 팅겨 나갔다. 귀면도를 든 사내가 반탄지력을 이기지 못하고 나뒹굴었다.

"저…… 저럴 수가?"

눈으로 보았으되 도저히 믿을 수 없다는 듯 허풍은 입을 쩌억 벌렸는데, 너무 벌려 두꺼운 목젖이 다 보일 지경이었다.

화룡상인은 말했다.

회정심공은 천하무쌍이라고. 회정심공을 모두 이해하고 섭렵한다면 도검불침이 될 것이라고.

어린 이월하는 물었다.

"안 되면요?"

"그럼 모두 이해하고 섭렵한 것이 아니지."

이월하는 아직 회정심공의 오묘함을 모두 이해하지 못했
다.

회정심공을 완전히 자신의 것으로 만들기 위해서는 앞으
로 십 년이 걸릴지 이십 년이 걸릴지 알 수 없었다. 어쩌면 영
원히 이해하지 못할 수도 있다. 더욱이 내공의 구 할을 소진
했다.

그럼에도 불구하고 적수공권으로 놈의 귀면도를 막을 수
있었던 건 상대가 워낙 약했기 때문이다. 만약 무림의 절정고
수가 본신의 내력을 이용하여 귀면도를 내려쳤다면 이월하는
목숨을 잃고 말았을 것이다.

천만다행으로 흑룡회의 이 산적은 전문적으로 내공을 공
부한 적이 없었다. 오로지 본신의 힘만으로 귀면도를 내려친
것인지라 이월하의 팔에 혈선 하나만을 남길 수 있었다.

"헛! 이놈 봐라!"

나뒹군 산적의 눈에서 불똥이 튀었다. 그는 벌떡 일어났
다. 왜 자신이 튕겨 나갔는지 이해할 수 없다는 표정이었다.

눈에 보이지 않는 강력한 힘.

그것은 내공이다. 그러나 보이지 않는 내공의 실체를 내공
이 '내' 자도 모르는 자는 생각하지 않는다.

“제법 힘이 있는 놈이었어! 하지만 끝장을 내주지!”

놈이 다시 달려들었다.

그때, 웅후한 장력이 놈의 전신을 휘감았다. 허풍이었다.

놈의 신형이 허공으로 부웅 떴다가 머리부터 떨어졌다. 쾅!
소리와 함께 그는 뇌진탕으로 불귀의 객이 되고 말았다.

‘죽였다! 내가 사람을……!’

다투는 경우가 생기더라도 살생을 피하기 위해 손에 사정
을 두는 것이 불가의 도리다. 함부로 사람을 죽인다면 그것이
어찌 속세를 떠난 구도자의 태도라 할 수 있겠는가.

부득이하게 사람을 죽였다면 괴롭고 고통스러워야 할 것
이다.

그런데 허풍은 오랫동안 무거웠던 머리가 맑아지고 온몸
이 날아갈 듯 상쾌해짐을 느꼈다. 그는 생각과 판이하게 다르
게 전개되는 이러한 감정을 뭐라고 설명해야 할지 몰랐다.

“스님…… 괜찮소?”

그의 얼굴 표정이 너무도 복잡 미묘하여 오히려 가쁜 숨을
몰아쉬던 이월하가 물어볼 지경이었다.

“괘, 괜찮소. 그런데 내, 내가… 사람을… 죽였소.”

이월하는 자신의 목숨을 빼앗기 위해 달려왔다가 허풍에
게 죽임을 당한 자의 시신을 바라보았다. 시신의 머리 주변으
로 피가 홍건했다.

“나, 나는 한 번도 사람을 죽여본 적이 없어. 그런데… 기

분이 썩 나쁘지… 않아.”

“그는 죽어 마땅한 악인이오. 악인을 지옥으로 보내는 것에 대해 죄책감을 가질 필요는 없소.”

“그, 그런가요?”

“중! 지금 감성에 젖어 있을 시간이 없어! 옆을 봐!”

그때 설군영이 달려오며 소리쳤다.

허풍이 옆을 돌아보았다.

산적들이 슬금슬금 다가오고 있었다.

“저기, 이 시주…… 저들도 죽여도 되나요?”

부모님이 꼭꼭 숨겨놓은 과자를 찾아낸 어린아이가 ‘나 이거 먹어도 돼요?’ 라는 간절한 눈빛으로 승낙을 구하듯 이월하를 바라보는 허풍의 눈이 간절하다 못해 ‘제발 된다고 해줘’ 라고 절규했다.

“무, 물론이오. 적은 물리치고 봐야지.”

그의 간절한 눈빛에 오히려 이월하가 어리둥절해졌다.

‘늦게 배운 도둑질에 밤새는 줄 모른다더니…… 저러다 우리 허풍 스님, 살인에 맛들이는 거 아냐?’

“설 보살님, 이 시주를 부탁드리오.”

허풍은 설군영에게 이월하를 넘기더니 좋아라 산적들을 향해 뛰어나갔다.

설군영은 아주 오래전부터 이월하를 걱정했던 연인처럼 그를 부축했다.

"미안해, 나 때문에."

그녀의 눈에 눈물이 글썽였다.

이월하는 터무니없는 것을 본 것처럼 눈을 휘둥그레졌다.

"너 지금 우는 거야?"

"응."

"울 필요 없어. 난 멀쩡하다고. 우리 사이에 미안하다는 말도 어울리지 않고."

물론 속으로는 '이제 살 만하니까 달려와 울어?'라고 소리치고 싶었지만 겉으로는 제법 대범한 척 말했다. 싸움이 위급하니, 내분을 일으키기보다는 대동단결해야 할 때였다.

그런데 산적의 머리통을 내려치고 있던 허풍의 눈이 게슴츠레해지더니 옆으로 쭉 찢어졌다.

'우리 사이?'

그 말은 단순하게 생각하면 한없이 단순한 말이었으나 한번 화두로 붙잡히면 사람을 끝없이 물고 늘어지는, 그야말로 해석의 여지가 풍부한 말이었다.

"그렇다면 두 분은 무슨 말을 해야 하오?!"

허풍은 우악스럽게 산적의 모가지를 비틀며 버럭 소리쳤다. 벌써 세 명째 죽이고 있는 것이다.

"그게 무슨 말이오?"

"뭔 말이야?"

이월하와 설군영은 동시에 허풍의 살인을 목격하며 되물

었다.

두 사람이 못 알아듣는 기색을 보이자 허풍은 답답한 듯 죽이던 자들을 팽개치고 재차 설명했다.

“설 보살님이 미안하다고 하니까 이 시주가 우리 사이에 미안하다는 말은 어울리지 않는다고 하지 않았소?”

“그런데요?”

이월하가 눈을 끔뻑거렸다.

“그런 말이 어울리지 않으면 무슨 말을 해야 하냐고 묻는 거요?”

“뭔 말인지 당최 알 수 없네. 군영, 우리 허풍 스님 며칠 굶겼어? 아까부터 상태가 영…….”

“그가 밥을 먹든 말든 내가 무슨 상관이야.”

“소승이 굶을 위인이오? 말 돌리지 말고 바른대로 대시오.”

“무슨 말인지 알아야 바른대로 대지.”

“저 스님은 ‘우리 사이’라는 말에 집착하고 있는 거야. 오빠와 그녀의 사이를 질투하고 있는 것 같아. 그 말은 곧 스님이 이 여자를 좋아하고 있다는 것. 그렇지, 스님?”

어느새 화정까지 가세하여 대화에 끼어들었다.

설군영은 허풍을 쳐다보았다.

허풍은 핵심이 찔린 듯 얼굴을 붉혔다.

이월하가 말했다.

“화정, 네가 어려서 아직 잘 모르는 모양인데 스님들은 여
자 보기를 돌같이 해. 물론 사람과 사람의 관계로 좋아할 수
는 있어.”

“닭대가리!”

“뭐?”

“오빠는 닭대가리라고. 오빠 같은 닭대가리가 어떻게 무영
천을 갖게 된 거야?”

“흠흠, 닭이라니까 생각났는데…… 군영, 상관 두령은 녹
여줘야 하지 않을까?”

닭대가리를 말하자 이월하는 닭을 떠올렸고, 닭이 떠오르
자 하루에도 몇 번씩 닭장 앞에서 목놓아 우는 상관명이 생각
났다. 상관명이 생각나자 지금 그가 냉한장으로 인해 얼어 있
다는 사실을 깨달았다.

설군영도 그제야 생각났다는 듯 상관명이 있던 닭장 앞으
로 시선을 돌렸다. 닭장은 지붕이 날아갔고, 흙벽은 무너졌으
며, 그 안의 닭들은 통구이가 되어 죽어 있었다.

그러나 상관명은 얼마나 단단하게 얼었는지 그 엄청난 열
기 속에서도 아직 녹지 못하고 있었다.

적들이 눈에 불을 켜고 상관명을 찾고 있었으니 그가 타 죽
지 않았다 할지라도 얼어 있는 상태가 아니었다면 반드시 적
들의 손에 사로잡혀 목숨을 잃었을 것이다.

“이보시오! 언제까지 이야기만 하고 있을 참이오? 그동안

먹여주고 재워줬으면 좀 도와주시오.”

적들을 맞아 용감하게 싸우고 있던 오장명이 희희낙락 대화에 열중하는 이월하 일행에게 죽을 각오로 소리쳤다.

이제 보니 녹수채의 살아남은 산적들이 사방팔방에서 적들을 맞아 싸우고 있었다. 싸움이 벌어지는 한복판에서 그들이 자유스럽게 대화를 할 수 있었던 것도 산적들이 주변을 다 방어하고 있었기 때문이다.

“아! 살생!”

안 그래도 화정의 말에 분위기가 껄끄럽게 돌아가고 있던 터였다.

허풍은 깜박 잊고 있었다는 듯 싸움판으로 뛰어들었다.

원래 이 싸움은 흑룡회와 대호파가 폭약 공격으로 기선을 제압했기 때문에 녹수채가 밀리는 상황이었다.

그런데 녹수채가 밀리는 것과 이월하 일행은 별개였다.

초반 허풍이 산적 몇 놈을 눈 깜짝할 사이에 죽이자 아무도 그들을 향해 덤비지 않았기 때문이다. 허풍이 다시 적들을 상대하기 시작하자, 무고한 양민의 주머니나 털던 산적들은 도저히 상대가 될 수 없었다.

모든 화약은 다 터졌고 죽을 사람은 다 죽은 마당에 허풍이 손바람을 일으키자, 산적들은 추풍낙엽처럼 나가떨어졌다.

허풍이 놀라운 신위를 보이자 녹수채의 산적들은 뒤로 멀찍이 물러나선 마철을 중심으로 응원을 준비했다.

"우리는 녹수채의 귀염둥이들! 자, 모두들 양팔을 허리에!"

산적들이 일사불란하게 양팔을 허리에 댔다.

"구호 준비!"

"야—!"

"반동과 함께 외친다! 스님!"

마철의 엉덩이가 오른쪽으로 한 번, 왼쪽으로 한 번 움직였다.

산적들이 모조리 마철을 따라 움직였다.

"스님!"

딸랑딸랑!

그들이 엉덩이를 움직이자 추위에 잔뜩 오그라든 사타구니의 방울이 경쾌하게 흔들렸다.

"이겨라!"

"이겨라!"

딸랑딸랑!

"우리 스님 이겨라!"

"우리 스님 이겨라!"

딸랑딸랑!

십여 명의 산적이 일사불란하게 움직이며 방울을 흔들어 대는 모습은 그야말로 장관이었다.

이월하는 입이 떡 벌어진 채 아무 말도 못했다.

설군영은 쳐다보기도 민망한지 시선을 돌려 버렸다.

허풍은 산적들의 응원이 무척 마음에 드는지 좋아서 어쩔 줄 몰랐다. 감동의 눈물이 마구 샘솟았다.

"오빠, 쟤들은 뭐야?"

화정은 이해 불가라는 듯 고개를 저었다.

그때였다.

갑자기 산허리에서 말들이 달려오는 소리가 들렸다.

말발굽 소리는 더욱 요란해졌고 얼마 후 네 폭의 누런 깃발이 불쑥 솟구쳐 올랐다.

그 깃발에는 일필휘지로 휘갈겨 쓴 세 글자가 있었다.

대곤륜(大崑崙)!

네 필의 말은 벼랑가에서 서더니 말을 탄 사람들이 다투어 내렸고 깃발은 벼랑의 가장 높은 곳에 꽂혔다.

第八章

천사무영검을 꺼내!

1

깃발이 막 세워지자 일백여 명의 인물이 질풍같이 산 위로 올라왔다. 선두의 무리들은 중원무림의 구파일방 중 하나인 곤륜파 제자들이었다. 곤륜 문하 뒤로 수많은 무림인들이 따라왔다.

그 선두, 머리에 도관을 쓴 청의도인이 길게 기른 흰 수염을 휘날리며 표표히 서 있었다.

'송악!'

이월하는 한눈에 곤륜파 장문인 송악 진인을 알아보았다. 그의 눈빛이 침울하게 변해갔다. 머릿속으로 주마등처럼 옛일이 스치고 흘렀다.

"여기 있는 모든 자들이 네 아버지를 죽였다. 너무 급하게 복수하려 들 필요 없다. 늙어 죽을 놈은 늙어죽도록 내버려 두고 천천히 기다렸다가 네 무공이 완성되면 한 놈도 남김없이 죽이면 되는 것이다."

조비연은 구파일방의 장문지존들을 하나하나 가리키며 이월하에게 말했다. 당시 조비연의 전신에서 뿜어지는 기가 너무 강렬하여 십수 년이 지났지만 이월하는 어제 일처럼 또렷이 기억했다.

화룡상인은 이월하의 원한을 희석시키기 위해 오랜 시간 노력을 기울였다. 화룡상인의 노력은 헛되지 않았다. 이월하의 원한은 시간이 지날수록 흐려졌다.

'하지만!'

그러나 이월하는 머리끝까지 솟아오르는 더운피를 억누르며 '하지만!' 이라고 소리쳤다.

'와신상담(臥薪嘗膽)…… 복수는 인간이 지닌 감정 중에서도 가장 끈질긴 것이야!'

오왕(吳王) 합려(闔閭)의 아들 부차(夫差)는 월왕(越王) 구천(句踐)에게 죽은 아버지의 원수를 갚기 위해 땔나무 위에 자리를 펴고 자며[臥薪], 방 앞에 사람을 세워두고 출입할 때마다 '부차여, 월나라가 네 아비의 죽인 것을 잊었느냐!' 를 부르짖게 했다.

월왕 구천은 부차가 복수를 위해 밤낮으로 노력한다는 소식을 듣자 선수를 쳐 오나라를 공격했다. 그러나 크게 패한 구천은 회계산(會稽山)에서 영원히 부차의 노비가 될 것을 자청하며 항복, 본국으로 돌아올 수 있었다.

구천은 귀국하자마자 쓸개를 자리 옆에 놓고 앉거나 눕거나 늘 핥고 쓴맛을 되씹으며[嘗膽], ‘너는 회계의 치욕을 잊었느냐?’며 자신을 채찍질했다. 결국 구천은 이십 년 후에 오나라를 쳐서 이기고 부차를 자살하게 만들었다.

이것이 바로 부차의 와신과 구천의 상담이 합쳐서 된 말로, 원수를 갚거나 그 어떤 목적을 이루기 위해서는 아무리 긴 시간이라 할지라도 괴로움을 참고 견딘다는 와신상담이다.

이월하는 십사 년을 기다렸다.

늙어 죽을 놈은 늙어 죽었을 정도로 긴 시간이었다.

그러나 송악 진인은 아직 정정했다. 이월하는 그가 죽지 않았음에 반가웠지만 한편으로는 그의 목숨이 꽤 끈질기다고 생각했다.

설군영은 이월하를 바라보았다. 그의 눈까풀이 파르르 떨리고 있었다. 얼굴에서는 치기가 사라졌다.

당자량이 떠난 지금 이월하의 주변에서 그의 신분을 알고 있는 유일한 사람이 설군영이었다. 그녀는 무겁게 말했다.

"월하, 지금 너는……. 청산(靑山)의 녹수(綠樹)가 다하지 않는 한 복수는 늦지 않는 법이야. 너는 총명하니까 무슨 뜻인지 알겠지."

곤륜파의 등장으로 주변은 빠르게 정리되었다.

보잘것없는 산적들은 곤륜 문하의 상대가 될 수 없었다.

졸지에 등 뒤로 적을 맞이한 대호파와 흑룡회의 산적들은 순식간에 괴멸되었다. 쌓인 시신이 산을 이루고 피가 강물처럼 흘렀다. 살아남은 자들은 피아의 구별 없이 이월하 일행의 뒤로 숨었다.

"아미타불……."

허풍은 자신이 해야 할 일을 대신 해주는 곤륜의 문하들이 반갑지 않았다. 하지만 예로부터 도사와 중은 불원천리(不遠千里)다. 대놓고 반감을 드러낼 수는 없었다.

이월하는 미련하게도 이때서야 폭약과 함께 쳐들어온 자들이 마령천의 인물이 아니라는 걸 알게 되었다. 마령천이라면 최소한 곤륜파에 전멸을 당한다 해도 뒤로 숨지는 않을 것이다.

"당신들, 누구요?"

이월하가 자신들의 뒤로 와 몸을 숨긴 채 와들와들 떨고 있는 몇 명의 사내들을 잡아먹을 듯 노려보며 물었다.

"우린 대호파에서 온…… 녹림도인데요."

"저, 저는…… 흑룡회에서 왔는데요."

“녹림도라면 산적이오?”

산적들이 어찌 그리 잘 아냐는 듯 반갑게 고개를 끄덕였다.

“그러니까 산적들이 날 이렇게 만들었다, 이거요?”

“아니…… 우리가 그런 건 아니고…… 우리는 위에서 시켜서…… 하고 싶지 않았지만…… 어쩔 수 없이…….”

“치료비하고 정신적 육체적 피해 보상을 받아야겠는데 당신들의 두령은 어디 있소?”

“두령님은 바쁘셔서…….”

“흥! 떼먹고 도망갈 생각이겠지! 내가 그렇게 쉬운 인물은 아니야.”

“월하, 이 상황에서도 농담이 나와?”

설군영은 불현듯 흰소리를 해대고 있는 이월하를 제지했다.

“그럼 어쩌라고?”

“뭔가 방법을 찾아야지.”

“생각 좀 해보고.”

이월하가 다시 진중해졌다.

설군영은 무겁게 가라앉은 이월하의 얼굴을 보았다. 그가 일생일대의 위기를 만나 얼굴에서 긴장감이 사라졌다고 생각했다. 좋은 현상이었다. 정신을 집중하고 긴장을 유지한다면 방법이 있을 것이다.

이월하는 생각했다.

‘치료비하고 정신적 육체적 피해 보상까지 해서 한 천 냥 달라고 하면 너무 싸지? 사나이 뽀대가 있지. 한 만 냥을 부를까? 그런데 만 냥이 없다고 배 째라고 하면 어쩌지? 그럼 깎아 줘야 하나? 아아, 머리 아파 죽겠네.’

만신창이처럼 얻어터진 몸으로 끝없이 머리를 굴리자 정말 머리가 터질 것처럼 복잡해졌다.

“으아아아—!”

이월하는 고통을 참지 못하고 발정한 짐승처럼 울부짖었다.

그가 울부짖자 시선이 집중되었다.

“많이 아파?”

설군영은 가뜩이나 엄살이 심한 이월하가 너무 아파서 소리지른 거라 착각하고 근심스럽게 물었다.

“응.”

“어디가 그렇게 아파?”

“마음이.”

“갑자기 마음이 왜 아파?”

“이대로 다 부서지면 돈을 받을 곳이 없어지잖아.”

“……?”

이월하의 말을 설군영이 어찌 알아듣겠는가.

그녀는 손가락을 머리 위에서 빙빙 돌리며 화정을 바라보았다. 너도 이월하가 정상으로 보이지 않지? 라는 무언의 말이었다.

화정은 고개를 저었다. 그녀에게는 이월하가 정상으로 보이는 모양이었다.

어느 정도 주변이 정리되자 송악 진인이 앞으로 나섰다.

"무량수불…… 다행히 노도가 늦지 않게 당도하였구려. 어느 분이 이월하, 이 공자이시오?"

그의 음성이 눈 덮인 산하를 쩌렁쩌렁 울렸다.

곤륜파의 뒤를 따라온 여러 무림인들이 송악 진인의 내력에 감탄하여 고개를 끄덕였다. 과연 한 문파의 장문지존이자 곤륜이 배출한 백 년 만의 기재, 곤륜삼성에 걸맞은 공력이었다.

곤륜 문하의 얼굴엔 자부심이 넘쳤다. 더구나 천사무영검의 전인이 나타났다는 소식이 전해진 후 곤륜에서는 제자들이 모조리 내려온 것이다. 이 정도 인원이면 천사무영검의 전인을 해치우고 곤륜의 명성을 만천하에 울리는 데 문제가 없을 것이다.

이월하는 사방을 둘러보았다. 보통 사람이었다면 고수들이 뿜어대는 기도에 숨이 막힐 법도 하건만 그는 태연했다.

설군영은 덜컥 가슴이 내려앉았다. 그녀는 화정맹에서 적지 않은 무림 고수들을 보아왔다. 송악 진인이 이끌고 온 인물 중에는 화정맹에서 본 적이 있는 몇 명의 고수들이 눈에 띄었다. 특히 송악 진인은 지난 십 년간 곤륜산에 은거하고 무림에 나타나지 않은 인물이었다. 그가 직접 몸을 움직였다는 건 중대한 일이었다.

서 있을 힘도 없었던 이월하는 설군영의 부축을 받으며 우뚝 몸을 세웠다. 그는 송악 진인을 향해 당당히 어깨를 폈다.

"내가 이월하다."

2

송악 진인이 한 발 앞으로 나서며 이월하를 바라보았다.

조비연에게 안겨 각 문파의 장문지존들을 노려보던 이월하의 그 파르스름하던 눈빛을 송악 진인은 잊을 수 없었다. 저 아이로 인해 강호는 반드시 피에 젖을 것이라고 생각했다. 그래서 조비연을 죽이고 아이마저 죽이기 위해 정도무림은 암묵적인 합의를 보지 않았던가.

하나 다시 만난 그 아이는 혼자 서 있을 힘도 없는지 부축을 받고 있었으며 술에 취한 듯 상체가 갈 지(之) 자로 흔들리고 있었다.

"네가 그때의 아이란 말이더냐?"

사람에겐 죄가 없다.

그러나 보물을 갖는다면 죄다.

송악 진인은 당시 화정맹의 일처리에 불만이 없었다. 천사무영검의 전인은 필연적으로 살인광의 운명을 지닌다. 세상을 위해 척살하지 않는다면 더 많은 사람들이 죽어갈 것이다. 한 사람을 구하기 위해 수백, 수천, 아니, 수만을 죽일 순 없다.

"그렇다! 내가 바로 이군악의 아들이자, 절강이씨세가의 유일한 혈통 이월하다!"

'어머니, 보고 계십니까? 지금 제가 외치고 있습니다. 어머니께서 그토록 자랑스러워하시던 제 신분을 저들에게 외치고 있습니다.'

감정이 복받쳤다.

울컥 피가 토해졌다.

이월하를 부축한 설군영의 옷에 피가 튀었다. 그러나 설군영은 이월하를 놓지 않았다.

"이놈! 방자하구나! 이군악이라 할지라도 장문인께 허리를 굽혀야 하건만 어린 놈이 어찌 이리 무례하단 말이냐?"

곤륜파의 원로 고수로 무림에서 송악 진인과 함께 곤륜삼성으로 불리는 송명 진인이 그의 무례를 보다 못해 소리쳤다.

이월하가 송명 진인을 보며 비릿하게 웃었다.

"그대는 부모의 원수에게 허리를 굽히겠소? 만약 그렇다면 그대는 이 세상에 가장 형편없는 개자식이오."

이월하의 음성은 나직했다.

그러나 송악 진인과 그 자리에 가득한 모든 사람들의 귀에 힘있게 전달되었다.

'월하…….'

설군영은 가슴이 미어졌다.

이월하의 궁극적 원수는 설취산이었다. 설취산을 만난다면 그는 더욱 독한 말로 상대할 것이다. 아무리 아버지를 사랑하지 않는다 해도 설군영은 가슴이 찢어질 듯 아팠다.

"개자식이라……! 썩어 문드러질 놈! 천사무영검의 전인답게 입이 걸쭉하구나. 실력도 입만큼 걸쭉한지 빈도가 견식해 봐야겠다!"

송청 진인이 송명 진인을 뒤로한 채 앞으로 나왔다.

곤륜의 최고 배분인 그가 체면 불구하고 까마득한 후배에게 비무를 신청한 것이다.

그가 좌중에 우뚝 서자 과연 곤륜삼성이란 위명에 걸맞게 범접할 수 없는 도도한 기운이 전신에서 몰아쳤다.

그에 반해 이월하는 초췌하고 온몸에서 피를 줄줄 흘리고 있었다.

'과연 저 젊은이가 천사무영검의 전인이란 말인가?'

군웅들은 고개를 갸웃거렸다.

그들이 지금까지 들어왔던 천사무영검의 전인들과 이월하는 판이하게 달랐다. 만약 눈앞의 젊은이가 천사무영검의 전인이 맞다면 그는 고금을 통틀어 가장 허약한 전인일 것이다.

"그대는……?"

이월하는 송청 진인을 보며 씨익 웃었다. 핏물이 뚝뚝 떨어지는 이가 드러났다.

하지만 이월하가 채 말을 끝내기 전, 설군영이 나섰다.

"송청 진인! 배분으로 보아도 그와 당신은 엄청나게 차이가 나는데 비무를 하겠다는 건가요? 곤륜의 역대 조사들이 이번 일을 알게 되면 당신에게 잘했다고 할까요?"

"네가 설군영이냐?"

"내가 누구인지 중요한 건 아니죠. 중요한 건 당신의 명예……."

"난 명리를 초월한 지 오래되었어! 지킬 명예 따위도 없어!"

"그렇다면 당신은 더더욱 산에서 내려오지 말았어야 해!"

"군영, 이건 내 일이야. 너는 나설 것 없어."

"우린 서로 도우며 여기까지 왔어. 네가 아니었다면 난 죽었을지도 몰라. 함께 싸우겠어!"

설군영은 전의를 불태우며 검을 뽑았다.

"중! 너도 와!"

그러면서 허풍을 불렀다. 지금 믿을 수 있는 유일한 사람이었다.

허풍은 정신이 혼란스러웠다. 그는 강호 초출이었으나 곤륜파의 명성은 귀가 따갑게 들어왔다. 말 그대로 곤륜파는 구파일방 중 하나이며 정도무림의 종주다. 그들과 적대를 한다는 쪽이 악(惡)이다.

‘아미타불…… 그렇다면 이 시주가 나쁜 놈이었단 말인가?’

허풍은 자신이 어떻게 행동해야 하는지 분간할 수 없었다. 하지만 설군영이 부르니 본능적으로 그녀 옆으로 다가갔다.

“날 돕지 않는다면 저들도 널 어쩌지 못해. 알지? 넌 조용히 집으로 돌아가는 게 좋아.”

“우리 아버지가 원수라고 내 도움을 받기 싫다는 거야?”

“그런 말이 아니잖아! 넌 도움이 되지도 않아.”

“죽어도 같이 죽을래!”

“아미타불…… 두 분 그런 사이였소?”

허풍이 눈을 동그랗게 뜨며 분위기 파악 못하고 물었다. 아직까지 이월하가 했던 ‘우리 사이’ 라는 말을 화두를 잡고 있던 허풍이었다. 그 우리 사이가 무슨 사이인지 이제야 대강 감이 잡혔다. 둘은 원수 사이였던 것이다.

“지금까지 본 중 중에서 최고로 멍청한 중이야.”

화정이 혼잣말로 중얼거렸다.

설군영은 허풍의 말을 한 귀로 흘리며 다정한 눈으로 이월하를 바라보았다.

“아, 정말 낯간지러워서!”

그때 성질 급한 누군가가 소리쳤다. 대호파의 졸개 중 한 놈이었다.

"지금 상황이 어떤 상황인데 흰소리를 해대고 있는 거야! 여기가 너희들 사랑 놀이하는 곳이야?! 우린 관객이고 너희 둘은 배우냐고!"

"쉿! 조용히 하게. 그러다 죽어!"

옆에 있던 동료가 얼른 그자의 입을 막았다. 그자가 동료의 입막음을 뿌리쳤다.

"이거 왜 이래! 어차피 우리들은 다 죽어! 그러니까 죽을 때 죽더라도 할 말은 하자고! 이봐, 어린 것들! 내 나이 사십 하고도 셋이야! 그런데 아직 장가 못 갔어. 조실부모하고 혼자 악다구니로 세상을 살다 보니 딸 주겠다는 집이 없더라고. 그래서 변변한 사랑 한 번 못해봤어. 지금 누구 염장 지르는 거야? 나이 마흔셋이 되도록 사랑 한 번 못해본 놈의 심정을 너희들이 알기나 하냐고!"

흥분이 과해 그자의 얼굴이 뻘겋게 달아올랐다.

"씨발 놈, 그게 뭔 자랑이라고 떠들어."

"누구야? 어떤 놈이 나 황장풍(黃壯風)에게 씨발 놈이라고 한 거야?"

"나다."

황장풍의 뒤에 있던 한 사람이 손을 들었다.

그는 바로 녹수채의 마철이었다.

손을 든 자가 이십대의 젊은 청년이자 황장풍의 칠공에서 연기가 피어올랐다. 소위 스물세 번째 사랑만 실패하지 않았어도 놈만 한 아들을 두었을 황장풍이었다.

"너 이 새끼, 잘 걸렸다. 오늘 죽어봐라!"

황장풍이 그대로 몸을 던지며 마철에게 주먹을 날렸다.

맞고 있을 마철이 아니다. 그는 허리를 숙여 주먹을 피한 후 머리통으로 황장풍의 턱을 들이받았다. '아이쿠!' 소리와 함께 황장풍이 뒤로 자빠졌다. 마철은 번개처럼 달려들며 소리쳤다.

"야! 이 씨발 놈아! 너, 반석객점(盤石客店) 여주인한테 껄떡대다가 가위에 고추 잘릴 뻔했지?"

"헉! 어떻게 그 일을……."

"내가 우리 녹수채의 순찰조장이자 정보통이신 마철 어르신이다, 씨발 놈아!"

퍽!

마철의 주먹이 쓰러진 황장풍의 얼굴을 강타했다. 뒤이어 그의 몸 위로 올라타며 양 주먹을 마구 내질렀다.

퍽퍽퍽퍽!

"안 그래도 너 한 번 만나면 손봐주려고 벼르고 있었어! 오늘 잘 걸린 건 내가 아니라 너야, 씨발 놈아!"

"월하, 저들은 왜 싸우고 있는 거야?"

설군영은 고개를 갸웃거리며 물었다.

"몰라. 그런데 분명한 건 저 황장풍이란 아저씨가 객점의 여주인한테 껄떡대다가 망신을 당했는데, 그로 인해 마철이 뭔가 손해를 본 모양이야.”

“손해라……?”

“추리해 보면 마철이 그 여주인을 어떻게 해볼 생각이었는데 이미 저 아저씨가 지나간 후가 아닐까?”

“그럼 마철도 가위에?”

설군영은 부끄러워하며 손으로 입을 막았다.

“벗겨보기 전까지 알 수 없지.”

몇몇 산적들이 두 사람을 뜯어말리고 있었다.

피범벅이 된 황장풍은 고래고래 소리를 질렀고 마철은 분이 풀리지 않는지 동료들에게 양팔이 잡힌 상태에서도 발길질을 해댔다.

송청 진인은 돌연 산적들이 싸우기 시작하자 은근히 화가 치밀었다.

그는 언제나 사건의 주인공이었지, 주변을 맴돈 적이 없었다. 그 자신이 말을 해주면 누구나 공손히 경청해 주었다.

‘그런데 이것들은!’

들을 생각도 없는 듯 자신들의 볼일을 보고 있는 중이다.

하나 그는 배분을 생각해서 억지로 참으며 ‘흠흠’ 거렸다. 나를 좀 봐달라는 뜻이었다.

이월하가 그를 봐줬다.

“한 가지 제안을 할까 하는데…….”

송청 진인은 귀가 솔깃해서 얼른 대꾸했다.

"말해보아라."

"우리 둘이 맞장 뜨고 패자는 깨끗하게 사람들을 데리고 물러납시다."

이월하 쪽에서는 전혀 손해가 없는 제안이었다. 손해가 있다면 송청 진인 쪽이었다. 만약 송청 진인이 진다면 일백 명의 무림인과 함께 물러나야 했으니.

하지만 송청 진인은 이월하의 제안이 나쁘지 않다고 생각했다. 왜냐하면 그는 자신이 누구에게 진다는 생각을 해본 적이 없기 때문이었다. 더욱이 지금 그는 서 있기조차 힘든 상태가 아닌가.

"좋……."

송청 진인이 막 승낙을 하려던 찰나였다.

이월하의 음흉한 미소가 보였다. 송청 진인은 여기에 뭔가 음모가 있다는 걸 직감적으로 느꼈다. 하지만 찰나의 순간에 그것이 무엇인지 생각해 낼 수 없었다.

송악 진인이 다급히 소리쳤다.

"사형, 승낙하시면 안 됩니다!"

송청 진인은 송악 진인을 향해 고개를 돌렸다.

송악 진인이 다시 말했다.

"패자가 사람들을 데리고 떠나는 건 사형에게만 해당되는 것이 아니라 저자에게도 해당되는 겁니다."

“아하!”

그제야 송청 진인이 무릎을 쳤다.

이월하가 씨익 웃었다.

“늙은 머리가 제법 도는군. 좋소. 깨끗하게 승부합시다. 그
대가 패한다면 떠나시오. 내가 진다면 그대의 처분을 따르리
다.”

“월하, 그건 안 돼! 넌 그를 이길 수 없어.”

“괜찮아. 호랑이보다는 토끼가 나아.”

“……?”

마백 유잔양이 나타날 것이라는 걸 말할 필요는 없었다.

이월하는 누군가의 보호를 받으며 공력을 회복할 시간이
필요했다. 그렇다면 마령천보다는 곤륜파가 나았다.

‘최소한 이들은 너와 허풍 스님, 그리고 화정에게 해를 끼
치진 않을 테니…….’

“좋다.”

송청 진인은 승낙했다.

“네가 빈도의 십 초를 받아낸다면 패배를 인정하고 물러나
겠다.”

“십 초라…….”

이월하는 피곤한 얼굴로 중얼거렸다.

그는 상대가 자신을 얕잡아본다고 생각했다. 원하지 않았
는데, 십 초 한정을 둘 필요는 없었다. 같은 무림인으로서 자

존심이 상할 일이었다. 하지만 이월하는 자존심을 세우는 사람은 아니었다. 봐준다고 할 때, 확실히 얻을 걸 얻어야 했다.

"나는 부상자요. 반면 당신은 강호에서 명성이 쩌렁쩌렁하지 않소? 나이도 나보다 몇 배나 많고……. 후일 사람들이 이 일을 안다면 무림의 대선배가 어린 후배를 괴롭혔다고 수근거릴 게요."

"……!"

"삼 초로 합시다."

송청 진인이 봐줄 의도로 승패를 십 초로 한정시켰다는 것은 이월하의 착각일 뿐이다. 그는 필승을 할 수 있다는 자신감으로 십 초를 말한 것이다. 삼 초로는 상대의 진정한 실력을 모르는 상태에서 승리를 장담할 수 없었다. 송청 진인은 호락호락하지 않다.

"십 초."

"그럼 오 초는 어떻소? 이만하면 당신이 충분히 이길 수 있을 것 같은데."

"십 초."

"치사하군. 좋아, 내가 좀 더 양보를 하겠소. 칠 초."

"십 초."

"칠 초로 합시다. 편의 좀 봐주시오. 나 지금 피를 질질 흘리고 있지 않소? 칠 초를 견디기는커녕 서 있기도 어렵소. 보시오. 내공을 끌어올리기도 힘드오."

“아미타불…… 이 시주, 너무 구질구질하지 않소? 그냥 십 초로 하시오.”

보다못한 허풍이 끼어들었다.

구경하던 사람들이 모두 고개를 끄덕였다. 누가 봐도 이월하가 구질구질했던 것이다.

“팔 초. 나도 더 이상 양보 못하오. 사람이 밀고 당기는 맛이 있어야지.”

“없었던 일로 하겠다.”

송청 진인은 잔인했다.

“승부가 날 때까지 싸우…….”

“좋소. 십 초. 아, 정말! 체면 구기고 얻어내는 거 없고…… 환장하겠네.”

이월하는 숨을 몰아쉬며 헉헉거리고 있었다. 그는 절대의 위기 속에서 회정심공을 발휘하며 체내의 진기를 다스렸다.

“정기가 있는 놈이군.”

송청 진인은 이월하의 아래위를 살피며 중얼거렸다.

그는 오래전 호방하던 이군악을 떠올렸다. 호랑이는 고양이를 낳지 않는 법이다.

송청 진인은 푸줏간에 매달린 고깃덩이를 살피듯 이월하의 전신을 살펴보았다.

시선이 부딪치자 이월하는 다시 씨익 웃었다. 이 사이로 피가 터져 나와 처마 끝의 낙수(洛水)처럼 윗니에서 아랫니로,

아랫니에서 턱 밑으로 줄줄줄 흘러내렸다.

"시작합시다!"

사람들이 뒤로 조금씩 물러나며 자리를 마련했다.

3

펑!

단 일 장에 가슴이 터질 것 같았다. 이월하의 신형이 부르르 떨리더니 그 자리에 털썩 주저앉았다. 비명을 지르지 않기 위해 꽉 다문 입에서 피가 터져 나왔다. 장력을 맞은 가슴에서는 옷이 가루가 되어 떨어졌다.

섬뜩할 정도로 가공할 내가장력이었다.

이월하는 즉시 회정심공을 전개했다. 전신은 이내 뜨거워졌다. 그 뜨거운 기운이 혈맥을 따라 몸을 일주천하여 잠재된 기운을 일으켜 세워야 한다. 하나 몸의 혈맥이 급체한 사람처럼 꽉 막혀 열기가 뚫고 지나가지 못했다. 회정심공을 운용한 이래 처음 있는 일이었다.

송청 진인이 눈살을 찌푸렸다.

그는 보는 것만으로 이월하의 현재 상태를 알 수 있었다. 이월하는 자신이 아니라 곤륜파의 어느 제자가 나와도 쉽게 제압할 수 있는 형편없는 공력을 가지고 있었다.

만약 마지막 순간에 옥룡장(玉龍掌)의 힘을 칠 푼이나 감하지 않았더라면 이월하는 그 자리에서 즉사하고 말았을 것이다. 송청 진인은 이월하를 단박에 죽일 생각이 없었다.

그는 이월하가 운기하는 모습을 지켜보았다. 천사무영검의 전인은 어떤 형태로 운기하는지 궁금했던 것이다.

'세맥타통이 된 놈이로군.'

명문가의 자식이 아닌 이상 약관(弱冠)의 나이에 세맥타통을 이루기는 쉽지 않았다. 아니, 명문가의 자식이라 해도 타고난 자질과 본인의 노력이 세가의 힘과 합쳐지지 않으면 세맥타통이 불가능했다.

'그런데 왜?'

송청 진인은 고개를 갸웃거렸다.

세맥타통이 된 자치고는 내공이 형편없었다. 장미령의 난화산분에 의해 이월하의 내공이 구 할이나 소진되었다는 걸 알 리 없는 송청 진인으로서는 당연한 의문이었다.

"일 초가 지났소."

주저앉아 있던 이월하가 힘들게 일어났다.

나름 운기조식이 끝났다는 뜻이었다.

송청 진인의 손바닥이 붉게 변하더니 이월하의 머리통을 감쌌다.

"홍사장(紅沙掌)이다!"

누군가가 소리쳤다.

홍사장은 일종의 독장(毒掌)으로, 장력에 독기운이 서려 있

다. 그래서 곤륜 문하는 지독한 악인이 아닌 이상 홍사장으로
적을 상대하지 않았다.

이월하의 머릿속에서 쩡! 소리가 났다. 삼장법사의 손아귀
에서 놀아나는 손오공처럼 이월하는 깨질 듯 머리가 아팠다.
그는 양손으로 머리를 부여잡고 바닥을 데굴데굴 굴렀다. 목
덜미에서 고통을 견디기 위한 식은땀이 주르륵 흘렀으나 그
는 비명조차 내지르지 않았다.

바닥에 아무렇게나 버려져 있는 칼이 눈에 들어왔다.

이월하는 피가 나도록 어금니를 깨물며 칼을 손에 쥐었다.

"이 초!"

그는 칼을 들고 일어섰다.

송청 진인의 눈이 크게 떠졌다.

"죽어도 죽는 것을 생각 못하는 어리석은 놈이로구나."

무공의 높고 낮음을 떠나 막무가내로 덤벼드는 놈이 있다
면 그런 놈들은 매우 귀찮은 부류에 속한다. 크게 힘들이지
않고 놈을 죽일 수 있다 하더라도 놈은 자신의 죽음을 진정으
로 받아들이지 못할 것이니 죽여도 죽인 것 같지 않은, 화장
실에서 일을 보고 뒤를 닦지 않는 것 같은 감정을 느끼게 된
다. 송청 진인은 그런 감정을 지극히 싫어하는 위인이었다.
그는 개미 한 마리를 죽여도 통쾌하게 죽이는 것이 쌍방을 위
해 좋다고 생각하는 사람이었다.

송청 진인은 이월하가 비명을 지르길 원했다. 온몸을 파르

르 떨며 살려달라고 자신의 바짓가랑이를 붙잡고 오줌을 지
리길 원했다.

천사무영검.

그것을 가진 자의 처참한 발로를 보고 싶었다.

"살인광 조천강은 그의 집안을 송두리째 몰살시켰다. 삼
대(三代) 서른세 명의 식솔이 한날한시에 목숨을 잃었다. 술
에 취한 조천강은 의자에 앉아 게슴츠레한 눈으로 그를 내려
보았다.

"사… 살려주세요, 아저씨! 죽고 싶지 않아요, 제발……."

할아버지와 할머니가 죽고, 아버지와 어머니가 죽고, 형님
과 누님, 그리고 동생들이 죽었다. 그들이 쏟아낸 피바다 속
에서 어린 송청은 원수를 향해 살려달라고 빌고 있었다.

그 비참함이란…….

죄책감을 이기지 못해 스스로 갈기갈기 찢어 죽인다 해도
용서되지 못할 것이다.

송청 진인은 성큼 한 걸음 이월하에게 다가서며 그의 목을
움켜잡고 들어 올렸다. 이월하가 들고 있는 칼은 송청 진인에
게 위협이 되지 못했다. 이월하는 버둥거렸다. 송청 진인은 마
치 고장난 장난감을 내팽개치듯 그를 바닥에 내동댕이쳤다.

퍽!

그가 보인 일련의 동작은 손바닥을 뒤집는 것만큼 쉽고 빨
랐다. 하지만 아무나 할 수 있는 것이 아니다. 쉽고 빠르게 일
을 처리하기 위해서는 두 사람의 무공 수위가 하늘과 땅만큼
차이가 있어야 한다.

거꾸로 내팽개쳐진 이월하의 몸이 땅바닥을 뚫고 머리부
터 몸통까지 지면 아래로 처박혔다. 두 다리만 밖으로 내보인
채 버둥거렸다.

사람들이 입을 쩌억 벌렸다.

대치 중인 사람의 목을 움켜잡고 내동댕이친 것도 놀라웠
지만, 내동댕이친 사람의 몸이 땅속 깊이 박힌다는 건 상상하
기 어려운 신기였다.

하지만 그 순간에 송청 진인은 보이지 않는 어떤 무거운
힘에 떠밀리듯 뒤로 반걸음이 밀려 나갔다. 물론 그것은 송
청 진인이 보인 일련의 동작 중 하나인 것처럼 보였기에 어
느 누구도 그가 반걸음 밀려 나갔다는 걸 눈치 채지는 못했
다.

송청 진인은 내심 가슴이 섬뜩해졌다.

놈에겐 아직 한 수가 남아 있었던 것이다. 물론 현격한 실
력 차이에 그 한 수는 제대로 힘을 발휘할 수 없었지만.

상체가 처박힌 이월하는 숨을 쉬기 어려웠다. 그는 물에 빠
진 사람처럼 양다리를 버둥거리며 힘겹게 몸을 빼내더니 숨
을 헐떡거렸다.

"살려달라고 해!"

송청 진인은 살의가 일었다.

"이제…… 칠 초 남았다."

"썩을 놈!"

송청 진인의 손이 빠르게 움직였다. 순식간에 이월하의 십여 군데 혈도가 봉쇄당했다. 뿐만 아니라 움켜잡은 오른손 맥문으로 진기를 흘려보내 그가 움직이지도 못하게 만들어 버렸다.

이월하의 송청 진인의 깊이를 측량할 수 없는 공력에 맥을 추지 못했다. 몸을 전혀 움직이지 못할 정도는 아니었지만 힘으로 그와 맞선다는 건 이란투석(以卵投石)과 진배없었다.

송청 진인은 마치 짚단을 내던지듯 움직일 수 없는 이월하를 패대기쳤다.

퍽!

"일어나라!"

송청 진인의 외침이 머릿속에서 웅웅거렸다.

이월하는 일어날 수 없을 정도로 타격을 받았다.

송청 진인도 그가 일어날 수 있으리라 생각하지 않았다.

그런데 이월하의 신형이 거짓말처럼 꿈틀거렸다. 무릎을 세웠다.

송청 진인은 이월하를 다시 움켜쥐더니 패대기쳤다.

퍽!

어린아이가 개구리를 패대기치는 것과 다를 바 없었다. 그렇게 한 번, 두 번 패대기치다 보면 힘없는 개구리는 배가 터져 내장을 쏟아내며 죽을 것이다.

이월하의 육신이 걸레조각처럼 너덜너덜해졌다. 그는 가슴이 답답해 숨조차 제대로 쉴 수 없었다. 이렇게 죽을지도 모른다는 생각이 들자, 오히려 머릿속이 편해졌다.

'사람을 이처럼 잔인하게 내동댕이칠 수 있다니……'

허풍은 송청 진인이 무서웠다.

옆을 보자 설군영이 말없이 눈물을 흘리고 있었다.

"저, 저기…… 괜찮소?"

"물론."

그녀의 음성은 필요 이상으로 냉정했다.

"그가 죽는다면 나도 죽을 거야."

"……"

허풍은 숨이 탁 막혔다. 아무도 그의 가슴을 때리지 않았지만 칼로 찌른 듯 아파왔다. 허풍은 송청 진인이 무서워 결코 나서고 싶지 않았다. 하지만 그녀를 위해 뭔가 해야 한다는 절박함을 느꼈다.

"시, 시주, 손끝에 자비를……"

이월하를 다시 내동댕이치기 위해 집어 들고 있던 송청 진인이 최대한 불쌍한 모습으로 끼어드는 허풍을 쳐다보았다.

시선이 부딪치자 허풍은 자라목이 되었다.

“너도 맞고 싶으냐?”

“아미타불…… 소, 소승은…….”

맞고 싶은 자가 세상에 어디 있겠는가? 하나, 이월하는 구해야겠고 맞고 싶지는 않은 허풍이 선택할 방법은 거의 없었다. 그렇기에 허풍은 뒷말을 얼버무리며 눈을 밑으로 내리깔았다.

“곤륜의 도사들은 하나같이 병신들이야. 우리 오빠가 봐주니까 까불고 있지, 천사무영검을 뽑기만 한다면 모두 걸음아, 날 살려라 하면서 도망가고 말걸?!”

허풍이 버벅거리는 사이 화정이 쏘아진 화살처럼 빠르게 소리쳤다.

허풍은 부끄러워졌다. 화정이 그보다 용감했던 것이다.

송청 진인이 화정을 바라보았다. 기가 막혔다. 그는 머리털이 희게 변한 이후 이처럼 어린 계집아이와 말다툼을 해본 적이 없었다.

“오랜만에 강호에 나오니 세상이 많이 바뀌었구나. 요즘 아이들은 위아래도 없을뿐더러 제 목숨을 마치 파리 목숨보다 하찮게 여기는 모양이로군.”

천사무영검으로 인해 사람이 보이지 않는 송청 진인이었다.

천사무영검과 관련된 자라면 여자든 어린아이든 봐줄 위

인이 아니었다.

송청 진인의 오른손은 이월하를 움켜쥐고 있었기에 움직이지 않았다. 대신 왼손이 화정이 서 있는 허공을 찔렀다.

무언가 싸늘한 기운이 화정을 향해 짓쳐들었다.

화정은 까르르 웃으며 설군영의 뒤로 숨었다.

"허억!"

덕분에 안색이 대변한 허풍이 급해졌다.

그의 비대한 신형이 설군영의 앞을 막았다.

허풍의 가슴이 서늘해지며 피가 배어 나왔다.

송청 진인의 수강(手罡)이 면도날보다 예리하게 그의 가슴을 긋고 지나간 것이다. 보통 사람이었으면 상처가 깊어 죽었을 것이다. 그러나 허풍은 다행히 살이 많아 충격이 완화되었다.

송청 진인은 허풍이 자신의 공격을 몸으로 막자 눈을 부릅떴다.

믿지 못하겠다는 태도였다.

"제법이군."

"느, 늙은이…… 네 상대는…… 나야. 아직…… 오 초가…… 남았어."

송청 진인의 살기 어린 눈이 이월하에게 돌아갔다.

"좋다. 네놈을 먼저 요절을 내야겠다."

"어디…… 해볼 테면…… 해…… 봐."

주먹질을 할 힘은 남아 있지 않았지만 아직 말까지 못할 정도는 아니었다.

송청 진인은 오른손으로 이월하를 똑바로 세운 채 왼손으로 가슴을 내려쳤다.

오 성의 힘을 실은 내가장력이었다.

이월하의 입에서 울컥 한 사발의 피가 쏟아졌다. 오장육부가 격동하며 늑골이 흔들렸다.

"하하…… 하."

이월하는 허탈하게 웃었다. 기력이 탈진하여 솜뭉치처럼 가벼운 웃음이었다.

송청 진인은 이월하의 기백에 아쉬움이 일었다.

어쨌든 그는 정도의 인물이었다. 근본이 나쁘지 않았고 인재를 아끼는 마음이 있었다. 하지만 이월하는 반드시 자기 손에 죽어야 할 운명이라고 생각했다.

이월하의 혼백은 반쯤 나가 있었다.

송청 진인의 오 성 내가장력을 맞고 버틴다는 것 자체가 불가능한 일이었다.

그러나 화룡상인은 말했다.

회정심공은 천하무쌍이다!

이월하는 화룡상인의 말을 믿지 아니하였다. 인간의 신체가 아무리 단단해지기로서니 어떻게 도검불침이 될 수 있단 말인가? 하지만 지금의 이월하는 화룡상인의 말을 철석같이 믿었다. 다른 도리가 없었다.

‘회정심공은 천하무쌍이다!’

얻어터지고만 있던 이월하가 있는 힘을 다해 천수여래혼을 시전했다. 송청 진인은 오른손으로 그의 목을 움켜쥐고 있었기에 수십 개의 붉은 장환이 덮쳐드는 기세를 피하기 어려웠다.

펑. 펑. 펑!

장환들이 송청 진인의 가슴을 가격했다. 하나, 송청 진인은 어떤 고통도 느낄 수 없었다.

이월하가 정상적인 상태에서 필생의 공력을 다해 천수여래혼을 시전해도 송청 진인을 어쩌지 못한다. 그런데 지금 이월하의 공력은 평상시의 일 할도 되지 못하니 무슨 힘이 남아 송청 진인에게 타격을 입힐 수 있단 말인가.

다만 송청 진인은 이 와중에 놈이 공격을 감행했다는 것에 한 번 더 놀랐다.

‘끝을 알 수 없는 놈이군.’

“힘이 남아 있다면 천사무영검을 꺼내라! 네놈에겐 마지막 기회만이 남아 있다.”

“난 그런 거 몰라.”

“천사무영검을 꺼내!”

송청 진인은 이래도, 라는 심정으로 이월하의 천령개(天靈蓋)를 내려쳤다.

이월하는 본능적인 위기의식으로 인해 오른팔을 번쩍 들

었다.

그가 팔을 들어 방어벽을 치자 송청 진인의 손은 괴이하게 옆으로 움직였다. 손발이 맞부딪치는 것 자체를 수치스럽게 여겼기 때문이다.

옆으로 미끄러진 송청 진인의 손이 이월하의 맥문을 움켜쥐었다.

이월하는 단전이 파열되는 것 같은 고통을 느꼈다. 단전이 텅 빈 것 같은 허탈함 속에 이월하의 몸이 붕 떠오르는 듯싶더니 수직낙하했다. 송청 진인이 도끼질을 하듯 다시 패대기친 것이다.

이것은 정말 무서운 공격이었다.

송청 진인의 손에 잡힌 이상 이월하의 공력은 모래알처럼 흩어져 조금도 힘을 쓸 수 없었을 뿐더러 방비할 수조차 없었다. 내공을 익힌 적이 없는 사람과 똑같은 신체 조건이 되어 단단한 땅바닥에 패대기쳐졌으니 인간이라면 배겨낼 재간이 없었다.

송청 진인에게 이 일은 어린아이 팔목을 비트는 것과 진배없었으니 조금도 힘들어 보이지 않았다. 그는 땀 한 방울 흘리지 않으며 천 년 거목처럼 든든하게 그 자리를 지켰다.

"천사무영검! 천사무영검을 내게 보여봐!"

이월하는 더 이상 힘이 없었다. 손가락 하나 까닥할 수 없었다. 한 번 패대기쳐질 때마다 천지가 뒤바뀌고 의식이 흩어

졌다 모아지기를 계속했다. 그는 난생처음 인간에게서 공포
를 느꼈다.
그때 화정이 말했다.
"더 이상 내버려 두었다간 우리 오빠가 죽겠어."

第九章

안녕하세요, 월하님

1

그 사람은 저 높은 하늘에서 허공을 마치 계단처럼 밟으며 천천히 내려오고 있었다. 하나, 보이는 것만 천천히 오는 것처럼 보였을 뿐이다. 그 사람은 눈 한 번 깜짝하는 사이 십여 장씩 미끄러지고 있었다.

그는 소리가 없었다.

그래서 아무도 그가 하늘을 걸어서 내려오고 있음을 눈치채지 못했다. 화정이 앞으로 걸어나왔을 때, 그 사람은 그녀의 머리 위에 있었다. 화정이 고개를 들어 그 사람을 바라보았다. 그러자 사람들도 고개를 하늘로 올렸다. 그제야 사람들은 그가 왔음을 알았다.

그는 검은 옷에 검은 신발, 머리에는 검은색 면류관(冕旒冠)을 쓰고 있었다. 양손 역시 검게 물들인 가죽 장갑을 끼고 있었으며, 가슴까지 자란 수염 역시 검은색이었다.

그의 신체에서 유일하게 밖으로 드러난 부위는 얼굴이었다. 그런데 놀랍게도 얼굴 피부까지 검었다. 검지 않은 것이 있다면 오직 검은 눈동자 주변의 흰자위뿐이었다.

나이는 오십대 초반으로 보였으며 기골은 장대했다.

신형이 지면에 닿자 그를 본 적이 있던 사람들이 겁에 질려 더듬거렸다.

"마, 마백이다……!"

2

"흥! 내가 마백을 두려워할 줄 아느냐?"

무림의 일류고수들은 마백이 없는 곳에서 호기롭게 말한다.

그러나 마백이 나타난다면 누구도 그렇게 말할 수 없었다. 왜냐하면 마백은 천하에서 세 번째로 강한 자이기 때문이다.

마백을 보는 순간 송청 진인의 안색이 파랗게 굳었다.

송악 진인은 처연한 표정을 지었다. 나머지 곤륜의 제자들은 겨울바람에 문풍지가 떨리듯 전신을 와들와들 떨었다.

송악 진인은 안간힘을 다해 그의 앞에서 당당하려고 했다.

‘밀릴 수는 없다. 곤륜의 제자만 일백이다!’

아무리 마음속으로 외쳐 봐도 자꾸만 뼈마디가 오그라들면서 힘이 빠졌다.

마백의 발은 땅에 닿지 않았다.

한 걸음 걷는 시늉을 하면 미끄러지듯 다가선다.

그렇게 마백과 이월하는 점점 가까워지고 있었다.

마백은 마치 오래전부터 이월하를 알고 있던 사람처럼 이를 드러내며 환하게 웃었다.

이월하는 그 순간 가슴이 화끈 달아올랐다. 마백의 웃음은 뜨거운 불꽃처럼 그를 확 타오르게 했던 것이다.

“우웩!”

웃음을 보았을 뿐인데 피가 토해졌다. 그런데 내부가 시원해졌다. 이월하는 시커멓게 죽은피를 토해낸 것이다.

“너를 만나다니, 하늘은 아직 나를 버리지 않았구나.”

마백의 말에 이월하는 즉시 대꾸했다.

“귀하로 인해 한 차례 죽음의 위기를 벗어날 수 있었으니 하늘은 아직 나도 버리지 않았소.”

마백은 묘하게 웃음 지었다.

“너를 보니 두 가지 마음이 드는구나. 즉시 죽여 버릴까 하는 것이 첫 번째고, 아직 죽이기엔 이르다는 것이 두 번째야.”

“나 역시 두 가지 마음이 드오.”

마백은 호기심에 가득 찬 눈으로 이월하를 보았다.

"귀하의 무공이 인간의 경지를 넘어서 신과의 경계가 애매해졌으니 죽여 버리기 쉽지 않겠구나, 라는 것이 첫 번째요, 그럼에도 불구하고 내가 죽여서 한 소녀의 마음을 위로해 주어야 하겠다는 것이 두 번째요."

'소녀?'

설군영의 귀가 쫑긋 세워졌다.

"하하하하!"

마백은 호탕하게 웃었다.

"천하에 너와 같은 자가 일만 명 이상 존재했지만 그들은 모두 죽거나 나를 피해 도망치고 있을 뿐이다. 그러나 나는 아직까지 행함에 있어서 거침이 없다."

"미래는 아무도 모르오."

"그렇지. 이곳에 소요랑(少瑤娘)이 있음에도 불구하고 아무도 알아보지 못한 것처럼."

"소요랑?"

누군가 놀라 소리쳤다.

"일황, 이마, 삼선, 오정, 칠사 중 칠사에 속하는 바로 그 소요랑?"

마백이 그렇게 소리친 사람을 힐끗 쳐다보더니 다시 이월하에게 말했다.

"들어본 적이 있느냐? 소요랑의 만월(滿月)과 월영(月影)에 관한 전설을?"

이월하는 고개를 저었다.

"만월과 월영. 그것은 보름달에 관한 두 가지 무공을 말하는 것이다. 그중 만월은 만월천강(滿月天罡)을 말하는 것으로 매일 자시(子時)에 만월의 기운을 흡수한 후 그걸 바탕으로 무공을 쌓는 것이야. 만월천강은 평소에도 강력한 무공이지만 만월이 되면 몇 배로 강해지지. 내가 제대로 아는 건가, 소요랑?"

마백은 웃으며 화정을 바라보았다.

화정도 웃으며 화답했다.

"그래, 대체로 맞았어. 그런데 만월천강은 월영신공(月影神功)을 바탕으로 이루어져. 월영신공은 만월천강과 익히는 방법은 대동소이하지만 익히면 한 가지 문제가 생겨."

"보름이 되면 아이로 변한다는 것."

"마백, 나에 대해 너무 잘 알고 있군. 그래, 보름을 기점으로 한 달은 아이로 살고 한 달은 어른으로 살아야 해. 난 이런 내가 정말 싫어."

"자, 잠깐만!"

이월하가 화정을 말을 끊었다.

"그러니까 네가 칠사 중 한 명인 소요랑이란 말야?"

"응."

"너…… 날 속인 거야?"

"물어보지 않는데 내 신분을 말해줄 의무는 없잖아."

“어쩐지 애닯지 않았어. 월하, 내가 처음부터 재 마음에 들지 않는다고 했지.”

“말조심해, 계집아이야! 이래 봬도 내 나이 여든하고 일곱이야!”

이월하는 아무 말도 하지 못했다.

그는 산을 내려간 이틀 동안 세 명의 여자를 만났다. 그런데 그 세 명의 여자가 모두 그를 속였다.

이월하는 마음을 다잡아먹으며 말했다.

“미안한데…… 지금의 널 보면 할머니라는 말이 나오질 않아.”

“나도 오빠한테 할머니란 소리를 듣고 싶진 않아. 평소대로 화정이라고 불러줘.”

“징그러워, 정말!”

“너도 천사무영검 때문에 내게 나타난 거냐?”

“응. 하지만 이런 모습으로 나타나고 싶진 않아 마을에서 쉬고 있었어. 그런데 오빠가 갑자기 나타나는 바람에…….”

“설마…… 마을 사람들을 죽인 건 네가 아니겠지?”

“맞아. 내가 죽였어. 난 다만 오빠의 오해를 풀어줄 의무가 없었던 거지.”

“……!”

참담하다.

이월하는 고개를 푹 숙였다. 그는 이처럼 더러운 기분을 난생처음 느꼈다. 그녀가 고아로 혼자 살아남았는지 알고 얼마나 가슴 아파했는데.

그들의 대화를 지켜보고 있던 곤륜 문하들은 너나 할 것 없이 속에서 끓어오르는 분노와 수치심을 느꼈다.

마백과 소요랑은 곤륜을 안중에도 없다는 듯 행동하고 있었다.

송악 진인이 지그시 입술을 깨물며 송청 진인과 송명 진인에게 말했다.

"오늘 저들과 사생결단을 내지 않는다면 이 일전은 아무 소용이 없을 것 같소."

송청 진인이 고개를 끄덕였다.

송명 진인은 검을 고쳐 잡았다.

"소제가 나가서 저 마두의 능력을 보겠소. 두 분 사형께 뒷일을 부탁드리오."

마주친 이상 요행을 기대할 순 없었다.

최선의 방법은 싸워서 물리치는 것이다. 이곳에는 일백의 곤륜 문하가 있었다.

'내가 십여 초 이상을 버텨준다면 대사형과 장문 사형의 능력으로 충분히 마백의 허점을 찾아낼 수 있을 것이다. 나는 죽어도 좋다.'

마백과 맞설 수 있다는 것만도 어쩌면 검을 잡은 자로서 영광일 테고, 또 만에 하나 그를 이긴다면 영원한 이름을 얻게 된다. 무림인이란 무와 헛된 이름에 목숨을 걸고 칼끝으로 밥을 부지하는 자들이 아니던가.

송명 진인은 마백과 싸우다가 죽어도 좋다는 마음까지 들자 저절로 투지가 끓어올랐다.

"마백! 나는 대곤륜의 송명이다. 평소부터 한번 겨뤄보고 싶었다!"

그의 쩌렁쩌렁한 음성이 구룡산을 울렸다.

마백은 냉소 지었다.

"소요랑, 너는 어느 쪽에 설 테냐?"

마백은 송명 진인은 거들떠보지도 않고 화정에게 말했다.

"나는 어느 쪽도 상관할 생각이 없어."

"저 아이를 지킬 셈인가?"

마백은 턱짓으로 이월하를 가리켰다.

"그다지."

마백은 그녀가 이월하도 지킬 생각이 없다고 하자 의외였다. 그렇다면 그녀는 무엇 때문에 구룡산에 올라왔단 말인가? 그는 꽤 궁금했지만 체면 때문에 이유를 물어볼 수도 없었다.

"마백! 언제까지 잡담만 하고 있을 셈이냐! 목숨을 내놓아라!"

파아아!

송명 진인이 쇄도해 들었다. 그의 몸에서 뻗는 강렬한 검기가 주위 공기를 양쪽으로 갈랐다. 곤륜의 성명절기인 상청무상검(上淸無上劍) 중 항마분쇄(降魔粉碎)였다.

마백은 자신을 덮쳐 오는 무시무시한 공격에 아랑곳하지 않고 말했다.

"네게 한 가지 무공을 가르쳐 주겠다."

이월하는 그가 무공을 전수해 준다고 하자 일순간 그 말을 알아듣지 못했다. 그래서 '그게 무슨 소리요?' 라고 물으려 했지만 마백은 이미 송명 진인의 앞에 있었다.

우아아아아!

송명 진인의 검이 마백을 베고 찌르고 그었다.

그때 송명 진인은 공간에서 갑자기 생겨난 손 하나가 자신의 손목을 거머쥐는 것을 느꼈다. 그 손에 이어서 사람이 나타났다. 검을 잡은 송명 진인의 팔이 어깨에서부터 뜯겨 나갔다.

우두둑!

"으악!"

개구리의 다리처럼 뜯겨 나간 어깨에서 피가 분수처럼 뿜어졌다.

송명 진인은 상처를 봉하려던 왼팔을 들려 했다.

그런데 어느 사이 왼팔도 사라지고 없었다.

왼쪽 어깨에서도 피가 뿜어지고 있었다.

그의 눈동자는 굳어지고 얼굴은 노랗게 변했다.

무공의 고하를 말하기 전에 이것은 본능적인 공포였고, 이 것이야말로 진정한 마백의 힘이었다.

두 손이 그의 허벅지를 각기 하나씩 조르고 있었다. 다리가 만두를 만들기 위해 반죽해 놓은 밀가루처럼 뜯겨 나갔다.

"으아아아아악—!"

송명 진인은 모든 공포와 절망을 담고 두 번 다시 목을 쓸 수 없을 정도로 비명을 질렀다.

팔도 없고 다리도 없으며 있는 것이라고는 오직 몸통과 머리뿐인 송명 진인은 눈 위로 떨어졌다.

마백은 그 앞에 우뚝 섰다.

천하를 오시하고 명성을 사해에 떨치고 싶어하던 절세고수 하나를 눈 깜짝할 사이에 고깃덩어리로 만들어 버린 공포와 죽음의 전설 마백이었다. 원래 의도였던 그의 허점을 파악할 시간도 없었다.

송악 진인이 눈에서 불이 튀었다.

"저 마두가 오늘 곤륜파의 명예를 훼손하였으니 도저히 묵과할 수 없다! 일제히 공격하라!"

마백은 잔인하게 웃으며 송악 진인에게 외쳤다.

"너는 곤륜의 명예만 보이고 노부의 명예는 보이지 않는단 말이냐!"

"홍!"

송악 진인이 발을 크게 구르자 마치 지진이라도 난 것처럼 주변이 우르릉거렸다.

"용무선회각(龍舞旋回脚)이 제법이군!"

운룡대팔식의 근간(根幹)을 이룬다는 절정의 각법이 펼쳐지자 주변에 서 있던 무림인들의 얼굴에 경탄이 떠올랐다.

곤륜 제자들이 일제히 검을 뽑으며 마백을 포위했다.

"마두! 목숨을 바쳐라!"

쿠아아아앙!

쌍방의 힘이 충돌하며 뇌성벽력이 터져 나왔다.

마백의 양손에서 강(强)과 패(覇)의 기세가 자유자재로 뻗어 나와 곤륜 제자들을 유린했다.

"으악!"

"크아아악!"

순식간에 비명 소리가 난무하며 피비린내가 자욱하게 휘몰아쳤다.

송청 진인은 이월하를 돌아보았다.

그는 마백보다 이월하가 먼저였다.

이월하는 병든 닭처럼 졸고 있었다. 피비린내를 맡으며 조금씩 까무러치고 있었다. 그것은 꿈인 듯 생시인 듯 비몽사몽의 지경이었다.

3

꿈을 꾸었다.

이월하는 가만히 있었으나 주변의 풍경은 끊임없이 변했다.

바람과 비가 세차게 몰아치는 전쟁터였다. 짙은 어둠 속에서, 마귀들이 요사하게 웃으며 세상을 희롱했다. 사람들은 피를 토하며 죽어갔고, 천자는 장백산에 올라 하늘에 제(祭)를 올렸다. 삼천 배(三千拜)를 마치자 천지(天池)가 갈라지고 용이 벼락을 뚫고 승천했다. 태상노군이 일백팔 명의 천군(天君)을 세상에 내려 보냈다.

낮과 밤이 천만 번 바뀔 동안 마귀와 천군의 싸움이 계속되었다. 빛이란 빛은 모조리 차단된 세상은 암흑천지다.

눈앞에서 뭔가가 획 지나갔다.

풍경이 바뀐다.

아버지는 아들을 번쩍 들어 올렸다.

아버지의 전신에선 말로 형용할 수 없는 폭풍 같은 기세가 일었다.

"네가 바로 이백 년을 도도히 흘러온 절강이씨세가의 이십구대손이란 말이다! 네가 바로 이 죄 많은 남자 이군악의 아들이란 말이다! 크하하하핫!"

그는 번쩍 들어 올린 아이와 하늘을 향해 짐승의 울부짖음 같은 괴성을 질러대기 시작했다. 그 순간 장대비가 파랑을 일으켰다. 대지는 지진을 만난 것처럼 흔들렸다.

아버지는 고통스러운 형벌을 받는 것처럼 헉헉거렸다.

형용할 수 없는 아버지의 애잔한 눈빛이 아들의 시선 속으로 비수처럼 파고들었다.

눈까풀에서 피가 맺혀 흘렀다.

아버지가 죽는다.

아들은 죽는다는 의미를 아직 배우지 못했다. 그런데 아버지가 죽는다는 생각이 들었다. 저 눈까풀에 맺힌 핏물이 흘러 떨어질 때 아버지는 죽는다.

콰쾅!

아버지가 폭발했다.

그 속에서 대장군(大將軍)의 청룡언월도를 피해 도망치던 검은 마귀가 일어섰다. 마귀는 이월하를 발견하곤 사악하게 웃었다. 웃는 마귀의 입속은 피로 목욕을 한 듯 빨갛다. 이월하는 두 눈을 부릅뜨고 검은 마귀를 노려보았다.

올 테면 와봐!

검은 마귀의 쩍 벌어진 입이 점점 더 커진다. 붉은 어둠이 찾아왔다. 마귀가 이월하 속으로 몸을 숨겼다.

"나는 누구인가? 무엇 때문에 이곳에 있는 것일까?"

정신은 아득하다. 온통 피와 피로 이루어진 바다만이 이월하의 의식을 지배했다. 온몸의 감각이 천중담에 잠긴 조비연의 신형처럼 무겁게 가라앉았다. 청각과 시각을 비롯한 오감

마저 굳게 문을 닫아걸고 오직 피칠을 하고 있을 뿐이다.

이월하의 의식은 끝없이 피바다로 떨어지고 떨어져서 한 줌의 모래알보다 작게 흩어지고 있었다. 그때 그녀의 시리도록 차가운 음성이 들려왔다.

"여기 있는 모든 자들이 네 아버지를 죽였다. 너무 급하게 복수하려 들 필요 없다. 늙어 죽을 놈은 늙어죽도록 내버려 두고 천천히 기다렸다가 네 무공이 완성되면 한 놈도 남김없이 죽이면 되는 것이다."

울컥!
더운피가 목구멍을 타고 올라왔다.
화룡상인은 그가 잊지 않도록 언제나 주문처럼 말했다.

"명심해라. 만에 하나 네 마음속에 심마(心魔)가 침입한다면 모든 노력은 물거품이 되고 만다. 무공의 완성은커녕 최악의 경우 네 스스로 마성에 휩싸여 상상도 못할 결과를 초래할 수 있게 되는 것이다."

살아오면서 수십 수백 번을 들었고 단 한시도 잊지 않았던 말이었다.
머릿속이 뒤죽박죽이었다.

복수.

복수.

복수.

거울의 때를 닦고 무뎌진 칼을 숫돌에 갈 듯 오직 복수의 일념으로 세상을 견뎠다.

'하지만……'

이월하는 몸을 부르르 떨었다.

복수가 이월하를 삼켜 버릴 듯 몰려들었다.

쾅! 콰쾅! 쾅쾅!

마치 사방에서 폭발이 일어나듯 이월하의 몸속에서 복수가 폭발했다. 복수에서 파생된 환희, 고통, 절망, 슬픔, 비탄, 분노, 증오가 둑을 터뜨린 봇물처럼 밀려들었다. 거대한 파도가 바다를 삼키듯 그의 전신이 거대한 사념 덩어리로 가득 찼다.

어머! 귀찮게 되었네요.

이월하의 마음에서 소리가 들렸다.

그것은 단 한 번도 느껴보지 못한 전혀 이질적인 소리다.

이월하의 신형이 작살 맞은 물고기처럼 퍼덕거리더니 허공으로 떠올랐다.

"월하!"

설군영이 깜짝 놀라 소리쳤으나 이월하는 듣지 못했다.

허풍은 자신의 눈을 의심하듯 끔벅거렸고 소요랑의 눈은

경악으로 평소보다 두 배는 커졌다.

동시에 이월하의 전신에 일대 기변이 일어났다.

처음에는 아지랑이처럼 스멀스멀 적색 기류가 피어올랐다. 이내 몸 전체가 신비한 적색 기류에 싸이는 듯 싶더니 곧 휘황하게 빛났다.

쾅!

그 순간, 원하지 않았던 충격의 문이 열렸다.

떨쳐 버리기 위해 죽도록 고생한 십여 년의 세월이 주마등처럼 와르르 무너졌다. 온몸에서 땀이 비 오듯 쏟아졌다. 전신 세포가 투투둑! 소리를 내며 터져 나갔다. 지금까지 그가 찾고자 했던 진리가 바람 앞의 등불처럼 허무하게 꺼져 버렸다.

고통과 고뇌, 아픔과 희생이 걷어졌다.

마음이 슬프거나 애달지 않은데 눈물이 흘렀다.

그때 마음에서 다시 소리가 들렸다.

저기요, 너무 빨라요. 한꺼번에 저를 가지려 하시면 곤란해요.

그 순간 이월하의 머릿속은 한 줌의 미혹도 없이 모든 것이 천지 광명과 같이 밝아졌다. 환희를 느꼈다. 웃음이 터져 나왔다. 그는 허리까지 구부리며 한참 동안 혼자 크게 웃었다. 아무것도 보이지 않고, 아무것도 느끼지 못하는 그는 실성한 사람처럼 보였다.

억겁의 세월이 찰나간 그의 눈앞에서 흘러갔다.

싸우던 자들이 모조리 뒤로 물러나 싸움을 멈추더니 이월하를 바라보았다.

이월하의 신형이 지면으로 뚝 떨어졌다.

"그만둬!"

그때 허풍이 소리쳤다.

마백도, 소요랑도, 설군영도 보지 못했으나 허풍은 보았다.

거대한 마귀의 그림자가 이월하를 지배하고 있는 것을.

허풍은 비대한 몸을 헐떡거리며 이월하에게 달려왔다.

"이, 이 시주…… 마, 마귀요!"

허풍의 음성이 바람에 흔들리는 잎사귀처럼 파르르 떨렸다.

4

"누구냐? 너!"

이월하가 소리쳤다.

허풍이 깜짝 놀라 더듬거렸다.

"이 시주, 소승을…… 잊어버리셨소?"

"누구냐고 물었다!"

헤헤! 안녕하세요, 월하님.

"소, 소승…… 허풍이오. 이 시주, 기억이 안 나시오? 서,
설마 기억을 잃어버린 건……."

"안녕이고 뭐고 어서 말해!"

흑흑, 월하님! 그렇게 윽박지르면……. 전 꽤 긴 시간을 살
아왔다고요. 혼돈(混沌)에서 하늘과 땅이 갈라져 나오고 그 사
이에 여러분들이 태어났잖아요. 전 그전부터 있었어요. 그러
니까 그게 깊은 어둠만이 존재할 때니까 굉장히 오래된 거죠.

마음의 소리가 어둠을 말하자 이월하는 깊은 어둠 속에 잠
기는 자신을 느꼈다. 그것은 이상하게도 무섭지도 낯설지도
않았다. 끝없는 공허함이 맴도는 어둠은 오히려 익숙했다.

저는 이름이 없어요. 하지만 여러분들은 저를 천사무영검
이라고 부르더군요.

번쩍!

어둠이 눈부신 빛으로 변해 이월하의 전신 세포 속으로 빨
려 들어갔다. 그러자 세포들은 터질 듯 부풀어올랐고 이월하
의 심장의 고동 소리는 점점 빨라졌다. 온몸에서는 땀이 비 오
듯 흘러내렸고, 눈과 입 등, 칠공에서 죽은피가 흘러나왔다.

몸은 점점 가벼워져 그의 신형이 다시 공중부양을 했다.

"저, 저것은 초극일원(超極一元)의 경지!"

마백이 경악에 찬 외침을 발했다.

초극일원!

인간의 한계를 초월한 신의 경지였다.

월하님, 일단 제가 깨어났으니까 월하님이 견딜 수 있게 초극일원의 경지를 만들어 드렸어요. 우리의 만남을 기념하는 작은 선물이라고 생각해 주세요.

마음의 소리는 이월하가 생각을 하듯 머릿속에서 그냥 떠올랐다.

이월하는 정신을 차릴 수 없었다.

그 자신을 천사무영검이라고 소개한 마음의 소리는 그동안 이월하가 생각해 왔던 천사무영검과는 천양지차였다. 일단 놈은 남자가 아니라 여자에 가까웠다. 그러다가 이월하는 피식 웃었다.

'놈은 사람도 짐승도 아닌데 무슨 성별이 있겠는가.'

어머! 만물이 음(陰)과 양(陽)으로 이뤄졌는데 제가 왜 성별이 없겠어요?

자칭 천사무영검은 이월하의 생각에 대답했다.

이월하는 깜짝 놀라며 되물었다.

"내 생각도 읽을 수 있는 거야?"

헤헤! 당연하잖아요. 저는 월하님의 마음속에 있는걸요.

생각해 보니 그렇다.

어쩌면 천사무영검은 이월하 자신보다 이월하를 더 잘 알지도 모를 일이었다.

이월하는 머릿속이 뒤죽박죽 혼란한 와중에 말했다.

"하지만 나는 믿을 수 없어. 네가 천사무영검이라면 그 중거를 보여봐!"

어머머! 사람들이 이렇게 많은데 창피하게…….

"증거를 보이라는데 뭐가 창피하다는 거야?"

"아미타불…… 소승의 말대로 이 시주가 미친 게 틀림없지 않소? 그렇지 않고서야 혼자 중얼중얼거릴 수가 있소?"

허풍은 끌끌 혀까지 차며 설군영에게 동의를 구했다.

너무나 많이 맞아서 주화입마에 빠지거나 실성한 게 분명했다. 설군영은 이월하가 안타까워 눈물만 뚝뚝 흘릴 뿐이었다.

소요랑은 뒷짐을 진 채 뭔가 생각에 잠겨 있는 눈치였다.

"안 나와? 안 나오면 끄집어내 주겠어. 어디 있어? 어서 나와!"

이월하는 입을 쩌억 벌리고 주먹을 입 안으로 넣으며 휘저었다.

꺽꺽 구역질이 나왔다.

혼자 생난리를 벌이고 있었다. 누가 봐도 미친 짓이었다.

산적들의 손가락이 머리 위에서 빙빙 원을 그렸다.

좌우지간 사람들이란 눈에 보이는 것만 믿으려는 경향이 있어요. 그건 굉장히 나쁜 버릇이거든요. 뭐, 하여튼 좋아요. 함께 있으려면 믿음도 중요하죠. 잘 보세요. 지금부터 증거를 보여 드릴게요.

이월하는 머릿속에서 혼이 빠져나가는 듯한 느낌이 들었다. 그런데 그것은 보이지 않는 것이 아니라 눈에 확연히 보이는 백색 기류였다.

기류가 솜처럼 뭉쳐지며 허공에서 하나의 형상을 만들어 내고 있었다. 형상에 색깔이 칠해졌다.

사람이었다.

그것도 눈부시도록 아름다운 소녀다.

옷을 벗고 있다. 전라의 소녀가 부끄러운 듯 양손으로 중요한 두 곳을 가리고 있었다.

이월하는 너무 놀라 눈을 부릅떴다.

이월하뿐 아니었다.

눈부시도록 아름다운 전라의 소녀는 산채에 올라 있는 모든 사람들의 눈에 보여지고 있었다. 이 놀라운 광경에 사람들은 자신의 눈을 비비며 헛것을 보는 게 아닌가 생각했다.

아이, 부끄러워라. 그런데 월하님, 월하님의 이상형이 이렇게 생긴 소녀였어요? 취향이…… 너무 어린 거 아니에요? 실망이에요.

『천사무영검』 3권 끝

세상을 보는 또 하나의 창 - **inthebook.net**
유행이 아닌 자유추구 - **chungeoram.net**
Book Publishing CHUNGEORAM

화산검종

華山劍宗

한성수 新무협 판타지 소설

문피아 최단기간 골든 베스트 1위!!
선호작 1위!! 평균 조회수 3만의
『화산검종』!!!

『무당괴협전』, 『태극검해』, 『만검조종』……
연이은 대작들의 감동을 넘어설 또 하나의 도전!!

작가 한성수가 야심차게 준비한
구대문파 시리즈의 출사표!!

그날 나는 죽었고 모든 것은 변하기 시작했다!

오 년 전의 싸움으로 내공이 전폐되고 목숨보다 소중했던
자하신공과 자하구벽검을 잃었다.
저주처럼 심장에 틀어박힌 구마련주의 마정을 품은 채
화산에 드리운 그늘을 벗기 위해 산을 내려온 운검.

하지만 그것은 끝이 아니라 또 다른 시작이었다!!

적포용왕

김운영
新무협 판타지 소설

『신마대전』『흑사자』의 작가 김운영.
그가 낚아 올리는 무협의 절정!
낚시 신동 백룡아! 장강에서 천존과 맞짱 뜨다!

적포천존(赤布天尊)

고금제일강(古今第一彊)
인칭타자연재해(人稱他自然災害)
40세 이후로 상대가 누구든 몇 명이든,
한 번도 패하지 않고 모두 이긴 적포천존.
70세 중반에 반로환동하여 무림인들을
절망에 빠뜨린 그가 말년에
제자를 만들어 말년에 호강할 계획을 세운다?!

천하에 두려울 것이 없는 '자연재해' 와
그의 제자들이 무림에 나타났다!

세상을 보는 또 하나의 창 - inthebook.net
유행이 아닌 자유추구 - chungeoram.net
Book Publishing CHUNGEORAM

Book Publishing CHUNGEORAM

BOOK Publishing CHUNGEORAM

판타지의 대가, 이수영. 그녀가 선보이는 첫 번째 사랑이야기.
사랑, 질투, 음모, 욕망……
상상한 것 이상의 절애(切愛), 그 잔혹한 사랑이 시작된다.

온전히, 그의 손에 떨어진 꽃. 잡았다.
짐승의 왕은 즐거웠다.

인간, 그리고 인간이 아닌 자.
절대로 이어질 수 없는 두 운명이 만났다!
사랑 혹은 숙명.
너일 수밖에 없는 愛.

1998년 〈귀환병 이야기〉
2000년 〈암흑 제국의 패리어드〉
2002년 〈쿠베린〉
2005년 〈사나운 새벽〉

그리고 2007년,
『FLY ME TO THE MOON』

유행이 아닌 자유추구 -
WWW. chungeoram.com
BOOK Publishing CHUNGEORAM

눈길발길 쏙쏙 끄는 **비법이 가득!**
왕성한 가게 만드는

잘나가는 가게 노하우 151가지

고다 유조 지음
김진연 옮김
가격 9,800원

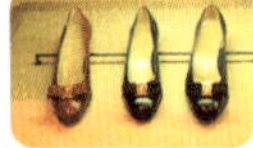

물건이 팔리지않는 시대!
왕성한가게만드는비법이가득!

가게 안에 웅덩이를 만들어라
조명만 조금 바꿔도 매출이 팍 늘어난다
보기 쉽고, 집기 쉬운 가게 배치는 '경기장 형'이 최고 등등
가게에 실제로 적용했을 때 매출이 오른 노하우만 알차게 수록
외관, 입구, 배치, 내장, 조명, 디스플레이에서 사원교육까지

도움이 되는 '발견'이 가득가득.
당신 가게를 회생시키기 위한 소중한 책!

BOOK Publishing CHUNGEORAM

초등학생이 반드시 읽어야 할 좋은 책 49권

각 학년별로 초등학생이 반드시 읽어야할 좋은 책을
선정하여 통합논술의 기본이 되는 '올바른 독서법' 을
일깨워 줍니다.

교과서와 함께하는
초등학교 통합논술

초등1학년 | 값 12,000원 / 초등2학년 | 값 9,500원 / 초등3학년 | 값 11,000원 / 초등4학년 | 값 9,500원 / 초등5학년 | 값 9,500원 / 초등6학년 | 값 11,000원

♣ 혼자 할 수 있어요.

엄마가 책 읽는 방법을 가르쳐 주어도 좋아요.
독서지도하는 선생님이 가르쳐 주어도 좋답니다.
"초등 교과서와 함께하는 **통합논술 시리즈**"는
아이 스스로 독서할 수 있도록 꾸며진 책이에요.
엄마와 선생님은 요령만 가르쳐 주시면 된답니다.

♣ 교과서의 중요한 내용이 총정리되어 있어요.

각 학년별로 중요한 교과 내용이 함께 수록되어 있어요.
초등학생은 교과서 내용을 충실하게 공부해야 합니다.
아울러 그와 병행한 독서가 대단히 중요하지요.
"초등 교과서와 함께하는 **통합논술 시리즈**"는
두 가지 방법 모두 알려준답니다.

♣ 이 책은 훌륭하신 선생님들이 함께 쓰신 책이랍니다.

동화작가 선생님들이 쓰셨어요. 소설가 선생님도 쓰셨답니다.
국어 논술독서지도 선생님들도 함께 쓰셨지요.
"초등 교과서와 함께하는 **통합논술 시리즈**"는
엄마의 마음으로 모든 선생님들이 함께 꾸민 책이랍니다.

입소문을 통해 아는 분은 다 알고 계십니다!
올 한해 공인중개사 최고의 화제작!

수험생 기본 필독서
만화 공인중개사

제목 : 만화공인중개사 쓰신 분에게 감사드립니다.

학원을 두 달 다녔어요. 근데 과연 그 숫자 외우기 그런 게 몇 문제나 나올까 생각을 했어요.
아니라는 생각이 드네요. 학원강의를 뒤로하고 서점을 갔어요. 내 머리에 가장 이해될 수 있는
책이 없나 하구요. 거기서 만화를 발견했어요. 무조건 세 번 봤어요. 3개월 걸렸어요. 문제집을 보라고
했는데 그건 시행을 못했어요. 근데 합격을 했네요.
어떻게 감사의 말을 해야 될지……
도서관에서 만화책 들고 다니니까 사람들이 비웃더라구요. 만화책으로 공인중개사를 공부한다고
미친 사람처럼 보더라구요. 근데 그거 다 감수하고 했던 내가 자랑스럽습니다.
어떻게 감사의 말을 해야 할지… 정말 감사합니다.
부디 행복하세요. 제 나이 41살에 좋은 스승을 만난 것 같습니다.
엎드려 감사드립니다.

－본사 홈페이지에 독자분이 올린 메일 中 에서 발췌－